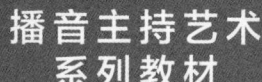
播音主持艺术系列教材

ZHUCHIREN JIXING KOUYU BIAODA
主持人即兴口语表达

《 周云 / 著

中国传媒大学 出版社
·北京·

目录 Contents

前言 / 1

第一章 主持人即兴口语表达概述 / 1

第一节 主持人即兴口语表达的界定 / 2
一、什么是即兴口语表达 / 3
二、即兴口语表达的构成要素 / 9
三、即兴口语表达的功用 / 11

第二节 主持人即兴口语表达的特点 / 12
一、即兴口语作为主持人传播口语的特点 / 12
二、即兴口语表达作为主持人口语传播的特点 / 13

第三节 主持人即兴口语表达的评价 / 15
一、信息层面 / 15
二、价值层面 / 16
三、逻辑层面 / 17
四、结构层面 / 17
五、创新层面 / 18

第四节 主持人口语传播伦理简述 / 19
一、伦理与主持人口语传播伦理 / 19
二、主持人口语传播中常见的伦理问题 / 21
三、主持人口语传播伦理的基本原则 / 24

第二章 主持人即兴口语表达的传播元素 / 31

第一节 传播主体 / 31
一、主持人传播身份的内涵 / 32
二、主持人传播身份的特点 / 33
三、影响主持人传播身份内涵的因素 / 34

第二节 传播客体 / 39
一、节目信息的定义 / 39
二、节目信息的类型 / 40
三、信息在主持传播中的作用 / 41

第三节 传播受体 / 45
一、受众的特征 / 45
二、受众的分类 / 46
三、主持人与受众之间的传播关系 / 47

第四节 传播载体 / 48
一、言语 / 49
二、非语言符号 / 55
三、媒介平台 / 58

第五节 传播语境 / 59
一、社会语境 / 59
二、媒体语境 / 60
三、节目语境 / 61

第三章 主持人即兴口语表达的创作方法 / 64

第一节 节目信息的处理 / 64
一、检索信息 / 66
二、筛选信息 / 69
三、解读信息 / 70
四、整合信息 / 74
五、信息处理的基本原则 / 81

第二节 传播关系的处理 / 85
一、主持人对传播身份的驾驭 / 85

二、主持人对共同经验的建构　/ 87
　　三、主持人在表达中的临场激起策略　/ 87
第三节　口语表达的处理　/ 88
　　一、口语表达的常见问题　/ 88
　　二、口语表达的一般要求　/ 89
　　三、口语表达的创作要点　/ 90

第四章　主持人即兴口语表达的创作能力　/ 100
第一节　信息处理能力　/ 100
　　一、主持人信息能力的构成　/ 100
　　二、主持人信息能力与节目传播效果　/ 102
　　三、主持人信息能力与主持人影响力　/ 103
　　四、主持人信息能力的培养　/ 104
第二节　逻辑思辨能力　/ 109
　　一、发散思维　/ 110
　　二、集中思维　/ 111
　　三、价值思维　/ 111
　　四、批判思维　/ 112
　　五、类比思维　/ 113
　　六、应变思维　/ 115
第三节　交流能力　/ 119
　　一、修辞能力　/ 119
　　二、交流意识　/ 120
　　三、主持人交流能力的培养　/ 123

第五章　独白式即兴口语表达（一）：演讲　/ 126
第一节　演讲概述　/ 126
　　一、什么是演讲　/ 126
　　二、即兴口语表达教学引入演讲的意义　/ 128
　　三、演讲的特点　/ 130
　　四、演讲的分类　/ 131

第二节 常见的演讲类别及叙事策略 / 131
 一、说明性演讲及其叙事策略 / 131
 二、说服性演讲及其叙事策略 / 133
 三、娱乐性演讲及其叙事策略 / 135
 四、仪式性演讲及其叙事策略 / 139

第三节 演讲案例分析 / 140

第六章 独白式即兴口语表达(二):报道 / 155

第一节 报道的语境 / 155
 一、突发现场与可预知现场 / 155
 二、新闻现场与非新闻现场 / 157

第二节 报道的主体 / 159
 一、报道者的身份 / 159
 二、报道中面临的关系 / 160
 三、报道者的报道资格 / 162

第三节 报道的方法 / 165
 一、认识现场 / 165
 二、现场信息的处理 / 167
 三、报道的言语形态 / 169

第四节 报道案例分析 / 171

第七章 独白式即兴口语表达(三):评论 / 182

第一节 评论及其价值 / 182
 一、主持人评论 / 182
 二、评论的主体 / 183
 三、主持人评论的价值 / 184
 四、主持人评论的准备 / 186

第二节 评论的方法 / 188
 一、评论的选题 / 188
 二、评论的角度 / 190
 三、判断、观点与阐释 / 192

四、评论的理性　/ 195
　　五、评论的表达　/ 197

第八章　会话式即兴口语表达：访谈、讨论与群言　/ 205
　第一节　访　谈　/ 205
　　一、访谈及其价值　/ 205
　　二、访谈的准备　/ 207
　　三、架构访谈　/ 208
　　四、访谈中的不对称关系　/ 210
　第二节　讨　论　/ 222
　　一、讨论及其价值　/ 222
　　二、讨论者介入讨论场的方式　/ 224
　　三、讨论中常见的问题　/ 224
　　四、讨论的起点、驾驭与落点　/ 225
　第三节　活动中的群言　/ 228
　　一、群言及其价值　/ 228
　　二、群言传播的基本诉求　/ 230
　　三、群言传播的基本原则　/ 231

附录1　/ 246

附录2　/ 249

附录3　/ 250

主要参考文献　/ 253

后　记　/ 256

前　言

　　播音与主持艺术专业教学的旨归是培养学生深厚的语言功力，这当然也是即兴口语表达教学和研究的逻辑起点。恩师吴郁教授在其专著《主持人的语言艺术》中分析了语言功力的三层涵义："一是语言心理层面，指制约语言功力的心理因素；二是语言效果层面，指语言运用的功夫、造诣，主要表现为运用语言时的驾驭水平及客观的反映和评价；三是语言类型层面，指体现语言功力的范畴类型……从语言功力的'形式范畴'看，主持人语言功力是由写作能力、有声语言表达能力及即兴口语能力构成的……即兴口语能力居于特殊的、显性的位置"。[①] 这段论述对于揭示即兴口语表达在播音与主持艺术专业教学中的地位和作用是精准和深刻的。

　　节目主持人一般被界定为"在广播电视节目中，以个体行为出现，代表群体观念，以有声语言为主干或主线驾驭节目进程，直接面向受众，平等地进行传播的人"[②]。那么，作为"代表群体观念"且须以"个体行为"出现的传播者，主持人如何以语言为主干驾驭节目？具备怎样的素质又通过何种方式才能代表得了群体观念？以个体行为出现意味着什么？这些问题的背后潜藏着主持人作为独特的媒介角色与其话语传播行为之间的同构关系。这种同构关系与即兴口语表达所强调的"传播目的、特定内容、口语手段和传播主体之间融合一体"存在内在的呼应。因此，对于主持人而言，即兴口语表达既是不能回避的表达范式，也是不可或缺的专业能力。

　　职业上的需求折射到专业教育中，表现为以即兴口语表达为基本模式的专业测试项目进入到高等院校播音与主持艺术专业招生的测试之中，同时也成为各类主持人专业赛事和广播电视媒体招聘主持人的评测项目。同时，即兴口语表达已经成为播音与主持艺术专业本专科教育课程体系中的核心专业课程。

---

① 吴郁：《主持人语言艺术》，北京广播学院出版社1999年版，第187页。
② 赵玉明、王福顺：《广播电视辞典》，中国传媒大学出版社1999年版，第212页。

不过，就整体而言，即兴口语表达的研究、教学还处于探索阶段。首先，关于即兴口语表达的学术研究成果仍较为散碎，尚未形成体系。当前，即兴口语表达的研究与教学多重于微观讨论和经验总结，未能形成富有解释力的论证体系和技能体系，对于这一命题的阐释逻辑还不完全成熟，这造成研究与教学中存在一些似是而非的内容。其次，关于即兴口语表达作为一种独特的言语形式在广播电视传播中的具体运用，有待深入研究。在笔者看来，即兴口语表达课程应当作为播音与主持艺术专业的一门专业基础课程而非专业方向课程。这是因为现场报道、消息点评、访谈等现实中的广播电视主持人传播实践都是对这一言语形态的具体运用，但不能直接等同于即兴口语表达本身。这就好比配音、播报、讲解、朗诵等都是朗读的具体应用但不能直接等同于朗读。可以说，目前没有一种主持人传播实践的节目类型或形态被称为即兴口语表达。即兴口语表达是在普遍的主持人口语传播实践中抽象出来的言语形态。因此，在即兴口语表达课程教学中应该着力理清即兴口语表达的内涵、外延、价值功用、传播伦理等基础问题，并以此为前提探索即兴口语表达与广播电视主持人口语传播实践之间的内在关系。

本书写作的基本思路是将即兴口语表达置于主持人口语传播的整体视野下，从即兴口语表达创作的基础问题、即兴口语表达在节目主持实践中的具体应用两个层面进行写作。

第一至第四章属于即兴口语表达创作的基础问题部分，分别是即兴口语表达概述、即兴口语表达传播元素、即兴口语表达的传播方法、即兴口语表达的传播能力，阐述主持人即兴口语表达的概念、功用、传播特点、传播伦理；分析主持人即兴口语表达的操作过程和环节，诠释结构要素、能力要素，探讨传播策略；确立主持人即兴口语表达教学的培养目标、分析训练逻辑、阐释判断标准；论述主持人即兴口语表达的基本准则。

主持人即兴口语表达的应用类型多样。如以内容题材为依据划分，主持人即兴口语表达涵盖了公共性的议题、政策性的解释、民生性的社会事件、趣味性的生活现象等，内容非常广泛，主题之间又往往相互交杂，难于概括。如以言说的语境为依据划分，主持人即兴口语表达则包括面对面的"一对一"交流、面对面的"一对多"交流、依托大众媒体的"一对众"传播等类型。如以主持人表达的依据为准划分，又有转述和表述之区别。

上述划分方法各有其理，考虑到主持人口语传播的实际情况，我们根据心理学阐述口头语言的思路，将主持人即兴口语表达的类型从形式上划分为独白语言和会话语言(也称对话语言)[①],又以主持人口语传播的实际样态为准,选取较有代表性的应用类型进行研究和分析,其中独白语言包括了演讲、报道、评论,会话语言包括了访谈、讨论和活动中的群言。需说明的是,在主持人具体实践中演讲并不作为一种具体的类型或形态,但是演讲能力是主持人即兴口语表达能力的一种体现,也是有效的培养途径。因此,在独白体的广播电视即兴口语表达教学中引入演讲实有必要。我们加入演讲一章,意在借助演讲与即兴口语表达之间的互惠关系,强调演讲对于主持人即兴口语表达的涵化作用。

  本书的写作将更多的篇幅留给了独白三章,而对话体的三种类型只合为一章论述。如此安排是笔者考虑到独白体的即兴口语表达对于提高主持人完成独立成篇的言论具有不可替代的意义,也可以为对话体的主持人即兴口语表达打下更好的基础。

  本书可以作为高等院校播音与主持艺术专业即兴口语表达课程的教材使用。本书的撰写体例更多地考虑到实际课堂教学在理论框架和阐释方面的需要。为了保持理论阐述的完整性和连续性,本书没有编入训练材料,但考虑到实践教学的需要,我们在附录中提供了实践教学安排的建议,供大家参考。

  囿于笔者学识,书中难免粗浮之处,谨以此书抛砖引玉。

周 云

2015年2月.北京.光熙门

[①] 彭聃龄:《普通心理学》(第四版),北京师范大学出版社2012年版,第334页。

第一章　主持人即兴口语表达概述

即兴口语表达作为专业名词引入播音与主持艺术学科,与广播电视主持人节目的出现与发展基本同步。可以说,主持人节目的实践催生了即兴口语表达的概念。"1986年12月15日凌晨5点,珠江经济广播电台正式开播,它以主持人直播、听众通过热线电话直接参与节目、大板块内容组合、全天滚动式新闻的全新播出形式,开创了中国广播划时代的发展历程。当时这种创新的播出模式被广播学术界称为'珠江模式'"①。对于节目主持人而言,这一新模式除了从节目形态层面深刻影响了语态语式的改变之外,还在节目内容创作层面带来新的挑战:无稿——表达依据从文稿变为"提纲加资料";直播——必须第一时间同步播出。如果对于传统的"播音"创作而言,吐字发声、朗读技巧是其创作基础能力;那什么是"主持"的创作基础能力呢?对这个问题的追问,也许是当时敲开"即兴口语表达"概念的重锤。这一从主持人语言表达中抽离出来的新名词,表达了业界和学界对主持人语言不同于播音员语言的直观印象。

尽管近30年的主持人节目实践表明,即兴口语表达能力只是节目主持人的创作基础能力体系中的一部分,但它的确居于重要的位置。中国传媒大学著名的节目主持艺术研究学者吴郁教授将这种重要性概括为:在主持人的语言功力中,"即兴口语能力居于特殊的显性的位置"。此特殊性和显著性表现为:"即兴口语能力体现人的语言急智,亦称'语智'。它显示一个人运用语言的能力和智慧。即兴口语,实际上又是写作能力和有声语言表达能力的综合体现。它比写作要'来得快',说出来更需要感染力,能立即说服人,打动人"②。

当然,即兴口语表达并非易事。在失去文稿依托的条件下,主持人该说些什么?怎么说?如何准确并且娴熟地架构内容、组织语言?直到今天,这仍然是从事节目主持工作的专业人员不敢小觑的专业难题,也是播音与主持艺术专业教学的难点。

既然即兴口语表达在专业理论与实践中如此重要,那么,作为专业概念,即兴口语

---

① 陆景峰、李英元:《广东电台:"珠江模式"20年跨越式发展》,人民网,media.people.com.cn,2006-12-21。
② 吴郁:《主持人语言艺术》,北京广播学院出版社1999年版,第190页。

表达如何界定?它的特点和功用是什么?如何评价具体的即兴口语表达实践?即兴口语表达作为一门专业课程列入高等院校的专业培养体系,在教学与研究过程中遇到什么样的问题,又得到了怎样的回答?有了整个学科在之前的教学与研究累积,这些问题应该得到也可以得到较为系统的回答。

第一节 主持人即兴口语表达的界定

根据《现代汉语词典》的注释,"定义是对事物的本质特征或概念的内涵和外延的确切而简要的说明。概念是反映客观事物一般特征的思维形式。内涵则是概念所反映的事物的本质属性的总和,也就是概念的内容。而外延则是概念所确指的对象的范围"[①]。在这样的理路下,即兴口语表达要从学界、业界的"专门提法"转而作为学术概念来界定,的确有其困难。原因在于,即兴口语表达好似"绿色的榕树叶子"一样,尽管经过了归纳,但是在内涵和外延的界定上并不"确切和简要",也很难说是"本质属性的总和"。上述判断的理由首先在于即兴口语表达内涵欠明确。口语是针对书面语而言的,依照一般经验,口头语言多是即兴为之,社会生活中经过准备再去说话尤其是依托成稿进行转述总是少数,如此,在口语之前限定"即兴"岂非繁复?但如果去掉"即兴",恐怕又很难指称我们对主持人语言动态生成、难以事先全然备妥的直观印象。

就"口语"我们再做进一步追问:主持人"即兴表达"仅仅是为诉诸"口语"而进行的纯粹的语句组织过程吗?要形成高质量的表达文本,口语是唯一的或者说最重要的因素吗?相关的思维能力、信息处理、知识储备、体验感悟、辞采境界为什么在概念之中很难找到直观的痕迹?另外,"表达"一般强调个体说话的过程,相比较而言,"传播"的概念中则有对象在场的意指,"交流"强调语言传播的多主体互动,而"沟通"则更直观地强调了交际的效果。根据一般的收视经验,主持人在驾驭节目过程中传递的语言既要独立可解,有时甚至需要独立成篇,但同时也强调互动交流,当然也势必追求传播效果和目的的实现。由此可见,用"即兴口语表达"这一能指来限定其背后丰富的所指,实在有些模糊,难免让人误读(比如,不少初学者就错误地期待自己能通过某种"技巧"的训练而获得即兴口语表达能力)。

内涵欠明确必带来外延的界限模糊。在口语表达中,哪些是即兴口语表达,哪些不是即兴口语表达,"即兴"到什么程度才是需要研究的即兴口语表达现象,都是分辨的难题。更何况,那些事前毫不知情而说的时候又不假思索的表达,与那些有所准备的演说、评论、报道,在表达的基本规律上究竟有什么本质不同?排除了说话前有所

---

① 中国社会科学院语言研究所词典编辑室:《现代汉语词典》,商务印书馆1998年版,第404、298、919、1295页。

"准备"的即兴口语表达研究，就算有结论，会不会太过单薄和苍白，缺乏理论上的解释力和指导意义，也背离了从广播电视大众传播角度研究主持人语言的初衷？

尽管即兴口语表达作为一个专业概念在逻辑上有失严谨，但它并没有因此寿终正寝，而仍然有相当活跃的学术生命力。在2007年至今所发表的专业论文中，直接以即兴口语表达为研究对象的就有二十篇来篇。而在开设播音与主持艺术专业的高等院校中，到本书稿完结的2014年为止，即兴口语表达仍然被作为一门占据32至64学时不等的专业主课进行教授。而无论是专业院系的术科加试、各级各类主持人大赛、广播电视播音员主持人资格考试，还是广播电视媒体的招聘考试，即兴口语表达能力也仍然是基本的测试点之一。基于实践、教学和所研究的需要，可以说，即兴口语表达仍是有研究价值和教学功用的学术话题。若以主持人节目实践和发展趋势为背景，以长期以来形成的研究理路和学术累积为资源，重新梳理即兴口语表达的内涵和外延，实有必要，也有可能。

一、什么是即兴口语表达

要界定在逻辑上面临诸多责难的即兴口语表达概念，笔者认为可以有两条路径：其一，检索过往的学术讨论中关于即兴口语表达的研究，归纳其中的学术共识；其二，依据节目主持实践的实际情况，以实践检验理论的正确性，用新的实践经验和业务要求补充概念的内涵。

1. 关于"即兴口语表达"的不同表述

关于即兴口语表达的定义，笔者从各类学报、专业期刊中摘录较为明确地对即兴口语表达加以界定的内容，作为分析和整合的起点。

(1)主持人的口语形式是多种多样的，其中无文字依据的口语就是即兴口语，它是主持人节目的重要表达形式。即兴应对，快，固然重要，得体则是更为重要的，机智口语绝不是要贫嘴能够替代的[1]。（吴郁，1995年）

(2)"无稿播音，即基本没有文字稿件作依据的播音，或叫'提纲加资料'的播音。它既区别于书面语，又区别于通常所说的'播音'（有稿播音），而是播音员、主持人通过广播电视电子传播媒介，于话筒前即兴完成的口语活动。即兴口语是广播电视有声语言中一种不可或缺的重要表达形式"。它的特点是现想现说、语音稍纵即逝、语言灵活多样、语音和态势语有特殊功效[2]。（鲁景超，2000年）

---

[1] 吴郁：《主持人即兴口语特点探讨》，《语言文字应用》1995年第2期。
[2] 鲁景超：《广播电视即兴口语表达》，中国传媒大学出版社2000年版，第11—12页。

(3)主持人的即兴口语,是指在节目中出现意想不到的情况时主持人所作临场应变的语言反应,以及主持人在节目常态下的即兴发挥①。(尹冰竹,2006年)

(4)广播新闻节目主持人的即兴评述其实就是即兴口语表达在广播实践中的具体运用。它和所有即兴表达一样,都要求主持人在边想边说的过程中,迅速对新闻事实做出反应,进行既有说服力又有深度的评点,做到以理服人,以情感人②。(方亮,2007年)

(5)即兴的"即",有"当下、目前"的意思,有"就着"某种事物、情况和环境——如节目、栏目、宴会、集会等——而做些什么、说些什么的意思。一般特指临时性的发挥,如即席讲话、即席表演。"即"字加上兴致的"兴",便有了带着兴致临时发挥的意思。所谓即兴表达,既包括即兴文字表达——用文本写作的方式呈现出来,也包括即兴口头表达——用有声语言和副语言(眼神、表情、姿态、动作等)的方式呈现出来。前者如唐代的李华就有《春行即兴》,那是安史之乱后诗人行经宜阳时即目所见的暮春景物:"宜阳城下草萋萋,涧水东流复向西。芳树无人花自落,春山一路鸟空啼"。渗染着诗人的感伤和哀愁之情;后者如《实话实说》节目,主持人在事先策划的前提下,又有许多现场即兴的成分,深得观众喜爱③。(金重建,2009年)

(6)主持人的即兴口语表达应是在即兴状态下完成的规范化、精密化、迅捷化、艺术化的创作活动④。(倪琦珺,2009年)

(7)播音员、主持人的即兴口语,是指离开稿件的即兴发挥、新闻事件现场触发的口头报道、即兴点评或直播的临场应变以及采访或谈话节目中的非事先设计的问答。它具有临场发挥、灵活多变等特点,在表达上占有反应快捷、生动自然的优势。无稿播音也叫即兴播音,是一项难度较大的工作。无稿播音绝不是信口开河,而是结合当下语境的口语创作,是一种话筒前的口语活动,是播音员、主持人的一种不可或缺的重要表达形式⑤。(李艳菊,2010年)

(8)在广播电视有声语言传播中,既有作为书面语但以口语形态传播的有稿播音,也有作为口语形态存在的无稿播音——即兴口语。即兴口语表达

---

① 尹冰竹:《即兴口语——主持人的必备能力》,《声屏世界》2006年第7期,第45页。
② 方亮:《论广播新闻节目主持人即兴评述》《中国广播》2007年第5期,第26—29页。
③ 金重建:《在不确定性中寻求确定性——浅探媒体即兴口语表达的能力培养》,《浙江师范大学学报(社会科学版)》2009年第2期,第81—84页。
④ 倪琦珺:《主持人如何提升即兴口语表达能力》,《太原城市职业技术学院学报》2009年第6期,第122—123页。
⑤ 李艳菊:《播音主持的即兴口语表达》,《新闻前哨》2010年第9期,第77页。

是指在没有稿件的情形下通过口头表达的无文字依据的口语表达,即兴口语表达是主持人应具备的语言素质之一。在容不得多想的情况下,主持人必须说出与主持的节目有关的一段通顺的话语,即兴口语表达紧密地联系着主持人自身的学识素养和语言功底,既是主持人综合素质的反映,也是受众洞察主持人心智的最好窗口。语言学家张志公先生谈到即兴口语表达能力时这样说:"口头语言高,不是指口若悬河说个不停,也不是指的辞藻美丽,才华出众,或者诙谐幽默,引人发笑,更不是孔子说的巧言令色,那种会说他人好话的好听话,而是指:能用基本准确的标准语,即普通话,有力而得体地达到说话的目的"[1]。(钟馨,2010年)

(9)说话者面对特定的现象或话题,在没有准备时间或准备时间较短的情况下,即时地展开思维,确立语言目的,抓住事物特征展开叙述和议论,以此形成传播和交流的活动[2]。(周云,2011年)

(10)即兴口语表达是主持人的一项基本能力,是检验主持人对节目走向和新闻事件现场反应能力的最好方法,是主持人文化能力沉淀的折射[3]。(陆崇马,2011年)

(11)口语是运用有声语言,通过口说耳听进行交际。它跟广播电视的即兴口语有很大的不同。广播电视是视听艺术,通过口头语言即有声语言来进行传播的。并且通过有声语言来阐明主题,揭示深刻思想内涵的主要工具。它比日常口语更加严谨、高级、艺术化。要面对激烈的竞争,不仅要提高新闻时效、扩大信息容量、丰富节目内容和形式、更新传播技术、完善传播技巧等方面,还要在语言方面下功夫。播音员、主持人的有声语言传播直接关系到广播电视的发展。而即兴口语在广播电视节目中的表现形态主要是主持人与记者的对话性即兴口语。对话性即兴口语,就是谈话双方的即兴交换。在节目中,"对话"是指主持人与采访对象或嘉宾之间"为交流信息"、探讨问题而进行的口语交际活动[4]。(刘晓彤,2011年)

(12)主持人的即兴表达是指在没有稿件依据的情况下,在话筒前即兴完成的主持活动,具有随机性强,语言灵活多样的特点。在现场节目的组织串联、与观众互动沟通、现场意外补救等方面有着重要作用,是广播电视有声语言中不可或缺的重要表达形式。精彩的即兴主持犹如智慧、激情与灵感撞击

---

[1] 钟馨:《打造即兴口语类主持人》,《新闻爱好者》2010年第21期,第98—99页。
[2] 周云:《即兴评述入门与提高》,中国传媒大学出版社2011年版,第1页。
[3] 陆崇马:《从主持人大赛看即兴口语表达的训练》,《视听界》2011年第3期,第106—108页。
[4] 刘晓彤:《即兴口语之我见——即兴口语在广播电视节目中的运用》,《大众文艺》2011年第7期,第183—184页。

出的火花,绽放出炫目的光彩,带给受众愉悦与惊喜,往往成为节目中的亮点,同时也是衡量主持人价值与实力的重要标志①。(黄琼,2013年)

总体而言,上述界定涉及即兴口语表达的本质属性、形式特点、创作主体、创作依据、创作语境、传播对象、创作方法、创作原则、实践价值与功效等。我们做如下梳理:

本质属性:即兴口语表达是一种语言表达形式。我们一般把语言形式分为口语与书面语。根据语体不同,口语又可以往下分为独白、对话两大类。但是,根据实际的经验,即兴口语表达既可以是独白体,也可以是对话体。更具体地说,即兴口语表达既可以是即兴演讲,也可以是即兴报道、即兴谈话等。因此,即兴口语表达很难作为一个独白或对话的下位概念。只能将语言表达形式在口语与书面语的两分法下,就口语再做是否"即兴"的区分,从而找到即兴口语表达的位置。而即兴口语表达还可以按体裁、媒介、内容、样式、功用等标准再做细分。

形式特点:上述定义对即兴口语表达的形式特点在以下两方面具有共识:语言表达无稿件依据,现场完成快速应对。从上述定义看,学者们并没有提及即兴口语表达的涵义包括毫无准备这一义项,相反对即兴口语表达的说话前提有诸多限定,以避免盲目表达。

创作主体:上述定义关于即兴口语表达的讨论主要在广播电视节目主持创作的范畴下完成,创作主体主要指各类广播电视节目的主持人。

创作依据:即兴口语表达的创作依据主要是"提纲加资料"。而根据当前广播电视节目主持的实际情况,笔者认为,还包括了现场动态因素。

创作语境:即兴口语表达的语境具有不稳定性,比如有学者提到的"意想不到的情况"。当然,任何环境都具有不稳定性,但强调即兴口语表达语境的不稳定,主要在于其中的动态因素极大地影响了即兴口语表达的创作,是构成表达的"即兴特征"的现实基础。语境的不稳定性强化了即兴口语表达的必要性和创作的难度。而即兴口语表达也正是主持人对动态语境的适应和调节。

传播对象:因为创作主体主要指主持人,因此即兴口语传播的传播对象也主要指广播电视主持人节目的受众。

创作方法:上述定义就创作方法分别提到了"即兴发挥""边想边说""作出反应""事先策划""提纲加资料""联系主持人自身的学识素养和语言功底""展开思维,确立语言目的,抓住事物特征展开叙述和议论""对节目走向和新闻事件现场的反应""文化能力沉淀的折射""交流信息,探讨问题""在现场节目的组织串联、与观众互动沟通、现场意外补救"等内容。从中不难发现,创作的方法一是主持人的能力迁移,即包括学识素养、语言功底等在内的文化能力的具体使用;二是主持人的模式迁移,如叙述、议论

---

① 黄琼:《节目主持"即兴表达"的基本原则》,《新闻传播》2013第2期,第224页。

等常规的言说办法;各种思维方式的使用;说话前要有语言目的的惯例;边想边说等;三是语境互动,如即兴发挥、与观众互动、现场意外补救等;四是准备,抓住可能的短暂时间完成准备,如事先策划、提纲加资料等。

创作原则:就创作原则而言,上述定义中,有以下内容需引起注意:(1)"快"。即兴口语表达要求说话者以尽可能短的时间作出反应,建立交流关系。(2)"有力而得体"。即兴口语表达要求说话者的内容和方式应该符合语境特点的文化习惯。(3)"达到说话目的"。目的导向是广播电视节目传播效果对主持人即兴口语表达的基本要求。(4)"主持人文化能力的折射"。即兴口语表达极大地肯定了主持人个体作为出头露面的说话者在面向受众表达中的作用,要求主持人与节目内容、表达形式协调一致,即中国传媒大学张颂教授就即兴口语表达所提的"绝非信口雌黄,更不是口是心非。我们要坚持的是真实的身份、真诚的态度、真挚的感情、真切的语气,杜绝一切虚假和造作"[①]。

实践价值与功效:上述定义就即兴口语表达的实践价值和功效提到了:"以理服人,以情感人";"深得观众喜爱";"在表达上占有反应快捷、生动自然的优势";"受众洞察主持人心智的最好窗口";"通过有声语言来阐明主题,揭示深刻思想内涵的主要工具";"绽放出炫目的光彩,带给受众愉悦与惊喜,往往成为节目中的亮点,同时也是衡量主持人价值与实力的重要标志"。结合广播电视节目主持实践,可以发现,即兴口语表达不是可有可无的"应景手艺",而是主持人传播不可回避的实践课题。它不仅是在动态语境下,主持人与受众高质量地完成交流的路径,而且也是实现受众对主持人的身份期待,高度实现节目人格化特质,建立主持人与受众之间信任纽带的重要途径。以此角度看,今天的广播电视界,正是因为引入了区别于有稿播出的即兴口语表达形式,才出现多样化的节目形式。即兴口语表达的实践价值与功效如此可见一斑。

2."即兴口语表达"的定义

综合上述分析,从本质属性、形式特点、创作主体、创作依据、创作语境、传播对象、创作方法、创作原则、实践价值与功效等方面,我们对即兴口语表达做如下界定:

> 即兴口语表达,是以广播电视节目主持人为主的大众传媒口语传播专业人员(包括播音员、记者、评论员、观察员等)在特定传播目的的引导下,以所在媒体为平台,以个人素养为基石,以即时组织的口语为手段,在突发情境或其他动态情境下,通过尽可能充分的准备,对某一社会现象、新闻事件、焦点人物或热点话题进行陈述、报道、评议、讨论,将传播目的、特定内容、口语手

---

① 王俊:《小议"即兴口语表达"课程教学法》,《吉林广播电视大学学报》2011年第5期,第51—52页。

段和传播主体融为一体,以实现广播电视传播效果的重要传播形式。

首先,这一定义强调了从口语传播视角研究即兴口语表达的规律和特点。即兴口语表达不仅仅是一种语言形式,更是一项立体的传播活动。

其次,该定义强调了主持人作为传播主体在内容创作和语言组织上的主动性和能动作用。因为语言存在的模糊性和歧义性的局限,主持人应通过自身努力消除客观事实、主观感受与口语表达之间的误差,避免"词不达意"、"言不尽意"。言语主体与言说内容、言语方式要尽可能达到统一。

另外,该定义确定了主持人即兴口语表达属于广播电视口语传播的一种,强调了主持人即兴口语表达目的性强的特征。

最后,该定义强调了传受双方在姿态上的平等和即兴口语表达的互动传播特征。传播的根本目的是实现传受之间,甚至是整个社会的成员之间在某些层面的交流,达到共知。主持人把准了受众心理,也就把准了传播的契机。以受众的认识起点、经验、取向为即兴口语表达构思的起点,以个人可以实现的且受众乐于接受的方式为路径,在信息内容平衡的基础上,有原则地实现传播目的。

阅读与讨论:没有无准备的即兴[①]

周 云

如果将"即兴"理解为"没有准备"的话,那么,实际上并没有毫无准备的即兴口语表达。

我们对"即兴"应该作宽泛的理解,比如:说话者在某一方面已有较深积淀,但具体的表达话题是临时指定的;针对某一话题的内容是事先考虑好的,但具体的语言是当场组织的;在有准备的说话中,面临的提问和报道任务是临时的。

另外,人们提起即兴的时候,往往将其作为一个时间概念使用,指的是时间很短或者几乎没有时间。即兴口语表达的现场准备时间的确很短,或者说狭义备稿的时间比较短,但"短时间"不等于"没时间"。即兴口语表达一般都是"想想再说"或者"边想边说",总有思考时间。而且,即兴口语表达中,虽然评述的话题和任务是临时的,口语组织是当场的,但用于判断事实的价值标准、知识储备、思辨能力等内在素质却源自长久的积淀。

可见,看似"即兴"的即兴口语表达有太多的非即兴元素参与。而这些元素往往决定着评述的质量。

---

① 周云:《即兴评述入门与提高》,中国传媒大学出版社2011年版。笔者有所删改,题目为笔者所加。

请讨论：你认为"即兴"应该被理解为"毫无准备"吗？如果二者相等，主持人在多大范围上存在绝对毫无准备的说话？如果二者不相等，你如何理解"即兴"？有学者认为"'即'字加上兴致的'兴'，便有了带着兴致临时发挥的意思"。你认可这一解释吗？如果认可，你认为在临场说话的过程中说话者的"兴致"受何激发？

二、即兴口语表达的构成要素

作为广播电视主持人节目内容的重要载体，主持人口语是否具备内容的承载能力很重要。语言的承载力是指传播主体的个人语言修养和表达能力是否足以承担职业领域的表达任务，包括指向辞采的语言表现力和指向传播效果的语言劝服力。当下，无论是媒体传播的创作机制、主持人节目发展的趋势还是主持人自身的职业生涯规划，都要求主持人提高口语传播的质量，培养即兴口语表达能力。

即兴口语表达不只是文本的生产，而是从生产文本到传播交流的完整过程。因此，即兴口语表达的要素构成，从传播活动的结构层面看，包括传播、传播者、载体、受众、语境、干扰、反馈、伴随因素等；从主持人实现即兴口语表达的有效传播所需要的能力看，包括了价值体系、知识结构、信息能力、思辨能力、语言组织能力、即兴口语表达实践经验等内容。

1. 结构要素

传播：即主持人即兴口语表达。作为大众传媒口语传播之一种，主持人即兴口语表达是传受双方共同作用的信息的编码与解码过程。

传播者：即主持人，是传播活动发生发展的主动因素。关注的是主持人作为传播主体的角色内涵、创作范畴以及主持人作为重要的传播符号在广播电视传播中的特殊作用等。

载体：即主持人口语（包括其他广播电视媒介传播手段），是实现交流的介质前提。

受众：受众是主持人即兴口语表达的传播对象，也是口语传播全部目的的落脚点。受众是接受的主体，在意义诠释上具有主动性，也是反馈的重要来源。

语境：语境是传播发生的重要基础，包括社会客观环境、历史文化背景和心理情境。社会客观环境指传播所在的当下具体的环境。历史文化背景指与当前传播内容和传播方式有关的历史沉淀。心理情境是指传受双方在传播内容上各自秉持的认知基础、情感态度、价值取向等因素构成的心理基础。

干扰：干扰是传播过程中出现的非主题动态因素，包括外在干扰和内在干扰，是主持人即兴口语表达中出现的与内容、目的、手段等相关性不大的临时性因素。它们的出现会直接干扰表达，使整个传播过程发生或多或少的改变。

伴随因素：不同于干扰，伴随因素是主持人在即兴口语表达过程中所伴随的其他行动和任务，具有主题的相关性。

反馈：广播电视受众的反馈包括各种肯定和否定的意见和建议，是传播进行调整的积极因素。

2. 能力要素

显性的关键因素：口语组织与表达。无论是有稿播读还是无稿的即兴口语表达，主持人都要借助口语把内容传递出去。对于主持人而言，说得是否准确、流利、风趣直接影响即兴表达的效果。无论理解是否深刻，感受是否丰富，只有落实到口头语言上，才真正实现交流，形成共享。

隐性的基础因素：价值体系、知识结构、思辨能力等。说话者并不直接说明自己储备了多少知识，自己的价值观是什么以及思辨能力如何，而是化为具体的表达之中。因此，与口语组织与表达能力相比，它们相对隐性，不易察觉。然而，缺乏较为成熟的价值体系、一定的知识储备和思辨能力，说话者对具体事物的表达难免有失章法。比如，知识（包括信息）储备不足常面临无话可说；价值体系缺憾可能导致判断失误；思辨能力不强便难以深化内容，条分缕析。因此，这三者又是完成即兴表达的基础因素。

直接的相关因素：即兴口语表达经验。俗话说熟能生巧，主持人从大量的广播电视即兴口语表达实践中可以积累经验。职业经验有助于主持人在表达中调节心理，稳定状态，打开思路；一旦发现问题，也能够及时圆场，可以更直接改善即兴口语表达的效果。

总之，即兴口语表达不单纯是"说"。即兴口语表达的能力并不等于口语组织和表达方面的能力。稍加留意便可以发现，个人所遇到的即兴口语表达方面的问题，仔细分析，也不全是"说"的问题，如上所言，涉及各个方面。

综上所述，即兴口语表达概念的引入源于广播电视节目主持实践的需求。对这个命题的探讨也确实为广播电视节目主持人的口语传播实践提供了更多的思路。但是，也恰恰是诉诸实用的取向，使得即兴口语表达的研究和教学往往失去了必要的理论探讨和批判的眼光。

即兴口语表达课堂如何避免师生疏离体系化的知识和深刻的传播理念而陷入遣词造句的文本机械生成之中；教师如何成功引入多学科的理论、多维度的话题、多样化的形式；学生如何以即兴口语表达方法训练为支点，融入调查、阅读、图书馆查阅、案例和数据分析等训练内容，从而激发个人的传播想象力、知识和信息创新力以及媒介文化的批判力，都是需要思考和回答的问题。本书的撰写初衷尽在于希望通过辨析概念，理顺逻辑，结合实践，在即兴口语表达的教学和研究上略尽绵力。

三、即兴口语表达的功用

即兴口语表达对于节目主持传播具有不可低估的作用。

1. 适应职业需求

从节目的微观语境来看，节目要求主持人具备良好的即兴口语表达能力，从而在面对具体的公共议题时，从话题的开拓、资料的准备，到观点判断、逻辑推理、组织嘉宾讨论等，都能做到从容驾驭。

从媒介的中观语境来看，当前采编播合一已是常态，尤其是在广播电台，主持人职责明显拓展，承担着播音、主持、采访提问、编辑、撰稿、节目合成等各种工作。电视节目主持人也因为节目形态和编辑策略的改变而承担起既要播读又要点评和采访的"任务包"。

从社会的宏观语境来看，随着信源渠道的建设和受众媒介素养的提升，主持人需要更准确地实现其在信息层面的传播功能。在传播的过程中，通过信息的流动实现传播者与接受者之间的信息平衡，是传播的基本目的。如果把传播者和接受者所在的传播语境抽象为一个纯粹的信息场所的话，那么，因为传播的存在，这一信息场域实现了资源的平衡。主持人作为广播电视传播中的显在传播者，其传播功能自然也包含了平衡传播语境中的信息资源。而要实现这一功能，主持人必须具备脱离稿件独立走路的即兴口语表达能力。

2. 提升传播效率

口语传播是主持人驾驭节目的主要手段。改善节目主持传播的质量，口语是重要的着眼点。其中，即兴口语表达更是重点。在任何需要主持人观察、组织、评议、即时报道的语境中，主持人对即兴口语表达的认识深浅和控制能力高下，都直接影响传播效果。

另外，从主持人与受众的互动影响关系来看，口语传播是主持人实现和优化传播关系的载体。主持人对受众的影响力有赖于以言语交际的形式去实现。如此可见，口语传播能力对主持人影响力的作用之大。提高口语传播能力，是实现主持人传播功能的必然要求。

3. 建构品牌形象

在媒介传播中，业务的界限、传播者角色的界限并非那么严格。相反，业务复合和角色复合倒是很常见。传播者个体可以随着业务范畴的游移而导致称谓的变化，比如既是播音员、主持人又可以是出镜记者、主编、新闻观察员、评论员。在不同的节目、不同的场合下，个体出于不同需要，被强调为某一种身份，发挥特定的功能。而只要个体承担起了每个角色提出的要求,受众也能接受和习惯这种功能和角色的复合。

这种角色和功能层面的复合,不但受限于媒介发展水平、节目形态、媒体内部的体制机制,更关键的是,谁有能力集多个角色于一身?个体的能力素养、职业愿景、团队号召力等都是影响角色复合的重要因素。其中,即兴口语表达能力也是重要的因素之一。缺乏即兴口语表达能力,传播者很难走到镜头前、话筒前去实现传播。总而言之,广播电视口语传播主体在荧屏上无论是何种称谓,其形象内涵往往通过其口语传播得以展露和实现。可以说,传播角色决定了他们应该具备较高的传播话语资格,其口语必须具备内容承载力。否则,语言的苍白可能导致形象的虚空。广播电视口语传播主体应该不断提升即兴口语表达能力,用高质量的口语传播实践去丰富自身的荧屏形象,整合不同的传播角色以达到内在的统一,如丹·拉瑟、白岩松、敬一丹、柴静、张泉灵等,从而在整个社会文化系统中建构出独特的品牌形象。

4. 塑造职业文化

从当前的广播电视口语传播实践来看,除了有稿播音之外,即兴口语表达形态的口语传播也已经成为职业常态。主持人群体应该重视即兴口语表达,从术到道,摸索规律性的内容,建立基本的理念和专业判断力,不为所谓的技巧所局限。从行业到主持人自身,也应该力求"脱稿表述"。在内容判断和语言组织上独立走路,已成为广播电视语言传播者的基本要求。

第二节　主持人即兴口语表达的特点

一、即兴口语作为主持人传播口语的特点

即兴口语作为传播口语既不同于日常口语,又有别于书面语,是在媒体传播中对日常口语与书面语的善用。日常口语体现出非文本化、低结构化、低修饰度。而书面语体现出高结构化、高修饰度、文稿化。相比较而言,传播中的即兴口语则具有非成稿化、高度结构化以及适度修饰的特点。

1. 非成稿化

成稿化是指将表达内容诉诸文字,形成文字篇章,然后依托篇章转述。非成稿化则指在即兴口语表达过程中,完全脱离文稿或仅仅依托简单的提纲,直接诉诸口头。非成稿化是即兴口语的显著特点。

2. 高度结构化

所谓结构化是指在言语过程中,环环相扣,层层铺垫与推进,首尾呼应到位。高度

结构化是指相比较日常口语而言,主持人即兴口语表达无论是句法还是篇章语法都要求较为准确,语言形式与传播内容之间较为紧密相关,语言模糊度较小,语句之间关系较为密切。

3. 适度修辞

古语有云:修辞立其诚。修辞的目的是为了效果更佳、更准确地表达说话者的意思。主持人即兴口语表达中的修辞首先强调内在的逻辑,以期达到内容表述整体上的准确度和说服力;在此基础上,也强调文采,展现即兴口语表达的表现力,激发具有张力的情感力量。概括而言,主持人口语传播的适度修辞即要求"词达而已矣",控制夸张和渲染的成分,尽力避免因辞采害义,避免因为修辞过度而让受众觉得"不诚恳"。

总体而言,作为大众媒体的传播口语,主持人即兴口语在内容及其逻辑上应该高结构化,在辞采上应该具备文学性——这里的文学性并不指华丽的辞采,而是指语言在激发受众情感上面表现出巨大的张力。即兴口语不能像论文写作的科学语言那样准确却不着情感痕迹。至于是否需要形成提纲,在传播过程中应该视内容规格、准备时间、现场动态情况等因素而定。

二、即兴口语表达作为主持人口语传播的特点

从传播学视角看,主持人即兴口语表达作为传播实践活动,其特点主要包括:

1. 从传播主体着眼,鲜明的人格化

主持人以口语方式对大众进行传播起到了弱化电子技术所带来的非人格化的僵硬感和距离感,的确带来了某种程度的"大众传播向人际性的回归"。这种方式降低了受众接收的门槛,拉近了受众心理。

2. 从传播对象着眼,依"众"而传

"众"指的是大众。所谓依"众"而传是指主持人即兴口语表达从内容到形式都要兼顾社会大众的要求。关于说话,古人讲求"契机契理"。而对于主持人即兴口语表达而言,如果"机"——方式和风格上非大众喜闻乐见;"理"——内容上非大众所关切,岂非自说自话。因此可以说,主持人即兴口语表达脱离受众要求即是无根浮萍,不可能落实传播目的。

3. 从传播内容着眼,据实设计,弥散着价值判断

社会事件的发生不以主持人的传播为转移。主持人即兴口语表达创作只能在此范围内进行,这是主持人即兴口语表达的基础。也就是说,传播语境给予主持人即兴口语表达以强制的力量和言论的边界。但是,主持人传播的实际范围和焦点是相对自由的,可以根据栏目定位、节目需要、受众要求和个人价值判断而对事实进行选择,因

而具有一定的设计性。主持人即兴口语表达要尊重社会事实,在整体上,在真实、准确、可信的基础上,可以根据传播需要进行必要的策划。

另外,无论是日常口语,还是传播口语,语言与文化之间联系紧密。哪怕是"闲言碎语",也往往透露出个体的价值取向和文化认同。主持人即兴口语表达强烈的目的性决定了价值判断弥散于其口语传播的枝节之中,成为或显在或隐藏的态度倾向。主持人即兴口语表达的价值判断应以主流的公共价值取向为参考标准,以公共利益和普遍的价值追求为导向,降低内容传播的偏误、争议和由此带来的公共舆论风险。

4. 从传播形式着眼,创作具有即时性,交流具有开放性

主持人即兴口语表达的语境通常是动态现场,因此主持人的反应也是当场的,语言组织也须即时完成。这需要主持人拥有良好的心理素质,充分激发储备,有效而快捷地梳理思路。

另外,当前的广播电视传播中,传受双方互动交流越来越深入,受众反馈也越来越即时和丰富,在有的节目中即时反馈已经成为固定版块,成为节目的主要构成部分,比如广播节目中主持人与受众之间通过短信平台实现的话题互动。主持人的即兴口语表达受到政治、经济、法律、道德、媒介立场、公众意见等因素的影响,既是媒体意图的表达和个人的创作,也会受到受众的修正。主持人与受众在互动中主动地位与被动地位交错,尤其在现场谈话过程中,整个谈话场具有十分明显的开放性。

5. 从传播效果着眼,体现为强烈的目的性

主持人即兴口语表达源于明确而强烈的传播目的。无论是政治宣传、事实报道还是社会百态的据实评介,在政治、文化、职业使命等多种动力的催动下,主持人即兴口语表达服务于具体的需要。

6. 从创作特点着眼,难度较大,传播风险也较大

主持人即兴口语表达的创作即时而作,传播语境具有规定性和挑战性,切境并非易事;而相比较于有稿播读而言,仅从"出口成章"这点上来看就有难度。更何况,即兴口语表达并不宽容主持人"萝卜快了就可以不洗泥"。它仍然要求主持人在表达过程中,语言规范、清晰,用词准确,结构严谨,逻辑一致,表达具有表现力和感染力,是高质量、负责任的传播。所以,创作难度大是不少主持人发怵即兴口语表达的原因。

另外,主持人即兴口语表达的即时性特征与广播电视传播的第一现场、第一时间需求相吻合,具有独特的传播优势和吸引力。主持人出色的表现会给传播带来亮点和意想不到的正面效果;但是也可能因为主持人的失误带来难以挽回的过失。不夸张地说,主持人即兴口语表达几乎是一道少有常量的计算题。主持人即兴口语表达所在语境的动态化和表达的开放性特征意味着影响创作的各种因素会临时发生变化。因为这种变化是突然的,主持人可能会遭遇知识盲点,也可能无法运用言语表达去对称地

反映语境中的动态变化,甚至有可能在表达过程中发生判断失误。即兴口语表达因此而面临较大的传播风险。

7. 从当前的实践着眼,主持人即兴口语表达呈现个案的独特性

整体而言,在广播电视传播实践中,主持人即兴口语表达能力参差不齐。有的主持人可能达不到一般水平,无法承担相应的传播任务;而有的主持人却精于此道,无论是评论、报道、访谈还是现场互动,都能驾轻就熟,从容应对。这种个体差异,是当前研究主持人即兴口语表达应该正视的现象。对个案独特性的分析也是总结即兴口语表达创作规律的重要路径。

第三节　主持人即兴口语表达的评价

建立科学、系统且具有指导意义的评价体系,对于即兴口语表达的研究、教学、实践很有意义。有了评价体系才能合理地评价即兴口语表达的完成情况,同时也才能检验即兴口语表达策略的效用。

关于即兴口语表达的评价,我们以为,首先,应从传播主体的传播目的出发作内部评价,追问"传播者有没有做到想做的"。这就涉及了信息是否准确、逻辑是否畅通、内容是否切题、表达是否规范、叙述是否合宜等问题。其次,可从实际的传播效果出发作外部评价,追问"相比较而言,传播者有没有达到受众需要"。这就涉及信息是否更全、更新,思考是否更深刻,表达是否更有感染力等问题。

综合内外部评价,我们提出即兴口语表达评价的五个层面:信息、价值、逻辑、结构、创新。

一、信息层面

即兴口语表达的最终目的,是通过口语实现对信息的驾驭,从而确立传播关系并实现传播目的。信息维度的评价主要集中于即兴口语表达过程中信息量的大小,信息的效度高低,信息的准确程度、与主题的关联程度、完整程度、独特性等。关于信息处理的具体内容和准则,在第二、三、四章会做详细讨论,此处不再赘述。以 2015 年 10 月中央电视台摄制并播出的一带一路特别报道《数说命运共同体》为例,其一大特点就是大数据。片中每一个大小叙述主题下都有扎实的案例、人物、事件以及由大数据挖掘的相关的数据,信息与主题的关联程度高,信息含量充盈。同时,仅就这种数据说话的方式而言,除了增加信息量之外,也是一种独特的表现方法。比如,在第一集《远方的包裹》中,是如何表现一带一路以及全球包裹的物流情况的呢?创作者用了一组数

据:"过去1年里,为迎接来自一带一路以及全球的商品,中国新增了1万个保税仓库。每天,300万名快递员穿梭在大街小巷,将来自于世界各地的千万个包裹分发派送。现在看到的穿梭在地球上空的光线,每一根价值100亿美元。2014年,中国从一带一路沿线国家进口的货物总值突破5000亿美元"①。这一组数据不但增加了内容的真实感、准确感,也让我们感受到了一带一路沿线国家之间贸易的繁忙,非常生动。

出境报道的主持人欧阳夏丹在其报道话语中,也使用了很多数据并对相关数据巧做比对。比如,在介绍中国与一带一路沿线国家的人员往来情况时,夏丹以东华大学留学生情况为例,并巧用数据说话:"东华大学的纺织学科在全球排名第一位。这里呢,现在是有4700多名留学生,而他们每3个就有1个来自一带一路沿线国家。其实不光光是东华大学,2014年,在华留学生人数排名前15位的国家里头,就有10个来自一带一路沿线"②。这些数据信息无疑增加了报道的分量,让受众对中国与一带一路沿线国家之间的人员频繁往来与深入交流的情况一目了然。

虽然不应迷信数据,但在大数据时代,主持人的即兴口语表达在传播理念上应该重视包括数据在内的信息的作用,在报道手法上重视对信息的处理。关于信息处理的具体内容和准则,在第二、三、四章会做详细讨论,此处不再赘述。

二、价值层面

价值指的是语言内容中所透露的价值观。一个人所取的立场、所持的身份、所处的环境往往决定了他的所思所想,自然也决定了其所说。反过来说,透过一个人的语言,我们可以感知到其所处的语境、所持的身份和所取的立场。价值维度评价的是传播主体的价值观是否具有普遍性,能否与一般公共道德、舆论主流、法规政策以及文化习惯相吻合。

道不同不相与谋。如果说话者和听话者的立场不一致,而说话者还继续强化自己的立场,毫不顾及听话者的感受,就无法达成沟通。生活中我们可能都有过这样的交际经验:如果价值观一致,即便对方说得并不流畅,甚至有些前言不搭后语,所说也并非什么新奇的内容,但也能为我们所接受与赞同。相反,如果价值判断完全相悖,即便表达流畅,逻辑清晰,甚至是未曾听说的新鲜想法,却让人听不下去,想极力反驳。同理,如果主持人的立场与公共道德相悖,其内容就不能为大多数人所接受。可见,语言中所包含的价值判断对于即兴口语表达效果有直接的影响。

总之,主持人应该在日常生活中关注和思考公共道德和社会伦理问题,力求做到敏锐地判断自己所表达的观点是否具有普遍的说服力。

---

① 中央电视台新闻频道一带一路特别报道《数说命运共同体》第一集《远方的包裹》,2015年10月3日。
② 中央电视台新闻频道一带一路特别报道《数说命运共同体》第六集《丝路,走起!》,2015年10月8日。

三、逻辑层面

早年杨澜应聘《正大综艺》节目主持人时,考官问她:"你敢不敢穿三点式?"杨澜的回答是:"这不是个敢不敢的问题,而是一个得不得体的问题。如果在美国西海岸的浴场上,穿三点式是很自然的事。如果在一个民风纯朴的山村大街上,穿三点式是对那里人的感情的一种亵渎。如果在浴池里,穿三点式纯属多余。"① 杨澜所答巧妙,关键在于她从逻辑上匡正了问题:这是得不得体的问题,和敢不敢无关;然后列举三种情境,说明三点式衣着在不同情境中意味着什么,以此说明穿着得体与否应视情境而定,与"勇气"无关。

逻辑维度主要关注语言表达的逻辑。自圆其说,结论经得起大众的推敲是主持人即兴口语表达所应该达到的标准。具体而言,在逻辑方面,主持人即兴口语表达应该达到以下四点:①前提准确:主持人即兴口语表达应抓准核心内容,为自己的判断找准前提。②论证严谨:从正确的前提出发,通过论证,推出正确的结论。比如对于中消协副秘书长、新闻发言人武高汉要让黑心经营者"从舅舅家赔到姥姥家"的狠话,有评论者言:

> 那些年年都成为投诉热点的问题,症结往往也都在于垄断。比如,通讯、住房、交通等行业中出现的霸王条款,就像是勒在消费者脖子上的绳索,令人无法抗拒。连作为国家利器的《反垄断法》都无可奈何,消费者岂不是只能发出长叹?在市场道德、行业监管与法律制度存在严重失灵的情况下,中消协副秘书长武高汉那句"从舅舅家赔到姥姥家"的狠话,只会被看作维权笑话②。

评论者通过列举事实说明"消费者权益仍在欺诈与剥夺中沦陷"的症结在于垄断。垄断造成"市场道德、行业监管与法律制度存在严重失灵",而中消协副秘书长的狠话因为无用而在现实面前更像是"维权笑话"。寥寥数语,逻辑严密,切中要害,很有说服力。③材料相称:说明观点要提供对应的材料,注意材料的典型性。④结论无误:一方面是结论要符合材料的限定;另一方面是结论要经得起现实世界的检验。

四、结构层面

主持人即兴口语表达应具有弹性。弹性是针对即兴口语表达在结构和内容上的"自如性"需求而言的。弹性指的是主持人的即兴口语表达要保持结构和内容上的开

---

① 吴郁:《主持人思维与语言能力训练路径》,中国广播电视出版社2005年版。
② 单士兵:《靠说"狠话"拯救不了消费维权》,新浪网,news.sina.com.cn/pl/2010-03-15/102119866584.shtml,2010-3-15。

放性,以便于适时调整。主持人应根据传播需要,灵活可控地更改即兴口语表达的结构和内容,比如临时调整话题或增删内容。结构上有弹性有利于说话者在表达中自检,降低临场的风险,为交流和动态创作保留空间。

五、创新层面

创新强调即兴口语表达"与众不同"的一面。重复信息等于无效传播。主持人即兴口语表达当然要传递新鲜的内容。创新包括了新的观点(提供有别于常规判断的观点,并且能说明观点)、新的视角(改变看事物的着眼点,能从不同侧面或某一特别的层面分析事物)、新的提法(在内容大同小异的情况下,在语言表达上有所创新)以及新的信息、新的语境等。总之,主持人应切合受众的兴趣集中点,更多地关注与受众利益相关的内容,依托自身的人格魅力与职业威望,以独特的方式表现,赢取受众的认可。

主持人即兴口语表达在满足价值标准和逻辑标准的基础上,如果能提供独特的内容和形式,给人以新鲜感,才有吸引力。而语言交流任何层面的创新都可能给交流双方带来"新"的感受。比如,有评论者论及"同志"称谓淡出社会生活时,提到:

> "同志"这个称呼淡出社会生活……其令人欣慰之处在于,一方面,人们的价值取向多元化,每个人从个体需求出发,遵从自我的价值判断,确立自我人生理想和生活态度,不再为一个共同的理想和信念所束缚,这是时代的进步而非退步。另一方面……在某种程度上,"同志"这个称呼被人们弃用,是社会生活"去政治化"的体现,也是中国社会更加开放和自由的体现……当然,"同志"这个称呼虽然淡出了社会生活,却并没有退出历史舞台,在政治生活中它仍然是一个主流称呼。只是希望,我们的官员彼此口头上称呼"同志"时,内心真的抱有"情为民所系,利为民所谋,权为民所用"的共同理想和信念,真正做到立党为公、执政为民。①

评论者认为"同志"称呼淡出社会生活是民众价值取向多元化、社会生活去政治化的表现,值得欣慰,并从"同志"仍是当前政治生活的主流称呼这一社会事实出发做了特别的引申。从"同志"的志同道合本意引申到"情为民所系,利为民所谋,权为民所用"的共同理想和信念,反映了民众的期待,对于执政者也是一种鞭策和鼓舞。由此可见,一种称谓淡出社会是极寻常的语言现象,然而评论者却见微知著,从中读出了丰富的内涵,引发人们思考。在观察社会、理解社会上,该评论提供了特别的视角。

---

① 晏扬:《"同志"淡出体现社会生活去政治化》,新华网,news.xinhuanet.com/politics/2010-06/06/c_12187339.htm? prolongation=1,2010-06-06。

综上所述，信息、价值、逻辑、结构、创新是整体评价主持人即兴口语表达的不同层次，在评价系统中的位置各不相同。信息层面的标准、逻辑层面的标准、价值层面的标准都是基础性的标准。主持人即兴口语表达应该信息充实，逻辑严密，避免随意违背公众的价值取向和文化认同，尊重社会主流价值观，才能得到受众的认可。创新层面的标准是个性标准。观点、内容、材料和语言上的创新使得主持人的即兴口语表达更具个性，能更好地抓住受众注意力，构建传播关系。而结构层面的标准是风险标准。主持人即兴口语表达的内容结构是否弹性可控，直接影响到表达过程的风险程度。结构上没有弹性的表达，无法面对突发的情况，出错的风险较大。语言表达在结构上具有弹性，随时可以调整，风险自然就小。满足这一标准，有利于主持人在即兴口语表达时提高过程的适应能力和调整能力。综上所述，从不同维度全面地认识和评价即兴口语表达，有利于主持人更好地驾驭传播过程。

第四节 主持人口语传播伦理简述

一、伦理与主持人口语传播伦理

1. 伦理

伦理一般指"人和人相处的各种道德准则"[①]。出于社会实践的需要，也随着学科交叉研究的推进，伦理学所研究的道德准则已经不仅关涉人与人，还包括了人与社会、人与自然。在2002年出版、由朱贻庭、崔宜明主编的《伦理学大辞典》中，仅伦理学原理就包括理论伦理学、实践伦理学、比较伦理学、规范伦理学、描述伦理学、元伦理学等分支，而应用伦理学又包括经济伦理学、生态伦理学、生命伦理学，再细分下去又涉及企业伦理、商业伦理、生态伦理、大地伦理、生命伦理、生物医学伦理、医德等内容[②]。可见，有人类实践的地方，就离不开对实践关系的调节，也必然在实践中发展出一系列伦理性的内容。伦理指导人的社会实践，也塑造了社会中的每个人。

就职业伦理而言，它和特定的职业相关，是对具体的职业活动所提出的伦理层面的要求。在职业活动中，我们除了关心"怎么做"，掌握工具与技巧外，还应关注职业伦理，考虑"该不该做""做了会怎么样"，"应该怎么样"等问题，避免越界（比如2008年地震中一些记者对刚从黑暗中得救的幸存者使用闪光灯拍摄、2011年杨武事件中媒体曝光失当）。职业伦理上的约定作为一种原则性的内容，我们吃不透的时候会感到它

---

① 中国社会科学院语言研究所词典编辑室：《现代汉语词典》（修订版），商务印书馆1996年版，第832页。
② 朱贻庭、崔宜明：《伦理学大辞典》，上海辞书出版社2002年版。

对实践的极大束缚,而一旦吃透它,我们可以从中得到有益的指导。

2. 主持人口语传播伦理

从言语交际角度看,主持人口语传播是典型的言语交际活动;从大众传播角度看,主持人口语传播属于广播电视传播;从社会文化角度看,主持人口语传播也是社会文化之一角。主持人口语传播伦理即是对主持人在"现场言语交际系统""大众传播系统"和"社会文化系统"三个层次所面临的关系的调节原则。

具体而言,主持人口语传播伦理可作如下理解:从现场言语交际层面看,主持人与现场的创作团队成员(如其他的节目主持人)、互动嘉宾、现场受众等都在现场交流中建立了交际关系。这种交际关系近似一般的人际交往关系,因此受到人际交往一般原则的约制。从大众传播层面看,主持人的言行在大众传播系统中被赋予特别的意义。主持人拥有特定的传播身份并与节目受众之间建立起独特的传播关系。因此,主持人口语传播实践也受到广播电视传播伦理的约制。从社会文化层面看,虽然主持人最活跃的场域是荧屏或电波,但随着大众传播给主持人带来的声望累积,知名的主持人呈现出社会名流的特点,成为具有相对独立意义的社会文化符号。以杨澜、白岩松、崔永元、倪萍、水均益等国人熟知的电视节目主持人为例,其知名度和美誉度已不必然严格地依附于某个具体节目。作为来自传媒行业的社会名流,大众虽然仍主要强调其社会身份是"主持人",但这已然有别于节目传播中受众对主持人的认知,代表的并非是"节目驾驭者"的角色意义,而是一种社会名流身份的标记,蕴含着"成功的、可信赖的、文化的、拥有广泛社会影响力的"等内涵。基于主持人群体的社会文化地位,大众对于主持人在道德水平、社会责任以及在文化传承的承担等方面的要求都高于普通人。

可见,拥有悦耳的声音、标准的语音、流畅的表达不是主持人实现有效传播的充分条件。对于主持人而言,如何独立组织话语已颇具挑战,但更难以驾驭的是整个复杂的传播过程——尤其是处理各类关系。这需要主持人做更多伦理层面的思考。可能有人认为,主持人在口语传播过程中有团队的配合和媒介的监审,一般很难遇到法律法规问题和重大的道德责任问题。实际情况并非如此乐观。比如,传播较广的"湖南人民广播电台的罗刚事件""江苏教育电视台的干露露母女撒泼事件""境外电视主持人的辱华事件"都触及当时的政治敏感或社会伦理底线,在大众中引起广泛批评。而超出法律法规边界和违背道德责任是主持人及其团队难以承担的。

在受众的认知中,主持人与其作品融为一体,形成统一的印象。管理主持人印象不只需要宣传包装等外在助力,也不只关涉职业能力和道德水平等内在素养。主持人印象管理应当和口语传播伦理结合起来考虑才更有效率。主持人印象是在主持人与受众的传播关系中得到认知和发展的。主持人印象管理的有效性,基于主持人口语传播伦理的规定性。受众往往依托传播关系的性质和质量来评价主持人口语传播行为。这就好比生活中人们对他人的印象的建立和维护不仅依据这个人"做了什么",还基于双方关系和一般的社会伦理规则。后者决定我们判断他所做的"意味着什么",影响我们对对方的印象。综上,可见主持人口语传播质量如何势必要接受伦理层面的考验。

二、主持人口语传播中常见的伦理问题

1. 从传播内容层面看,失实、偏见等造成主持人口语传播超出伦理边界

在口语传播过程中,由于主持人主观上为博眼球刻意歪曲信息、不重视或是准备不足、能力不足,使用来源不明或信度较低的渠道的信息,造成内容失实,是广播电视传播伦理所不允许的。其次,以固有视角和刻板标准来看待事物,造成偏见,也会使主持人口语传播越界,曾经发生的CNN主持人辱华言论即是例证。2008年4月10日凌晨4时15分(旧金山当地时间4月9日13时15分),北京奥运圣火在美国旧金山传递,美国国家新闻网(CNN)进行直播报道,其新闻主持人卡弗蒂发表辱华言论:

> I don't know if China is any different, but our relationship with China is certainly different. We're in hock to the Chinese up to our eyeballs because of the war in Iraq, for one thing. They're holding hundreds of billions of dollars worth of our paper. We are also running hundreds of billions of dollars' worth of trade deficits with them, as we continue to import their junk with the lead paint on them and the poisoned pet food and export, you know, jobs to places where you can pay workers a dollar a month to turn out the stuff that we're buying from Wal-Mart. So I think our relationship with China has certainly changed, I think they're basically the same bunch of goons and thugs they've been for the last 50 years. (参考译文:我不知道中国是不是有什么不同。但我们与中国的关系绝对是不同的。有一件事可以肯定的是,由于在伊拉克打仗,我们已经把身上几乎所有的东西都典当给了中国。他们手拿着我们数以千百亿的美元。我们手上拿的却是数以千百亿价值的贸易逆差。可我们还在继续进口他们的垃圾,上面有超标的铅,还有宠物食品也有毒,另外还有,你知道,我们把就业机会也给出口了,出口到那些地方,你每月只要付几个小钱,他们就能把我们在沃尔玛要买的东西给造出来。所以,我想,我们与中国的关系真的是改变了。我想,他们基本上还是那群过去50年间一直没有什么改变的暴徒和恶棍。)①

---

① 环球网:《CNN主持人攻击中国人原话》,凤凰资讯网,news.ifeng.com/mainland/200804/0416_17_494620.shtml,2008-4-16。

卡弗蒂在节目中称中国产品是垃圾，并称中国人是过去50年间没什么改变的暴徒和恶棍，是攻击中国的言论。在历史和现实的映照下，这显然是他本人的极大偏见。从其言论中，我们可以看到，卡弗蒂作为一个知名媒体的新闻节目主持人，受他自身政治立场、标准和意见倾向的局限，造成了评价时带有强烈种族歧视色彩的偏见。人民时评《CNN主持人暴露种族歧视阴暗心理》一文对卡弗蒂行径的分析是"在这些逢中必反的人的心底，深藏着的是一种道德优越感，这种优越感导致了他们对中国人的歧视与偏见"[①]。卡弗蒂辱华风波使CNN蒙羞，卡弗蒂及其所在的媒体CNN最终公开向中国政府和人民致歉。

卡弗蒂的过错并不意味着政治因素不能成为主持人判断时考量的因素。在讨论国际问题中，主持人在必要时应该有能力引入政治性因素，但应客观、多元地分析问题。如果不顾事实，让政治性因素以先入为主的方式左右自己的判断，那么，主持人不可能提供真正有价值的思考，也不可能得出令人信服的结论。

除政治因素外，经济因素和文化因素也会造成主持人的偏见。西班牙电视五台出现的辱华内容即是例证。

> 2013年4月，西班牙电视五台曾播出一期名为"中餐馆厨房什么样"的节目。该台女记者艾达·尼扎(Aida Nizar)采访了几家当地中餐馆，并通过对节目的剪辑编排了不实报道。在节目的开始，尼扎随机采访了几个西班牙人，暗示中国人有吃猫肉的习惯。在一家中餐馆，尼扎又问餐厅负责人："我听说，你们中国人都很脏啊？"在得到否定的答案后，她又问："是不是中国人死了以后，他们的遗体就会肢解了，然后运到厨房里来做菜用？"节目播出后引起华人强烈反感。尼扎在一个月后被解雇。
>
> 2013年12月31日，西班牙电视五台跨年晚会小品丑化华人、再"黑"中餐馆。由西班牙人扮演的华人跑堂，表情古怪、夸张，不仅一惊一乍、阴阳怪气、做如拍打女顾客屁股的轻浮动作，还两次公开用西班牙脏话叫骂"这个中国人是个蠢货"。
>
> 2014年5月下旬，西班牙电视五台第三次播出辱华节目。在这家电视台的一档轻喜剧中，公然出现了辱华类的语言以及"华人与狗不得入内"的招牌[②]。

对于西班牙媒体屡次爆发辱华事件的原因，当地中餐业协会主席陈建新的解释是

---

① 人民时评:《CNN主持人暴露种族歧视阴暗心理》，搜狐网，news.sohu.com/20080416/n256326286.shtml，2008-4-16。
② 李圣依:《外媒:辱华已成个别媒体生存之道》，中新网，oversea.huanqiu.com/article/2014-05/5000827.html，2014-5-21。

"西班牙电视五台是一家私营电视台,最近生意很不好,所以总是会策划一些耸人听闻的节目来博眼球"①。除了经济层面的原因外,从以上案例所呈现的辱华内容中可以看到,尼扎等人对中国人有极深的文化偏见。这种偏见加上收视率方面的驱动,促成了言论上的偏激。

另外,随着社会发展和文化开明,社会亚文化日益多样。"一个社会是由组成这个社会所特有的政治经济、历史文化、民族心理和生活方式而形成的总的文化体系……但是社会文化(也)是由不同的文化单元(阶层、职业、社区、年龄等)构成的多层次、多侧面的复合体。这就使不同条件下的人对主导文化的理解和掌握程度各有差别。在这个意义上说,一部分人往往会根据自己特定的生活环境和需要形成与主导文化有一定差别但又适合于自身活动的社区性、职业性和年龄性的局部文化类型的群体,即亚文化群体"②。"由于民族、阶级、职业、教育水平、宗教信仰等差异的普遍存在,人们都从属于一定的亚文化群体,在接受社会主导文化的同时,注重保持自身亚文化的特性并发挥其功能"③。那么,当不同亚文化群体进入大众传媒平台发出属于自己的声音时,主持人应该如何对话、如何评价、如何引导都是不能回避的课题。不同的亚文化群体都有其文化自尊,又普遍面临着程度不一的合法性压力以及由此产生的文化敏感。主持人如果不能理解和把握这些,难以深刻理解节目参与者身上所携带的亚文化特征,就不易与参与者之间建立起平等的交流关系,整个交往过程容易夹杂不必要的分歧,发生伦理上越界的情况。

2. 从传播形式层面看,方式失当造成主持人口语传播超出伦理边界

在广播电视主持人口语传播中,轻视嘉宾(在矛盾调解类节目中出现的主持人对嘉宾的训诫、嘲笑)、情绪化(某些热线节目主持人强势打断听众来电,言辞激烈,态度傲慢,表达以训斥甚至谩骂为主)、不雅装扮(某些主持人不恰当地裸露身体或过于打扮妩媚)等问题通常会引来大众的批评浪潮。看似是节目枝节上的问题,但它反映了主持人在实践中对职业操守肤浅的理解和把握,缺乏端正的职业心态,失去了应有的价值取向,是在职业伦理上越界的表现。

3. 从文化品格层面看,消费社会中普遍存在的商业诉求带给主持人口语传播以伦理考验

主持人受到媒介产业领域的商业竞争影响,为收视率而做出底线妥协,哗众取宠,出现过度的娱乐化倾向。或者,主持人受到商业利益的诱惑,在自身具有一定

---

① 李圣依:《外媒:辱华已成个别媒体生存之道》,中新网,oversea.huanqiu.com/article/2014-05/5000827.html,2014-5-21。
② 时蓉华:《社会心理学词典》,四川人民出版社1988年版,第55页。
③ 袁世全、李修松、萧钧、祁述裕等:《中国百科大辞典》,华夏出版社1990年版。

社会影响力的情况下,不恰当地参与商业宣传导致个人品牌在商业化使用过程中产生信度问题,影响广播电视主持人传播的公共属性。主持人的影响力迁移是一个正常的文化品牌使用过程。但主持人品牌中含有的可信赖的品质是公众赋予的。从某种意义上来说,这一价值巨大的文化品牌的拥有者并不只有主持人自身,也包括受众。但是,主持人用个人品牌换取更多的经济利益时,如果未能尊重公共利益的需求,就必然会出现主持人品牌的信任危机并殃及所在媒体的节目传播。这无疑是职业伦理所不容许的。

主持人作为社会文化的传播者、传承者,在大众传播产品文化品位的坚守和消费文化批判方面理当起到正面的作用。主持人在个人文化形象和道德水平方面能否对大众起到示范作用,在民族传统文化传承与批判方面能否对大众起到引领作用,在关注公共问题与坚守公共价值立场方面能否对大众起到守望作用,是对主持人口语传播的伦理考验。

三、主持人口语传播伦理的基本原则

对应于审视主持人口语传播活动的三个层面——"现场言语交际系统"、"大众传播系统"和"社会文化系统",主持人口语传播伦理也包括三个层面的内容:言语交际层面的会话原则、大众传播层面的传播理性、社会文化层面的社会责任意识。

1. 言语交际层面的会话原则

美国学者保罗·格赖斯提出自然语言有其独特的逻辑关系,并认为会话的最高原则是合作。合作原则还有四个下位准则,即数量准则、质量准则、关联准则、方式准则,强调话语中信息适量、言说真诚、内容切题以及方式恰切无歧义等。除合作原则外,理查(Leech)还提出礼貌原则,补充说明了面临冲突时说话人维护礼貌原则而放弃合作原则的情况。合作原则和礼貌原则是言语交际经常提及的会话原则。

随着研究的深入,学者黄锦章提出上述原则在解释现实交际中存在理论的弱点。他认为,合作原则是可违反的,需要礼貌原则的补充,而礼貌原则本身也"仅仅是一种表层的局部的需求"[①]。"言语交际应该以宏观的行为系统为背景来研究交际的规律"[②]。为此,他提出了"道德原则"来概括"影响言语交际的高等次行为因素:人性和伦理"[③]。

> 由于道德是以社会契约形式表现出来的群体对个体的制约,这就使得人的行为一开始就隐含了深刻的矛盾:一方面是对群体价值标准的被动的皈

---

① 黄锦章:《制约言语交际的伦理因素》,《语文建设》1997年第10期,第37—39页。
② 同上。
③ 同上。

依;另一方面是对自身价值标准的执着和追求。在言语交际中,前一方面的需求表现为和谐准则,后一方面的需求表现为诚意准则[①]。

我们认为,比较而言,合作原则和礼貌原则是在语言学的理路下完成的,考察的眼光相对静态。两项原则的合理性需建立在比较理想的条件上。以合作原则为例,这种在交际关系上寻求合作的态度,是一种极其真诚的交流态度,在实际的交际过程中可能很难达到这样的标准值。而礼貌原则是以语篇和对话的完成为归宿,涉及了对形成语篇和对话的语量、主题统一、方式多样等的考查。但是,明显的缺憾是,实际上言语交际是一个动态的过程,而且极具个性,整个言语活动的过程,不但是一个语言单位的建构过程,也不仅仅是信息流动的过程,还是极具文化性的关系建构与互动的过程。相比之下,黄锦章提出的包含和谐准则和诚意准则的道德原则,更好地解释了言语交际过程中,自我关系与我他关系的博弈,采纳了博弈结果的多样性,更清晰地还原了实际社会生活中人们言语交际的不确定性和权衡的过程。因此,我们认为,黄锦章的道德原则是对合作原则、礼貌原则的有益调节与补充。

主持人在节目现场的言语交际与日常人际交往具有相近性,可以以上述诸项原则为指导。主持人在交际过程中应考虑自我关系与我他关系的平衡。如果主持人完全服从我他关系,可能会丧失创作的基本动力源,很难真诚地表达和参与对话。如果主持人没有节制地强调自我关系,传播平台则可能存在着变成个人秀场的风险。同时,合作原则(包括四准则)和礼貌原则也给主持人具体的会话提供了策略性的指导。尤其是四准则,给主持人的话语在一般意义上实现语篇合理提供了思路。

2. 大众传播层面的传播理性

理性通常指人在正常思维状态下,以掌握的信息以及对信息的分析为依据,有效选择路径和方法去实现目的的能力。理性使得个体对自身存在与社会境况具有批判的眼光和承担的胸怀。传播理性则是指主持人在传播过程中,有适度的职业自信,在充分准备和深入思考后,能以正当的传播效果为目标,策略化地处理口语传播过程的内在素养。传播理性不仅肯定传播策略的合场域性,也要求传播策略合目的性和目的的正当性,并强调主持人作为观众最熟悉的"传播者"对口语传播所涉及环节的控制力,表现出应有的能力和担当。

当前的荧屏上,主持人传播理性的缺失常见的有两种情形,其中一种是传播中的偏见。主持人传播偏见的表现之一是"过于主观"。一些主持人习惯于"成稿转述"的创作方式,对于凌乱的原初信息缺乏发现和整理的能力,信息来源单一,造成不能有根据地作出判断,缺乏把关和调节的能力,使得报道不全面或意见失衡。主持人传播偏

---

① 黄锦章:《制约言语交际的伦理因素》,《语文建设》1997年第10期,第37—39页。

见的表现之二是"从众"。主持人缺乏独立发声的意识,其意见和建议没有对现实问题的透视作用,缺乏说服力,无力完成意见的平衡和交锋。主持人传播偏见的表现之三是"短视"。主持人在传播中急于实现收视率和提升个人声望,失去了对节目质量和人文品质的尊重,通过偏激的言语和出位的行为来刺激公众的神经,达到吸引公众关注的目的。

主持人传播理性缺失的另一种常见情形是话语权失控。主持人话语权失控的表现之一是"失语"。面对突发情况、社会焦点、社会热点,主持人及其所在节目未能及时地捕捉、有力地回应。这里既有媒体赋权的问题,又有主持人个人的能力和意识问题。但从受众的角度看,主持人缺席重大报道,势必弱化受众的信息依赖和信任。主持人话语权失控的表现之二是"话语霸权"。主持人空话套话,声高压人,缺乏平和姿态和对话精神,不恰当地据有话柄,将主持人话语权的"软权力"误用为"硬权力",造成负面的公众印象。主持人话语权失控的表现之三是"公共话语权私有化"。在传播过程中,主持人以生活中的"小我"替代代表群体观念的"大我",创造自我的"秀场",未能达到个人、媒介、社会的三位统一。以上诸种情况下,主持人传播非但不能梳理公共议题,相反,还有可能制造新的舆论争议。

缺乏理性的传播,往往也是缺乏活力的传播。表面的热闹,一时的出位,可能博得大众的眼球,但是缺失品质的保证,主持人传播会很快消耗掉受众的信任。受众缺乏持续的内在认同,自然也不可能认真对待主持人及其传播的内容。

尽管造成主持人传播非理性的因素是多方面的,既有主持人自身的原因,也有媒介和社会文化层面的客观原因。但在论及主持人传播理性时,我们仍将侧重点放在主持人身上。主持人应该尊重自身所处的传播场域和关系场域带给自己的身份界定,培养传播自觉。要保持传播理性,从传播内容上看,主持人应坚守客观公正的立场,走出封闭的自我世界,兼顾环境因素,避免病态的、无效的、霸道的传播。主持人须保证信息的具体真实和总体真实,确保语言的准确和清晰。同时,主持人应有对方意识,报道视角客观,表达机会平衡,以平实的语态完成传播。从传播关系上看,主持人应确立受众中心的传播理念,以受众的接受能力和需求作为传播的出发点并考虑受众的多样特质,对内容、视角和言语方式做出必要调整,不能把受众仅仅当做宣传、说服的活靶子。对于面对面的交流对象,尤其是关涉敏感题材的受访对象,主持人不能以揭露当事人隐私或痛苦往事为旨趣,要给予对方以尊重和适切的关怀。

阅读与讨论：话语空间与话语权[①]

吴 郁

由于主持人节目有较多的开放、互动的节目形态，除了对既定稿件的遵循和体现外，主持人的采访、现场报道、即兴评述、体育赛事解说评论、热线谈话、短信点评，抑或是与嘉宾、与受众之间的互动呼应，还是临场发挥和应变救急，主持人都有一定的话语空间。因此，主持人除了有声语言表达层面外，还在节目构思创意层面、临场即兴的语言内容层面、语言表述的话语组织层面都有一定的创作空间。

主持人话语空间的实际存在给了主持人有一定的话语权，但这绝不是其个人在传播中的话语特权。主持人在节目中具有一定的话语权，实际上如同一柄"双刃剑"，用得好，能深化含义、升华主题，使传播锦上添花；反之，即便是与前方记者连线时一个不得体的措辞，娱乐节目中一次不当的玩笑，都可能遭到受众的反感和质疑，更不待说体育解说里个人情感的偏颇失控，就会造成负面的影响。因此，主持人对待节目中的话语权必须"积极而又慎重"。

主持人话语权的内涵有三个层面：

第一，主持人的话语权意味着"责任"，即主持人对自身媒体角色的自觉意识，它要求主持人对社会负责，在舆论导向、价值导向及文化取向上有正确清醒的把握；

第二，意味着主持人的"话语资格"，要求主持人对具体节目有深入的准备及相关的积累，如果没有认真做好功课，话语空间将形同虚设，就成了"伪话语权"，无从发挥优化传播效果的积极作用；

第三，意味着主持人话语权的掌控，即主持人不能让话语权失控或失衡，主持人的话语空间不可异化为个人的或某个人的"话语霸权"，必须注意话语权的分配和观点的平衡，它直接关系到节目操作层面上的驾驭和控制。

请讨论： 主持人如何获得话语空间？如何开拓话语空间？主持人的话语空间有无边界？主持人在不同类型节目中如何驾驭话语权？

3.社会文化层面的社会责任意识

主持人口语传播的影响场域是整个社会。中国传媒大学吴郁教授在论及主持人话语时，同时提到了主持人话语的权利、权力和责任，强调话语是双刃剑，关键是用

[①] 吴郁：《当代广播电视播音主持》，复旦大学出版社2008年版，第8—9页。

好[1],让传播有益于社会。主持人应将传播行为与社会生活关联起来思考,看到自身所应当承担的与职业影响力对应的社会责任,找到文化自觉和道德坚守的深层动力源。

主持人对社会责任的担当应关注到三个层面的内容。首先,在传播思路上,主持人应遵守价值优先准则。具体而言,其一,相对于"如何说",主持人应重回整个传播的起点,腾出精力思考"该不该说"、"为什么而说"等问题。其二,主持人应关注传播的前因后果,关心人的尊严和关系的质量。价值优先准则的基本落脚点在"人",背后是人本的精神,要求主持人确保传播目的正当。

其次,在传播关系上,主持人应关注交际关系(包括与嘉宾之间的交流关系和与受众之间的传播关系)与社会关系之间的互动。

社会关系与社会身份相对应,是在社会生活中建立的关系,比如父子、师生、上下级、同事等。社会关系具有稳定性、持久性。交际关系是依托于具体的交际而建立起来的对话关系和互动关系。交际关系出于具体的交流需求而建立,也随着交流的结束而结束,不具有持久性。

交际关系与社会关系之间存在着紧密的互动。社会关系对于交际关系具有强势的制约作用。比如长辈与晚辈之间交流(如师生),在东方文化的语境下,仍存在尊卑之别。而师生之间在学术讨论中尝试建立的是平等的交流关系。但是,实际上,学术讨论中的这种平等性仍然受到社会生活中尊卑关系的强势修正,表现为一般情况下,学生总是更愿意(不是更容易)被老师说服。当然,交际关系也反过来改变社会关系的质量。比如平等的交流有利于更好地舒缓紧张的亲子关系,改变亲子之间建立的不恰当的权威结构,使其融洽。虽然持续的交际失败或者持续的冲突,有可能改变朋友关系、恋人关系、婚姻关系,但是交际关系并非总能改变社会关系的性质,比如亲子关系、师生关系就不可能因为交际关系而改变性质,只能影响其质量。

明确了交际关系与社会关系之间的互动,我们认为,对于主持人而言,主持人如果建立了有社会担当的"公益形象",必然会影响其在节目中与受众之间所建立的传播关系的性质和质量。而主持人在节目中与受众所建立的传播关系的性质与质量,也影响其公众形象。主持人应该以节目中的交流关系为基石,塑造良好的荧屏形象,进而以其溢出节目外的公益作为与个人魅力塑造具有公益特质的公众形象,以此反哺社会和大众,给当代社会文化以正面的影响。

第三,在文化品格上,主持人应坚守口语传播文化品位的底线,不低俗、不媚俗。当前,新闻节目主持人表达调侃化、夜间节目主持人语言粗鄙化、主持人艺人化等现象都折射出主持人传播的文化内涵在萎缩,文化品位在降格。文化标准虽难有一定之

---

[1] 吴郁:《当代广播电视播音主持》,复旦大学出版社2008年版,第8—9页。

规,但在广播电视消费浪潮和娱乐浪潮的裹挟下,主持人如何把握自己的文化身份,保持品位底线,不为博收视率和个人出名而矫揉造作、口是心非,是值得一再思考的问题。在受众的眼中,主持人形象的基调是"社会正面"、"文化使者"。如果主持人缺乏品鉴能力,丧失文化自觉,随波逐流,忙于取悦,在个人职业品牌经营方面完全沦为市场的弄臣,那么,这将是主持人个人品牌和主持人群体声望消逝的开始。

"人文"的内涵虽难以确指,但它必然与"人的价值、人的尊严、人的独立人格、人的个性、人的生存和生活及其意义、人的理想和人的命运等等密切相关,是对人的生存状况的关怀、对人的尊严与符合人性的生活条件的肯定,对人类的解放与自由的追求。一句话,人文关怀就是关注人的生存与发展,就是关心人、爱护人、尊重人,是社会文明进步的标志,是人类自觉意识提高的反映"[1]。主持人在面向社会大众传播的过程中,必然会在文化的层面以可见或不可见、显见或不显见的形式和内容,影响着社会大众。主持人口语传播的内容应该关注人的精神、心灵和情感,看到传播对大众的影响力和传播内容对大众的涵化作用,在纷繁复杂的社会万象和浮躁的社会风气中,肯定文化坚守的意义。人文关怀、人文精神带有文化的超越性,是一种抽象的情怀,缺少鲜明的尺度,也正因此而需要主持人特别地用心,去深刻地激发自己的同情心、同理心和关怀之情。只有这样的传播才能真正丰富大众的精神世界和心灵世界。

▌本章小结

本章从即兴口语表达概念出发,以主持人节目的历史实践为背景,简要梳理了这一专业概念的发生、发展以及在此过程中所遭遇的问题和瓶颈。本章写作分为四节,分别涉及即兴口语表达的界定、功用、特点、评价和伦理。通过文献综述的方式,本章介绍了当前即兴口语表达的研究和课程教学现状,较为详尽分析了即兴口语表达的本质属性、形式特点、相关要素、创作方法和创作原则,肯定了即兴口语表达"传播目的、特定内容、口语手段和传播主体之间融合一体"的特质,并从口语形式和传播活动两个不同的视角概括了即兴口语表达的特点。对于即兴口语表达的评价,本章引入了信息、价值、逻辑、结构和创新等角度。主持人即兴口语表达应该是"事出有因"的说话,是"有所使命"的传播,是"处于某段关系之中"的交流,是时代声音的旋律之一。为此,本章专辟一节从传播内容、传播形式、文化品格等层面指出了当前主持人口语传播中存在的伦理问题,并从现场言语交际系统、大众传播系统、社会文化系统等层面分析了主持人口语传播伦理的基本原则,即主持人口语传播在言语交际层面应该遵守会话原则,在大众传播层面应该坚守传播理性,在社会文化层面应该秉持社会责任意识。

---

[1] 甘丽华:《社会新闻的人文关怀及反思》,《新闻界》2002年第2期,第39—40页。

延伸阅读

吴郁：《主持人的语言艺术》第五章《主持人的语言功力》，北京广播学院出版社1999年版。

吴郁：《主持人即兴口语特点探讨》，《语言文字应用》1995年第2期。

应天常：《节目主持语用学》第三章《主持人口语》，北京广播学院出版社2001年版。

吴洪林：《传必求通 功为胜道——解读主持人董卿成功创作的"金色三分钟"》，《浙江传媒学院学报》2008年第1期。

金重建：《在不确定性中寻求确定性——浅探媒体即兴口语表达的能力培养》，《浙江师范大学学报》（哲学社会科学版）2009年第2期。

李峻岭：《改革开放三十年我国播音理念演进的几个关键词》，《广东外语外贸大学学报》2008年第6期。

唐涤非：《节目主持人即兴话语的技巧及养成》，《当代传播》2010年第5期。

谢静：《浅谈写作能力对电视节目主持人口语表达的促进作用》，《苏州大学学报》（哲学社会科学版）2010年第6期。

吴树勤、杨学坤：《古君子辩论中的价值取向给我们的启示》，《郧阳师范高等专科学校学报》2008年第2期。

李习文：《广播电视主持人当有"五不语"》，《声屏世界》2006年第3期。

思考题

1. 即兴口语表达如何界定？如何理解主持人即兴口语表达中"传播目的、特定内容、口语手段和传播主体之间融合一体"的特质？
2. 结合实际，阐述即兴口语表达在节目主持传播中的功用。
3. 即兴口语作为主持人传播口语具有什么特点？
4. 即兴口语表达作为主持人口语传播活动具有什么特点？
5. 如何评价主持人即兴口语表达？结合案例，从信息、价值、逻辑、弹性和新颖等维度对案例中的主持人即兴口语表达展开内容分析。
6. 请从传播内容、传播形式、文化品格等层面阐述主持人口语传播中常见的伦理问题。
7. 主持人口语传播伦理主要包括哪些内容？
8. 结合实例，请阐述主持人在现场言语交际中应遵循的原则。
9. 结合实例，请阐述主持人在大众传播层面如何坚守传播理性？
10. 结合实例，请阐述主持人口语传播在社会文化层面所应具有的社会责任意识。

第二章　主持人即兴口语表达的传播元素

> 谁、在什么环境下、出于什么目的、以什么方式、对谁说了什么内容、起到了什么效果？
>
> ——本章引言

作为广播电视传播活动之一，主持人即兴口语表达是传受双方共同作用的信息编码与解码过程。这一过程除了存在信息流动之外，势必依托于一定的传播环境、传播身份、传播关系和传播载体。换言之，即兴口语表达并非只是"临时说了一段话"。把即兴口语表达简化为"呈现文本"的理解太过单薄，是对即兴口语表达的误解。如第一章所述，即兴口语表达是"传播目的、特定内容、口语手段和传播主体之间的协调一体"。

即兴口语表达如果要实现其传播功能，"创建文本"只是其手段，言语形态只是其外在形式，关键是如何通过言语手段有效地组织和传播信息，驾驭传播身份，搭建传播关系，达到传播效果。在这一逻辑下，即兴口语表达作为一个完整的传播过程，其传播要素除了语言手段之外，还包括了主持人媒介角色、信息、受众期待、外在的社会政治与经济文化等环境因素，涉及传播主体、传播客体、传播受体、传播载体和传播环境等多个方面。

第一节　传播主体

传播主体是传播发生发展的主动因素。即兴口语表达的传播主体主要指节目主持人。关于主持人，可讨论的视角和内容较为丰富。限于篇幅同时也出于即兴口语表达对主持人的要求，本节对主持人的讨论聚焦于传播身份。在社会生活中，身份一般指个体的社会地位。主持人的传播身份是主持人在传播中的位置和功用。

深刻理解自身的传播身份，在传播语境中明确"我该是谁"是主持人职业能力的一部分，影响着主持人的创作道路、传播状态，甚至影响到创作技巧的具体使用。主持人深刻地理解大众对主持传播的要求，在实际的主持工作中尽力去呼应大众的期待，是其出色完成工作的前提。主持人有必要结合栏目诉求和受众定位，明确自身的传播身份,认清自身和受众的关系,摆正自身在传播中的位置,激发传播愿望,形成准确的身份意识并获得良好的播出状态。

一、主持人传播身份的内涵

主持人的传播身份具体而言是指在传播语境中,面对其中的职业关系、传播任务和特定职责,主持人所获得的地位、所起到的作用、所遵循的职业规范以及所背负的来自相关各方(包括政府、媒体、大众)对其在职业表现上的期待。它是"广播电视主持人带给受众点点滴滴感性和理性的印象,日积月累综合起来的印象"[①]。具体而言,主持人应该是社会公器,体现媒介意志,同时又常常融入主持人的传播个性。

1. 主持人是社会公器、大众代言人

主持人传播身份的特质首先反映的是我国广播电视事业的性质。在我国,广播电视是当今最具影响力的大众传媒之一,"广播电视主持人所从事的事业,担负着传播先进文化,弘扬民族精神,维护国家利益,促进经济社会发展,推动人类文明的崇高使命和社会责任"[②]。主持人的话语空间、话语权力都取自公共权力又运用于公共领域,因此主持人首先是社会公器。

其次,大众关心什么;同样一件事,从百姓的视角来看何为关键;如何准确又自然地完成信息传播和意见沟通等等,都需要主持人关注。主持人应根据具体的节目定位和节目特点把握受众需求。不同的话题所具体针对的核心受众也不尽相同。针对以上情况,主持人在备稿和播出时应该更为细致,有所明确。总之,主持人是社会公器、大众代言人。

2. 主持人是媒体意志的体现

广播电视媒体尤其是电视,其特点就是形象化,通过声像具象地反映社会万象。电视主持人要出声出像,通过有声语言和副语言传递信息。其创作过程中给受众留下的印象往往综合了受众对整个节目、栏目甚至其所在媒体的整体印象。因此,主持人应该认识到自己是媒体形象的具体表现,个人形象相交融于媒体印象,个人意志服从于媒体传播的需要。形象地说,主持人可称为广播电视的"媒体界面",应自觉地承担媒体意志。

3. 主持人应当有自己的传播个性

传播个性是主持人在传播过程中所形成的独特的并有益于传播的内容,如独特的视角、独特的传播理念、独特的表达方式、独特的传播经验,当然也包括了主持人的独

---

① 吴郁:《当代广播电视播音主持》,复旦大学出版社2008年版,第93页。
② 国家广播电影电视总局:《中国广播电视主持人职业道德准则》,人民网,www.people.com.cn/GB/14677/40759/41275/3044000.html,2004-12-9。

特的声音和屏幕形象。主持人的传播个性不是主持人日常习惯的随意流露，相反，应该是主持人的传播自觉，在长期的实践中养成的一系列与节目主持工作有关的具有交流价值、审美意义、独特性和稳定性的内容，既有外在的感性形象，也包括其精神层面的内在的理性形象。

二、主持人传播身份的特点

整体而言，主持人的传播身份具有政治性、公共性、公信力、文化性和市场价值。

第一，主持人的传播身份具有政治性。主持人对外是国家形象的一部分，对内是"党、政府和人民的喉舌"，不同地域的主持人是地区形象的一张名片，不同媒体的主持人又代表媒体形象。可以说，主持人传播中不可避免的利益导向和立场取向，决定了主持人的传播身份势必染上一层政治性色彩。主持人传播身份的政治性特点，一方面是由传播体制和传播内容决定的，同时也是在长期交流中形成的稳定的印象。

第二，主持人的传播身份具有公共性。主持人的传播身份是在公开的广播电视传播之中确立的，又体现于广播电视传播之中。其中，谈到主持人的身份时，对于大多数人而言更多的是在强调主持人的公共形象。其次，主持人的形象作为重要的传播符号和传播载体，由主持人个人和传播团队、所在媒体共同建设。还有，主持人的形象因其负载的传播内容而引起注意，并由传受双方共同确立，不被受众认识的传播形象是不存在的。只有通过主持人呈现并被一定数量的公众认可的传播形象才具有传播价值和生命力。

第三，主持人的传播身份具有公信力。主持人的公信力是指公众对主持人的认可程度。主持人因为依托于整个媒体的公信力而被认为代表社会公共价值，倡导主流舆论，传播内容可信。

第四，主持人的传播身份具有文化性。主持人在传播过程中不但是信息的负载者，同时也是民族文化和人类文化传播过程中的一脉。主持人从有声语言、副语言到服装道具等其他方面，应体现优秀的文化传统和一定时期的文化追求。换言之，从传播内容到传播形式，从传播形象的内涵到传播形象的表现，主持人都要有一定的文化追求，体现审美主流。其次，主持人的创作本身就是一种文化现象，优秀的主持人的形象本身也是有文化价值的资源。各个时期出现的播音大家以及当前的优秀主持人群体，其群体形象和个人形象都已经成为当代社会的一种文化景观，得到社会大众的认可。

第五，主持人的传播身份具有市场价值。主持人的形象因其知名度和美誉度而具有市场竞争价值。市场竞争价值表现为主持人的形象在广播电视市场竞争中，优秀主持人的形象具有竞争性和获利性，是媒体制胜的重要因素。很多观众喜欢一个频道，往往是因为其主持人的出色表现和良好传播形象。主持人的传播形象给媒体带来眼球效益，进而在市场竞争和媒体经营中产生一定的经济利益。坊间计算主持人的"市场价值"以及中央电视台对优秀主持人的补贴和奖励都含有对主持人传播形象市场价值的肯定。在媒体竞争中,这种市场性的意义在于主持人传播形象对受众关注度的交换能力。

三、影响主持人传播身份内涵的因素

1. 宏观因素

从宏观层面来看,主持人的传播身份受到时代、民族、社会、阶级和地域等方面的影响。一个时代有一个时代的风潮,一个民族有一个民族的传统,一个社会有一个社会的追求,一个地域有一个地域的风俗,主持人从属于具体的时代、民族、社会和地域,脱离它们,主持人的传播身份将成为无本之木。时代、民族、社会和地域是主持人传播身份产生、发展的土壤,也是受众认知和认可主持人传播身份的背景。

2. 中观因素

从中观层面来看,没有广播电视新闻传播事业的发展,播音工作将停滞不前,更不用谈主持人的职业身份和职业形象。主持人的传播身份多位一体,由个人、媒体、大众共同铸就。主持人传播身份所根植的主持人传播特点、职业追求、表现方式、内在素质都在节目创作中得以表现和成熟。脱离了这些,主持人就无法形成可识别的身份特质。

3. 微观因素

从微观层面来看,主持人的个性、涵养和职业追求影响着主持人传播形象的形成,进而影响着主持人传播身份的内在特质。在尊重传播内容的基础上,主持人的创作必然融入个性化的理解和感受。经过长期的累积,这些个性化的内容最后积淀为统一而稳定的传播形象。可见,主持人自身的内在素质对其传播形象的作用和影响不容小觑。

专题分析:电视节目主持人媒介形象[①]

主持人的媒介形象是节目传播的重要符号,是"有意味的"电视媒介表达形式。"端庄""睿智""幽默""温柔一刀""真情""励志"等,都是大众对主持人媒介形象的描述。主持人的媒介形象依附于传播实践,在传受距离中由媒体、主持人和受众群体共同塑造而成,且是极强调个性特征的标志性的传播符号系统。从表现形态来看,它既包括了"具体栏目中主持人在受众中的综合印象,即栏目形象",也包括了"主持人职业在社会上的公众形象"[②],可以有效地整合业界和学界关于主持人的诸多讨论,如"公信力""亲和力""外在感性的印象""内在理性的印象""主持人品牌"等话题。

---

① 周云、霍煨白:《多维视角透视电视节目主持人媒介形象》,《今传媒》2015年第5期,第24—26页。
② 吴郁:《当代广播电视播音主持》,复旦大学出版社2008年版,第92页。

形象的心理学解释是"人们通过视觉、听觉、触觉、味觉等各种感觉器官在大脑中形成的关于某种事物的整体印象,即各种感觉的再现"[①]。形象作为"印象整合"和"感觉再现",异于事物本身,和受众的认知条件(包括环境、对象、手段、目的、能力等)相关。主持人媒介形象在形式层面的塑造与媒介行为极大相关,但在意义层面的解读则存在多维的可能,是媒介和大众共同施为的结果。可见,主持人的媒介形象尤其是电视节目主持人的媒介形象是一个"全息"的概念。

当前,随着电视节目主持人传播实践的深入,电视节目主持人的媒介形象越来越呈现出类型化、风格化、多样化的发展趋势;其中,既有极高品牌价值的媒介形象,也有外强中干的"空壳形象"。

一、认识电视节目主持人媒介形象的三个层面

作为"有意味的形式",在传播过程中,电视节目主持人的媒介形象并不总是能被全息地认识。实际上,主持人如何认识自身所担负的职业身份和角色、传播创作团队如何界定和有意识地塑造主持人的媒介形象、受众如何认识主持人的媒介形象、舆论如何讨论主持人的媒介形象,相互之间充满差异。因此,与其追问主持人的媒介形象是什么,不如回答"如何认识主持人的媒介形象"更具传播实践的适用性。从微观到宏观,我们可以从文本、关系、文化语境等三个层面认知和解读电视节目主持人的媒介形象。

1. 从节目文本层面看,电视节目主持人媒介形象是以实现传播效果为导向的标志性功能符号。

电视主持人节目可视为结构化的符号文本,通过流动的视听符号构建节目的收视和欣赏空间。其中,主持人媒介形象因为具有具象、能动和人格化的特征,而成为节目的核心符号。它既在形式上构成节目,也从内涵上影响着节目的品质,进而对传播效果形成干预。因此,从整个节目的文本结构着眼,主持人的媒介形象是典型的功能性符号。以访谈类的电视节目为例,主持人不但是从节目形式上不可或缺的元素,同时,因为把握着现场谈话的话语权力,其提问、回答、梳理、总结、串场等言语行为,进而包括其在场上的一举一动、风度气质,都是节目的"看点",微妙地影响着受众的感知和节目的效果。而主持人与所在节目之间的这种交融的关系,并非访谈类节目所独有,而是电视主持人节目的一般特质。

当前,电视主持人节目在个性化、人格化、人际性、互动性等特质方面进一步强化,主持人与节目之间的联结更为深入。从创造高质量的节目文本的角度看,具有较高辨识度、知名度、美誉度的主持人,能够以其颇具品牌气质的媒介形象为电视节目的市场竞争带来推力。而反过来,主持人媒介形象的维护与创新也应是创作团队的发力点。

---

① 形象,百度百科,baike.baidu.com/view/245411.htm,2014—12—10。

2. 从传播关系层面看，电视节目主持人媒介形象的基石是节目中的职业身份，存在节目外的声誉放大。

主持人的传播实践包括了微观的节目传播、中观的跨栏目传播以及更为宏观的跨媒体传播。因此，主持人被置于各种传播关系中并因此被社会大众认知。为了方便讨论，我们将其中的关系分为节目中关系和节目外关系。那些离开具体节目主持实践的"过去的"主持人逐渐被人们淡忘或以其他职业角色被认知，而那些新加入的主持人又在节目传播中累积个人的职业声望。类似的流转现象说明了节目中关系是主持人获得和维持其个人媒介形象的基石。

另一方面，主持人媒介形象的延伸、放大、变形、扭曲，却常在节目外的社会传播中达成。也就是说，主持人媒介形象在传播过程中，往往"溢出"具体的节目，而成为一个"相对独立"的社会舆论讨论主题。受众从节目中获得"印象"之后，总要付诸脱离具体节目的社会讨论，并在此过程中慢慢沉淀为关于某一主持人的公众形象。因为这一溢出机制与影视演员跃出影视剧文本成为"明星"而引起社会关注的机制相似，因而，在一段时间之内，电视节目主持人在认识上被艺人化、明星化。尽管这种理解抹去了电视节目主持人与影视明星之间的职业差异和职业价值的诉求不同，仅仅因为主持人溢出作品得到"声誉放大"而将其与演艺明星划等号的理解过于肤浅；但是，我们确实也应该看到，除了节目中关系，节目外关系也是影响大众确立主持人媒介形象的重要因素。

尽管如此，处理与大众之间的节目外关系，主持人仍须以节目中的传播关系为前提。主持人媒介形象的职业规定性是其区别于其他社会职业的本质特征，也是大众评价主持人水平优劣、形象高下的基本标准。主持人应该有这一基本的职业身份意识。尽管因为社会观念的变动，主持人媒介形象的具体内涵和品质会发生变化；但是脱离节目中关系，主持人在节目外与大众建立的互动关系就缺乏基本的落脚点。因此，主持人及其团队应该以创新驱动形象策划，深刻把握传播中的节目内外关系，满足大众合理的期待，以传播品质充实主持人的媒介形象。

3. 从社会文化层面看，电视节目主持人的媒介形象是主持人境界的具体体现。

关于主持人媒介形象的评价通常有两种：一是以"漂亮、好看、舒服"为内容的悦目性评价。悦目性评价是一种典型的形式评价，主持人主要被视作构成节目形式的部分，评价内容主要集中在容貌、体态、音色、气质、装扮、行为方式等可视可听可感的外在的层面。另一种是以"亲和、幽默"为内容的亲切感评价。主持人表现出平等的态度、平和的语气，使受众感到被尊重而没有压迫感，被冠以亲和的评价。亲切感评价是一种关系评价，重视受众对交流关系品质的内在感受。

与上述两种评价视角不同，我们认为，主持人媒介形象折射其节目主持艺术境界,当以"得体"为基本的评价标准。得体既指传播方式合宜,又指双方对传播关系的认知和把握也同样适切,还指在传播中自觉地实践社会文化约制。因此,相对于悦目性和亲切感而言,得体是更为内在、理性的要求。用得体来评价主持人的媒介形象实际上是基于整个传播行为与社会文化的融合程度而言的——从形式到内容,从行为到意图,都在基本的社会文化价值判断中达到了适切和统一。由此而树立的主持人媒介形象更具有社会文化价值,也更可能发展为长久的传播品牌。

二、电视节目主持人媒介形象的六点特质

根据上文从节目文本、传播关系、文化语境等层面对电视节目主持人媒介形象的分析,结合当前电视节目主持人的传播实践,笔者以为,电视节目主持人媒介形象具有以下稳定的特质。

1. 符号属性

主持人的媒介形象不完全等于其外在的形式特征,但是,大众首先看到的的确是主持人的"样子"。主持人的媒介形象需要以容貌、体态、气度、言语、表情、妆扮等为要素形成外在形式,从而被受众感知。受众首先依据可感的外在形式确定整个可视画面的符号结构,确认电视上出现的哪一(几)个说话者为"主持人",而非经过长时间的观看才能判断其中的角色分配。因此,主持人的媒介形象作为整个电视节目传播的一部分,必然具有符号的形式特征。

2. 依附传播

电视节目主持人在栏目和社会中形成广为接受的形象,都须以传播实践为前提。受众在具体评价某一主持人的媒介形象时会以个人的收视体验和相关的社会舆论积淀为参考,不可能完全脱离主持人所在的电视节目。比如,大众给陈鲁豫冠以"知性",给柴静冠以"温柔一刀",给白岩松冠以"睿智",给崔永元冠以"幽默",皆与上述主持人的具体传播实践密切相关。可见,主持人的传播实践和主持人的媒介形象是皮毛关系。

随着主持人实践的变化,主持人的媒介形象也会发生相应的改变。比如倪萍在电视主持领域取得了令人瞩目的成就,但是在离开主持人岗位再次投身影视表演之后,大众对其形象的认知更主要地呈现为"演员"。可见,传播实践是主持人媒介形象的"源头活水",对主持人的策划、包装都不能脱离这一源头。

3. 不失距离

在主持人节目的传播过程中,客观上存在"展示——审视"的距离。主持人及其传播内容被媒介"距离化",形成独特的"媒介图景"。这是受众认识主持人及其传播内容的客观前提。同时,这意味着主持人的媒介形象也是受众创造性的认识:一方面是以传播实践为基础的真实的"原型",另一方面则是以受众的感知、想象、夸饰为

依托的"幻象"。尤其在节目外的传播中,这种主持人媒介形象的幻象特质更为明显。因此,某主持人的媒介形象与其作为社会个体甚至与其在某期节目中表现出来的栏目形象之间不会对等也不必对等。这种模糊性给主持人在职业生涯中策划、变化、发展职业品牌留出了余地,也为主持人媒介形象的审美留有必要的"距离"。

4. 群体塑造

主持人的媒介形象作为高识别度的符号,由媒体、主持人、受众共同塑造,"集个人角色、媒体角色、社会角色于一体"①,是附着于主持人个体身上的集体图腾,具有较强的社会影响力。优质的主持人媒介形象是以主持人个体为基础而达成的个体条件、媒体塑造与大众解读的契合和统一。

5. 成于个性

主持人的媒介形象作为电视节目的标志符号,一方面具有极强的人格化特质。传播者不是一个"抽象的人"或想象的人,而是一个真实的个体。主持人的格调追求、道德品质、情感品质会直接影响节目的整体风格,感染受众。另一方面,不同的主持人又会用不同的形式构成自己的媒介形象。上述两点决定了主持人的媒介形象强调共性中的个性,不应模式化地相互复制。

6. 达于审美

看电视是典型的社会休闲活动。作为社会美的审美对象之一,电视节目主持人媒介形象往往带给电视观众独特的审美体验。"社会美是社会生活领域的意象世界。它也是在审美活动中生成的。一般来说,在社会生活领域,利害关系更经常地处于统治地位,再加上日常生活单调的重复的特性,人们更容易陷入'眩惑'的心态和'审美的冷淡',所以审美意象的生成常常受到遏止或消解。这可能是社会美过去不大被人注意的一个原因"②。在笔者看来,电视节目主持人的媒介形象不仅仅是传播工具,也是引发受众心灵愉悦的审美意象。这并不因为传播的功利性而消解。

受众对主持人媒介形象的审美感知有别于一般的艺术形式审美。在那些让受众体会到深刻和妙悟的主持人节目中,受众在主持人的引导下,辨析社会利益,沟通观念态度,感受价值层面的融合感和超越感。在此过程中,主持人的媒介形象集纳了受众丰富的审美想象,成为受众在收视过程中的审美焦点,在受众的认知和想象中,成为或平和、或崇高、或知性、或端庄等风格不同的形象。

由此,也可以确定,主持人媒介形象的审美前提是主持人在长期的传播实践中不断奉献高品质的作品,并在具体的节目传播语境中因为有所创造而使受众品味到丰富的意味。主持人的个人风格和主持人职业在整个社会中的大众印象相互融合、

---

① 胡智锋、周建新:《如何看待电视节目主持人的"跳槽"》,《光明日报》2013—4—27。
② 叶朗:《美学原理》,北京大学出版社 2009 年版,第 230—231 页。

相互激荡,在延伸、扩充、具象和变形中实现创新,才能创造审美的可能。而以审美视角看电视节目主持人的媒介形象,包括"形——神——势"三个层面的内容:其形是"可见的符号性内容",其神是"不可见的精神性内容",其势是"稳定的传播品质和品牌发展"。

总之,在传播中,主持人应以真实性为基础,以公共价值为追求,以巧妙的方式组织传播,引发受众共鸣。电视节目主持人媒介形象给予人美的感受,是以真和善为基础的美的感受,其审美关系也是以信任关系为基础的审美关系。主持人媒介形象之审美须由事实层面的真、价值层面的善和形式方法的美的统一为基础。如此才有受众在审美感知上的心灵激荡。

三、结语

电视节目主持人的媒介形象因其可视可感而受人关注,但它不应是一个单薄的概念。电视节目主持人的媒介形象首先是节目文本中的标志性符号,具有实现传播功能的工具性特征。一旦进入到社会传播链条中,电视节目主持人的媒介形象也必然受到传播关系的约制,发展出一套关于身份的话语。随着主持人群体、主持人职业以及媒介传播的发展,电视节目主持人的媒介形象越来越受到社会文化的关注。总而言之,从形式特征到审美内涵,尽可能丰富地认识和把握电视节目主持人的媒介形象,是电视节目主持人调整传播策略的基本前提,也有助于电视节目主持人明确职业使命,塑造内涵丰富的职业文化,以更为积极的姿态融入电视节目传播实践并影响当代大众文化。

第二节　传播客体

即兴口语表达的传播客体即信息。即兴口语表达的核心问题就是如何快速、准确、高效地传播信息。而反过来,信息又是主持人在即兴口语表达中思考的背景、论证的素材和自信从容的前提。一言以蔽之,信息是主持人即兴口语表达的基础。然而,生活世界中的信息繁复千样,作为主持人即兴口语表达的传播客体,我们将对信息的论述限定在节目信息之内。

一、节目信息的定义

一般认为,信息是事物运动的状态和方式。从认识论的角度看,信息与人的意识相关,是观察者对事物运动的状态和方式的反应。它会因观察者的差异而有不同的反映,有的观察者会从中获得大量的信息,而有的则一无所获。可见,信息首先是客观自在的,但不同个体对其有不同的体认。

结合广播电视传播的实际,我们认为节目传播中的信息是主持人(包括记者、编辑)从多渠道获得并传播的事实、消息、言论等事物运动的各种状态和方式,能够展现事物状态,反映事物本质。它通常表现为新闻现场、文字、图片、视音频或直接的口头言论等形态。对此概念可以作如下理解:

从信息本体的角度看,节目中的信息如事实、人物、言论等,反映了被报道对象的特质。

从传播主体的角度看,信息是传播主体对报道对象的创造性认识。笔者在北京电台新闻广播《新闻天天谈》栏目调研期间,看到三位主持人一旦轮到"主班",都要凭借自己的新闻敏感,从海量信息中寻得合适的话题。北京新闻广播《资讯早八点》的节目主持人陈彦旭在接受笔者采访时谈到,对于独挑大梁的广播节目主持人,虽然也受到媒体和受众的限制和修正,但是主持人自身的眼界和兴趣更直接地影响到节目的内容和取向[1]。的确,社会上每天都发生大量事件,哪些可说,哪些值得说,哪些必须说,以什么方式说,需经过创作人员的思考。在传播目的引导下,信息由庞杂到条理,主持人依据媒体特性构建被报道对象的媒体解读形象。在此过程中,主持人融入了自己的创造性劳动。

从处理目的角度看,处理信息是为了实现传受双方的有效交流。信息是"不确定性的减少或消除"[2],是对受众期待的准确回应。传播者应清醒地认识到受众在接受信息之前并不是一张白纸,只有新鲜的事实、新颖的视角以及富于见地的思考才能真正满足受众的需要。

二、节目信息的类型

为了更准确地认识节目传播中的信息,助益实际工作,根据信息本身在内容和形态上的稳定性,现将节目中的信息分为静态和动态两类。

1. 静态信息

静态类信息是指在特定时空下不再发生变化的情况,如已经发生的事实、已经发表的意见、已经发布的法律文件等。根据信息所反映的内容的差异,静态信息主要包括以下内容:

事实类信息:事实类信息是新闻传播的基础,它描述了具体的事实及细节。以演播室访谈栏目为例,在一期节目正式展开前,通常都会安排介绍性的短片或者由主持人现场叙述事件的关键细节,这些就属于事实类信息。

---

[1] 笔者根据北京新闻广播《资讯早八点》节目主持人陈彦旭的谈话整理。
[2] 胡正荣:《传播学总论》,中国传媒大学出版社1997年版,第84页。

意见类信息：意见类信息主要指广大民众、相关部门、专家学者以及各级各类媒体所发表的言论，是透过事物表象从不同立场、不同学科发表的看法。它们表达不同声音，形成观点碰撞，有助于说明问题，帮助受众理清思路，对社会起到引导作用。

政策类信息：政策类信息主要指新闻节目中常见的各种法律和政策法规，如于2007年11月开始实施的《中华人民共和国突发事件应对法》的各项条文就属于政策类信息。

专业类信息：专业类信息指节目中涉及的经济学、军事学、社会学、心理学、伦理学等学科的概念和原理。如某节目中提到的"CPI指数""十连阴""次贷危机""拐点"等概念以及油价上涨、外围股市的走势、CPI指数的大小等因素与股指下跌的关系就属于经济学范畴的专业类信息。

2. 动态信息

动态信息指事物最新、最鲜活的状态，如在直播节目或跟踪类节目中正在发生的事件及其所处环境中不断发生的新情况。从信息所反映的内容来看，动态信息包括两个方面：最新的事实和最新的意见。在新闻节目中，动态信息常以记者现场报道、现场采访、嘉宾即时言论等形式出现。

三、信息在主持传播中的作用

1. 从广播电视发展现状和趋势来看，主持人必须具备信息处理能力，承担信息处理工作

广播电视传播的发展以及整个社会不断出现的新情况、新变化、新需求使广播电视新闻传播不断演进，特别是2008年国内发生的许多大事件在给整个社会带来震动的同时，也赋予媒体特别的责任，加速了广播电视新闻传播的变革。面对南方冰雪灾害、"5·12"汶川大地震、2008年北京奥运会以及神舟七号发射升空等重大社会事件和突发事件，中央电视台、中央人民广播电台、凤凰卫视、四川卫视等媒体及时反应，实践先行，多次打通时段以大板块直播的方式进行报道，赢得了新闻报道的主动权。伴随媒体传播任务、传播理念及社会功用的发展，主持人的业务范畴与角色内涵也在不断丰富，尤以新闻节目主持人为甚。

首先，随着媒体逐渐成为"开放的信息集合平台"，新闻节目主持人[①]随时面临大量涌入的动态信息。中央电视台罗明以新闻频道"5·12"汶川地震报道为背景，指出"中央电视台的直播节目不仅是一个向观众提供灾难和抗灾现场信息的平台，也是一

---

① 新闻节目主持人由于节目形态及业务范畴的不同又细分为主播和记者型主持人，笔者注。

个汇集各种现场信息的平台"①,并详述了开放的信息集合平台的四项特征:"即时报道,同步还原现场;持续追踪、全程报道现场;全面均衡集纳复合信源;信息调度把控整合的主播②符号。"③综观在汶川震灾报道中表现良好的其他媒体,也不同程度地存在以上特点。媒介的开放性必然导致大量信息汇入,集纳和消化信息的任务便落在各个环节的工作人员肩上。作为重要的传播符号,主持人在直播节目中承担着"现场信息组织的调度与播出、现场信息进程感的把控与连贯、后方新闻和专题节目资源的承接与整合"④的任务,其处理信息的意识和能力被特别加以强调。由此可见,主持人的业务范畴已经包括取舍内容、编辑策划、语言表达、组织程序及控制场面等多方面任务,其"组织者"的角色日渐明确,话语权加大,传播责任更重,当然对其能力的要求也更高了。

其次,解析性、评论性主持人栏目呼唤主持人成为观点提供者。2008年3月24日,"时事新闻评论直播节目"《新闻1+1》亮相央视新闻频道,采用主持人和新闻观察员的双人谈话模式,主要由白岩松、董倩联袂主持。每期节目从时事政策、公共话题、突发事件等大型选题中选取当天最新、最热的新闻话题,力求以精度、纯度和锐度为新闻导向,深入解析新闻幕后错综复杂的背景脉络,还原新闻全貌,解读事件真相⑤。虽然此类节目凤凰卫视等境外媒体早已有之,但其在央视新闻频道的设立无疑加速了中国电视新闻解读时代的到来。"过去观点是依附于新闻存在的,而现在来自新闻的观点成为或者超越新闻本身成为更大的新闻,这是一个新的变化。因此观点提供商、观点提供者有可能成为未来的名牌栏目、名牌主持人等等"⑥。白岩松由主持人成长为新闻观察员,由"提问者"变为"回答者",无疑说明了主持人成为观点提供者的必要性和可能性。但观点并不是凭空生成的,主持人必须以储备大量信息和有效处理各种信息为基础,长期积累。

第三,处理信息的工作早就纳入广播新闻时评类节目主持人的创作范畴。时评类节目与其他广播节目一样多采用小团队运作和直播方式,加上此类节目强调内容的深刻性,主持人为了能高效地引导并参与讨论,直接输出有价值的意见,必须从信息处理开始。以笔者调研的北京新闻广播《新闻天天谈》栏目为例,整个栏目组由三位主持人组成,每期节目由两位主持人以"主辅班"的方式构成两人创作团队,他们从选题、策划到播出全程参与,亲历亲为。根据笔者调研,各位主持人在直播间外的准备工作都很细致,笔者综述为以下三点:个人的长期积累;针对具体某期节目,每次花数小时搜寻

---

① 罗明:《当电视遭遇灾难》,梁晓涛:《震撼——电视档案》,中国民主法制出版社2008年版,Ⅻ。
② 通常把消息类节目的主持人称为主播,笔者注。
③ 罗明:《当电视遭遇灾难》,梁晓涛:《震撼——电视档案》,中国民主法制出版社2008年版,ⅫⅠ。
④ 同上。
⑤ 《新闻1+1》栏目简介,中央电视台,space.tv.cctv.com/podcast/xinwen1jia1,2008—12—23。
⑥ 笔者根据2008年11月白岩松在中央电视台地方部主办的出镜记者培训班上的座谈整理。

新闻话题和相关背景信息,联系嘉宾,整理思路,形成粗略的播出文案;设计和制作常规的可控的内容。另外,凤凰卫视《凤凰全球连线》的主持人卢琛,在谈到自己的节目创作经历时说,创作任务由她和主编共同承担。作为主持人,她在内容创作上的任务主要有:查阅国内外各大门户网站,结合节目的高端特征,关注头条新闻;拣选并报呈自己认为可以在当晚播出的有价值的新闻事件;向主编详细说明自己报呈的话题及其主题、事件背景、事实细节等,和他讨论并确定当晚的新闻话题;从人才库、专家库中确定2—3名当晚的连线嘉宾;进一步深入搜寻和当晚话题有关的事实、细节、评论等信息,随时与主编进行沟通,理清直播思路;下午与主编碰头,敲定当晚节目事宜,准备开场白;晚上进行直播。在此过程中,如果发现有意思的内容或者动态事件有了新进展,就需要加补信息,在条件允许的情况下甚至会变更话题。如果当天连线的嘉宾是第一次接触,主持人还要事先做简单的沟通工作[①]。不难发现,卢琛作为主持人在创作团队中并不是只承担出声出像的任务。为了完成高质量的访谈,她的大量时间都花在了信息的搜集、消化以及与主编的讨论上。她承担如此多的信息处理工作,不仅因为创作团队的人员配备数量较少,更主要的是因为面对高端话题和各方专家,如果没有充分的准备,主持人难免捉襟见肘陷入被动,话题的讨论也极有可能失去方向或走入死角。

实践证明,没有准备或不善于准备便难有出色的主持。而准备的过程,主要就是主持人处理信息的过程。

综上所述,当前,新闻节目越来越呈现出大信息量、信息综述和深度解读的特点,尤以访谈类、调查类节目为代表。这些节目在挖掘事件本质的过程中,结合不同新鲜信息,引导受众发现事件背后的真实逻辑。尤其是在大时段直播节目中,主持人调动分析能力处理信息已经是分内之事。主持人在信息处理上是否能站得高、想得全、看得远、做得细,直接影响到节目的质量与传播的效果。作为传播团队中的一员,新闻节目主持人理应注重对信息的多方接纳和理解消化,以求适应节目的题材范围和谈论深度。

2. 从主持人创作角度看,信息是主持人提问、评述的基础

掌握丰富的信息有利于主持人打开思路,没有信息支撑就没有主持人针对新闻事件的精妙思考。无论主持人以何种方式思考,也无论主持人的思维水平高低,在分析问题的时候必定依赖具体信息的支撑,以《新闻1+1》2008年7月11日播出的《平安瓮安》节目为例:

> 董倩:听你说到这儿,我们不得不加入一个细节,你刚才说这三天让你困惑,但是,是什么让石书记在某种程度上解答了这种困惑,我觉得有一个人,

---

[①] 笔者根据吴郁教授2009年1月对凤凰卫视主持人卢琛的访谈整理。

他所说的话应该是起到了很大的作用,就是原公安局的局长,他在曾经跟媒体谈到这起事件的时候,说了很多真话,但是后来媒体在分析他所说的真话有几个前提条件,第一个,他得了绝症,第二,他已经被免了,再有一个,他对自己的政治前途已经不抱信心了,可能只有在满足这三个的前提下,他才会跟他的上级说出事情的真相。

白岩松:其实还有,省委书记到了瓮安之后,还到了离公安局很近的店里面去跟很多普通的百姓去聊,新华社专门发了这样一个消息,甚至新华社文字里面都用了,后来在聊的过程中,当看到当地老百姓那么没有安全感,石书记的眼泪都快下来了,用了一句话叫"瓮安不安",这是石宗源书记在6月30日到7月3日之间来瓮安调查情况所了解的,听到了更多的真话,他当然也在困惑中会去思考,这个事情真的像表面汇报的这么简单和看到的这么简单吗?

董倩:而且媒体报道的时候,石宗源和当地的一个人在交流的时候,石宗源问:"你叫什么名字。"他不说,石宗源问:"你不相信我,你是怕报复。"这个人说:"我相信你,你是大官,但是你住在省城,你不能天天来保护我,你在我们安全,你走了我们找谁?"

白岩松:所以正是这样的一系列对话,完成了困惑和解惑,最后有了7月3日更加清晰的一种看法和决定,我觉得这是这三天的一个很重要的变化。

董倩:7月3日,这个事件基本上清晰了,然后7月4日当地原来的班子就被免职了,7月5日,新的县委书记和新的县长就走马上任了。

……

董倩:我觉得新任县委书记的工作很难做,因为这些年来积累的问题到他这一任上,不得不去解决了,但是反过来您想,他以这样的心态去面对这些老百姓、这类问题的话,恐怕工作的开展要比他的前任要好做。

白岩松:你的这句话正好是我要说的,我恰恰认为他的工作又很好开展……[1]

对话中,主持人董倩没有直接表示反对、赞同或是疑问,而是加入与谈话角度相契的具体细节,以具体的事实和观点引出嘉宾的观点,引起讨论。这种利用信息引起话题、推进话题的谈话方式,给对方提供了进一步说话的事实基础,有效地激发了嘉宾的"谈兴"。另外,通过这样的方式,主持人也间接传递了自身看待事件的视角和态度。信息对主持人创作的支撑作用于此可见一斑。

---

[1] 中央电视台《新闻1+1》,《平安瓮安》,news.cctv.com/china/20080711/106539.shtml,2008—7—11/2009—2—10。

3. 从受众的角度看，信息有利于其减少不确定性

各种信息是联系传者和受众的真正节点。受众通过节目可以了解社会实际，获得意见支持，树立认识事物、思考事物的参照系。新信息可以帮助受众开阔视野，直接或间接地影响乃至改变人们对事件或焦点的看法。总之，对受众而言，信息可以直接影响个体的认知路径和态度，并通过个体间接地影响和组织社会舆论。

4. 从交流过程看，丰富的信息有利于拓展节目的交流空间

仍以《平安瓮安》为例，在白岩松说完之后，主持人董倩并不是以"嗯、啊"、"是的、是的"表示理解，而是以具体的信息接话，让自己的理解和观点隐含其中。如此接续更富于内涵和分量，令双方交流畅快。而层出不穷的新信息也有利于受众跟上判断。如此，节目的交流空间当然更大。

总之，信息与节目、受众及主持人创作之间的关系是客观存在的。显而易见，没有信息就没有节目，信息是节目的内容，节目是信息的精妙组合。主持人准确认知节目传播中的信息是其处理信息的前提。

第三节　传播受体

在传播的过程中，信息的传播和意义的构成是动态的，受制于传播过程中的每一个要素。在一次传播活动中，信息的传播和意义的构成，首先由传播者的选择、组织、诠释达成。在信息还处于初始状态，即在被采集之前的社会事件状态或社会口头传播状态时，是因为传播者的介入才转而成为被采集之后的媒介文本，也是因为传播者的介入尤其是主持人的介入，信息被重置，打上了人格化的印记。

然而，除了传者的影响之外，在传播过程中，信息会受到传播语境的影响而调整为高度语境化的文本，进而在传播的终端由受众随个人的理解判断重置，解读为受众化或者说个性化的信息。

可见，在主持人即兴口语表达过程中，受众是传播受体的统称，是主持人即兴口语表达实现传播目的的最终落点，是构成主持人即兴口语表达这一传播活动的重要元素。更关键的是，他们不是一个被动的角色，而是接受的主体，是信息传播和文本意义重读的主要施动者。主持人要更有效地完成即兴口语表达，就应该对受众有更深的认知。

一、受众的特征

1. 群体同一性与个体差异性

即兴口语表达的具体内容、主题和传播目的是既定的，根据具有一定特质的传播

对象所设计。受众的同质属性抽象于所处人群的共同特征。在即兴口语表达过程中，主持人对象感、交流感的获得，应以受众群体的同一性为基础，由此构想传播内容的"理想受众"以及"理想的受众反馈"。

同时，受众群是不同个体的集合，有共同的特征，也有个体的差异。在实际的传播中，主持人与受众之间的交流不止受到受众群体共同特质的影响，也受到受众个体其他因素的影响。个体的差异性强调的是在交流过程中受众个体因素介入的可能性。对于主持人来说，则需要在传播过程中多层面地把握受众心理。

2．线性传播的被动性与互动传播的主动性

在主持人即兴口语表达的传播过程中，受众参与传播的方式兼具线性传播的被动性和互动传播的主动性。一方面，基于语言的线性特征，受众在即兴口语表达的传播过程中，通常处于传播的末端，居于被动地位。即便在对话式的传播中，发起话题和驾驭传播过程的通常仍是主持人。另一方面，主持人即兴口语表达又具有人格化、人际性特质，强调交流。受众参与较为显著且在主持人即兴口语表达过程中具有不可轻视的地位，影响和干预着主持人即兴口语表达的实际效果。因此，主持人在即兴口语表达中，需要有容纳受众意见的意识。

图片说明：受众是个体的集合。我们应该看到其中的群体特质，也要分析个体差异。
（图片来源于百度图片）

3．大众化与分众化

所谓大众化是指受众的群体特征仍然明显。在主持人即兴口语表达传播中，受众仍被视为体量庞大的群体，而非个体。所谓分众化是指主持人即兴口语表达有特指的主题和较为集中的传播目的，所折射的社会问题是具体的，所覆盖的人群也有限，不可能普遍适应。

二、受众的分类

1．按介入传播的方式区分：现场受众、非现场受众

现场受众是指主持人在即兴口语表达过程中直接面对的交流对象，如访谈中的对话嘉宾和现场观众。非现场受众是指主持人即兴口语表达借由广播电视传播而抵达的观看节目的人群。相比较而言，现场受众的交流更接近于人际传播或公共传播，而

与非现场受众的交流则更具大众传播的特点。

2. 按介入传播的主动性区分：积极受众、消极受众

积极受众是指在传播过程中关心节目内容，与节目的传播内容、传播目的、传播方式契合度较高，与主持人形成深度心理互动的受众。积极受众一般是节目的忠实受众，与节目形成较稳定的约会关系。消极受众则指在随机收看(听)或伴随收看(听)过程中接触到主持人即兴口语表达的内容，对于内容并没有形成深刻的心理印象，也没有深层互动意愿的受众。

3. 按对传播内容的熟悉程度区分：专业受众、一般受众

专业受众是指对于即兴口语表达话题所涉及的领域比较熟悉的受众。他们具备相关的知识基础以及较高的思考水平，对传播内容具有独到的判断能力。一般受众则指对于即兴口语表达所涉及的话题领域并不熟悉，不具有相关的知识基础的受众。相比较而言，专业受众被"唤醒"的敏感度更好，容易介入话题，但是对于传播内容的逻辑和深刻性要求较高。一般受众不易介入话题，需要主持人做更多的介绍和铺垫，但是被说服的门槛相对较低。

4. 按对传播关系的忠诚度区分：基本受众、潜在受众

基本受众与主持人之间通常存在着高信任度和高期待值的关系，传播关系稳定。潜在受众则与主持人之间可能形成了收视(听)关系，也可能尚未形成稳定的收视(听)关系，信任度和期待值都不确定，传播关系还需发展。

图片说明：如何找到核心受众和受众的核心需求，是受众分析的关键。
(图片来源于百度图片)

三、主持人与受众之间的传播关系

1. 传播关系的不同性质

行为忠诚度指"受众接触某个媒体的稳定程度，这种行为忠诚度主要是由于特定媒体的传播方式之于受众的方便性所造成的"[1]。情感忠诚度则是指"受众对于特定媒体的价值与情感认同程度，这种情感忠诚度主要是由于特定媒体的传播内容对于其

---

[1] 胡正荣、段鹏、张磊：《传播学总论》(第二版)，清华大学出版社2008年版，第211页。

目标受众的价值亲和力所造成的"[①]。

按照行为忠诚度和情感忠诚度的不同,可以将传播关系分为积极关系和消极关系。积极关系是指受众对于主持人及其表达的内容具有较高的行为忠诚度和情感忠诚度,对于关系的评价取向为正面,具有较为强烈的愿望继续维持传播关系。而消极关系则是指受众对于主持人及其表达内容的行为忠诚度和情感忠诚度都较低,主持人的传播内容、传播方式和个人魅力都没有对特定受众构成强烈吸引,受众对关系的评价取向为负面,对于是否维持传播关系并不在意。

对于主持人即兴口语表达而言,传播关系的性质影响到传播策略和传播效果。受众在理解主持人传播内容和传播行为的时候受到传播关系性质的极大影响。传播关系是受众对传播内容的意义加以诠释的基本条件之一。

2. 基于传播关系的信息理解

受众对信息的理解和意义的把握受到传播关系的极大影响。确切地说,受众依托传播关系确定意义的诠释取向:正向解读(意义解读趋向正面和肯定)、负向解读(意义解读趋向负面和否定)或中性解读(受关系的干扰不明显而独立解读信息)。实际上,传播关系与主持人信息传播交叠在一起,互为手段和目的。构建高质量的传播关系,可以服务于高质量的信息传播;反过来,高质量的信息传播也有利于建立高质量的传播关系。

传播关系前置影响着受众理解信息的走向,对于主持人即兴口语表达而言是重要的考量维度。即兴口语表达不仅仅是说明信息或者构成完整的口语文本即可,而要注意构建、维持传播关系。如果不能成功地激起受众建立关系的意愿并且引导受众维持传播关系,那么信息的受关注程度就会降低。如果不能建立积极的传播关系,那么信息的正向理解的可能性就会降低,受众可能会处于非信任模式,表达势必乏于劝服,传播者就很难实现既定的传播目的。

第四节　传播载体

载体是传播发生的重要条件,没有载体就没有传播。主持人即兴口语表达的传播载体,首先是言语及伴随符号,如副语言和非语言符号等。另外,因为主持人即兴口语表达一般发生在媒介传播的语境下,因此,传播载体势必还包含了大众媒介传播手段。

[①] 胡正荣、段鹏、张磊:《传播学总论》(第二版),清华大学出版社 2008 年版,第 211 页。

一、言语

普希金说过,"一本本的书籍,并非是词典的重复"①。这句话巧妙地指出了言语和语言的不同。言语并非是语言的堆砌,而是出于交际需要运用语言的过程,伴随着理解、感知、表达等丰富的心理过程,是对语言规则和语言系统的具体运用。而针对言语,古今中外也都从道义、伦理、技巧上做了颇多论述。本节主要引入口语传播方面的理论资源阐述言语的规则和技巧。

1. 在表达中语言的特征:语言的三角关系

模糊度是用来表示语言符号多义性特征的概念,指的是语言符号指称的确切程度。在实际的运用过程中,语言的能指与所指②之间往往存在不对称的情况。这意味着,不同的言语主体在不同的场合下可能会对语词有不同的解释。比如,两个生活在同一家庭环境下的人对话:

  甲(着急):哎,那个什么,你说的……
  乙(快接):哦,对对对,在那个哪儿……
  甲(快接):哦,知道了

"什么"、"哪儿"一般表示疑问,在此处已经抛弃了通常的疑问特质,可以确指某物,而且是对话双方都实际明确的内容。可见,在具体的语境中,个体表达充满个性,可以充分运用语词的多义特质巧妙地表达意思。

对于语词的多义性,学者吕行在《言语沟通学概论》中介绍了语言学家欧哥丹(C. K. Ogden)和理查斯(I. A. Richards)的语义三角关系理论,如下图所示:

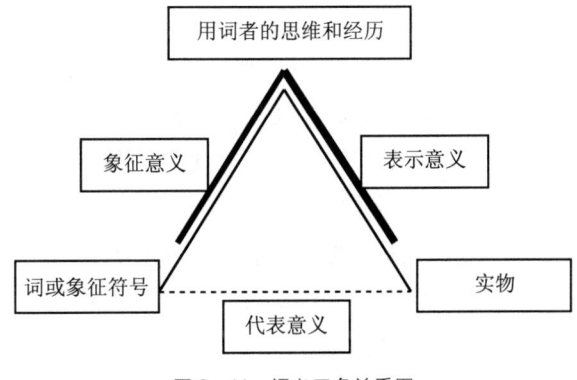

图 2-11 语义三角关系图

---

① 吕行:《言语沟通学概论》,清华大学出版社 2009 年版,第 49 页。
② 能指与所指是由语言学家索绪尔提出的概念,能指一般指语言符号的声音形象,所指一般指语言符号的概念。

这一理论的三个要点是：

- 语言符号与事物本身没有必然的联系。
- 我们用语言表达物体、概念或者事件本身，但语言的含义不在语言的本身，而在于语言的使用者。
- 我们每个人对语言的理解随着我们的经历和思维方式的变化而变化[1]。

（图式及理论要点均引自吕行的《言语沟通学概论》，清华大学出版社 2009 年版。）

综上，语言的词典意义在实际的言语过程中应得到尊重。也就是说，我们势必用可以理解的语言表达物体、概念或者事件。但是，实际上，我们在言语过程中使用语词与理解语词都须嵌入语境。语言符号与事物之间的关系被虚化，而其实际的语义即象征意义和表示意义都与语言的使用者以及使用者的经历和思维方式的变化有关。

明确了言语中语言的意义特征，有利于主持人在即兴口语表达过程中对不同修辞手法的使用。对于主持人即兴口语表达而言，意义的输出在价值上优先于语言规范。在实际的传播过程中，不可能刻板地遵守严格的语法规则、语用规则去处理新的表达需求。如何驾驭语言以服务于表达，"功夫在诗外"，在于表达者个人的经历、体验、判断及其他感知与思维能力。

2. 言语的功能[2]

第一，从"现实——表达"之间的关系着眼，言语具有认知功能。现实世界是如何进入传播的世界的？这其中无疑有言语的巨大功劳。人们通过言语表达将现实世界语词化、符号化，重构一个表达中的世界映像。语言像一面镜子，人们通过言语表达给了现实世界一个符号的倒影。当然，言语的认知功能并不意味着言语表达中的世界就等同于现实世界。首先，语词与现实之间是指代关系，是一种反映关系，而非等同关系。这对于主持人即兴口语表达而言，意味着既需要二手资料，也需要一手资料，应认识到结合二手资料再调查采访的重要性。其次，言语的认知功能不等于是积极的反映功能，也可能是消极的反映，扭曲了现实。言语与现实世界的互动是多层面的，所谓一言兴邦一言丧邦。这意味着，多种多样的表达也造成我们对现实世界的认知是多种多样的。主持人应该明确即兴口语表达希望带给受众对现实怎样的认知。

第二，从"目的——表达"之间的关系着眼，言语具有阐释功能。在即兴口语表达过程中，言语在实现传播目的上起到了阐释功能。一方面，通过言语可以叙述、描写客

---

[1] 吕行：《言语沟通学概论》，清华大学出版社 2009 年版，第 53—54 页。
[2] 吕行在《言语沟通学概论》第四章《言语沟通》中就言语在沟通中的作用提出了三点：现实认识作用、说辩作用、润滑作用。笔者受此启发，结合主持人即兴口语表达这一主题，从"现实——表达""目的——表达""传者——受众"等关系层面，将言语的功能界定为认知、阐释、建构三点。

观事实,帮助受众形成认知、深刻把握,起到说明的作用。另一方面,通过言语可以分析、论证,起到说服的作用。而古今中外,通过言语达到干预现实的目的,都不乏其例。西方有悠久的说辩,中国有百家争鸣、魏晋清谈、隋唐讽谏的历史实践,都影响至今。对于主持人即兴口语表达而言,明确传播目的,才可能最大限度地发挥言语的阐释功能;反之,只有善于修辞,发挥言语的阐释功能,才可能真正实现传播目的。

第三,从"传者——受众"之间的关系着眼,言语具有建构功能。在言语表达过程中,人们不但传递信息,也在较深层次的互动中袒露自我。一方面,人们可以通过言语建立一段关系,并维持和深化关系。而如果缺乏必要的言语交流,交际关系则会成为一段空洞的关系。另一方面,人们也可以通过言语解除一段关系。可见,言语是关系的驱动力。比如,陌生人之间建立关系,通常通过搭讪;两个人要结束一段交际,则会有具体的道别方式;太突兀的方式可能会伤害关系;双方关系遇到问题,言语可能是极好的润滑剂;言语也可能在沟通中激化矛盾;如此种种。对于主持人即兴口语表达而言,高质量的言语表达是构建传受关系的重要基石。而能够建构高质量的传播关系也是对主持人即兴口语表达质量的考量维度之一。

3. 言语的规则

其一,符号批判原则:语言与现实世界之间并不完全对位,主持人在即兴口语表达过程中可从两个层面批判性地认识语言符号。一方面,不必拘泥于语言的词典意义,应该创造性地使用语言和言语表达策略,形成有效的修辞策略,达到形式的创新。另一方面,对于受众或交流对象的反馈以及所接触的二手资料,要结合其他因素做意义考量,不能仅从语言的字面意义理解,否则容易落入误读或望文生义的窠臼。

其二,关系导向原则:在即兴口语表达过程中,主持人与受众的传播关系质量影响着受众对主持人即兴口语表达的理解。如果受众对关系做负面评价或者并不在意,那么传播内容所能引起的正面效果通常很低。所以,主持人即兴口语表达应当竭力发挥言语的关系建构功能。

其三,语境导向原则:在即兴口语表达过程中,主持人的言语策略应该考虑适合语境并影响语境。受众是在具体语境下接受信息的,也会结合具体的语境解读信息。主持人以语境特点为导向完成修辞,有助于通过言语实现有效传播。

其四,多位同构原则:根据语言的三角关系规律,在实际的言语过程中,言语表达要注意与传播者角色、传播关系、传播语境的特质相契合,才能最大限度地实现主持人的意义传输与受众的意义理解相对称,表达手段与表达目的相对称,减少歧义、误解和负面效应。

阅读与讨论：语言癌①

《人民日报》(海外版)"台湾热词"栏目

"贵宾您好，先为您进行一个点餐的动作"，"那今天疗程的部分，我们就先为您做按摩的部分"，"所谓的冬粉，就是所谓的绿豆，在经过一个磨粉的动作后所做出来的产品"……这样的句子在台湾的服务业、电视播报中天天出现。近日，台湾《联合报》将此现象称为"语言癌"，指出"语言的癌细胞不但扩散到了媒体、大众口中，也入侵到标语、告示及平面媒体，从口语内化为文字语法"……

对此，余光中认为和中文的"恶性西化"有很大关系，大家只顾学英文、看翻译小说，不再看用字精简的中文经典，结果英文没学好，却把中文学坏了，化简为繁，以拙代巧，加上电视、网络推波助澜，讲病态中文变成时尚。作家张晓风认为电视台记者常在现场连线时拉高音调，吐出长串累赘、不知所云的话语，电视影响力又很大，令语言错误用法逐渐感染到受众。

大学中文系教授王年双提出，连很多教师都在用病句，更未及时纠正学生，久了便积非成是。语言癌背后隐藏着思考力弱化的危机。台北市景美女中老师陈嘉英表示，每天花数小时滑手机阅读零碎的信息，脑袋就会充满网络用语，无法思考论述，话说不好、作文写不好，都和思考力弱化有关，必须时时刻刻警惕自己说"笨话"。

为什么语言成"癌"？台湾学者朱家安有另一番分析，他认为一是说者想树立专业形象，因为学术界喜欢用，或需要用较冗长的句子解释复杂的事物，学术界在社会中的形象是高深、正式，因此想要表现专业形象的人，就会无意识地模仿这种冗长的叙事方法。二是要以委婉态度示人，长一点的句子听起来较为委婉、温顺、礼貌、尊敬，这些都是服务业希望带给客人的感觉。三是争取思考时间，需要边观察边说话的人需要思考时间，因此在语句中加入冗言赘字，可以帮助他们争取时间。

请讨论： 在你的周围存在语言癌所指的语用实例吗？请你概括语言癌的特征。关于语言癌的成因，文中提到了哪些方面？除此之外，你认为还有其他的原因吗？语言癌对于主持人的传播用语有什么样的警示？就广播电视节目主持人用语而言，除了规范化之外，还有哪些诉求？你认同作家张晓风对电视台记者在现场连线时语用的评价吗？另外，对于改善语言癌的情况，你有何良策？

---

① 人民日报海外版，《台湾热词：语言癌》，paper.people.com.cn/rmrbhwb/html/2015－01/09/content_1519151.htm，2015－1－9(9)。

4. 对言语的批评

《中国哲学简史》最后一章最后一句说:"人往往需要说很多话,然后才能归入潜默。"①冯友兰先生最后落笔这句话,意在指引后学:"在学会使用负的方法之前,哲学家或学哲学的人,都必须经过使用正的方法这个阶段。在达到哲学的单纯之前,需先穿过复杂的哲学思辨丛林"②。哲学是这样的,复杂又单纯。言语亦复如是。仅就言语而言,冯先生的这句话肯定了言语的世俗功用,又对言语有一种批判的超然的态度。

对于任何民族来说,语言都是重要的文化载体。言语自然也就是不容小觑的文化传播行为。对语言和言语的价值肯定、深入研究和超然批判也延续在不同文化之中,直到今天。在中华民族的文化传统中,评议"言语"的观点颇多,其中既认识到了言语的须臾不可离,又看到了言语的局限性。

首先,"说"是中华文化的一部分。"我们中华民族具有讲究'口才'的悠久历史和传统,崇尚说话艺术,憧憬那些能言、巧辩、勇敢、自尊,从而捍卫了国家民族利益的人。《曹刿论战》《烛之武退秦师》《邹忌讽齐王纳谏》《触龙说赵太后》《晏子使楚》等故事之所以能够代代相传,能言善辩、巧于辞令的辩士之所以能够成为家喻户晓的人物,原因正在于此"③。虽然在历史的发展过程中,说的专门性被弱化,说的文化地位一度式微;但人们离不开说,因此也不敢太轻视说的作用。如"君子一言,驷马难追""君子一言九鼎""半用良药,半用良言"等都肯定了言语的积极作用。

另一方面,人们又对言语有所畏惧,认为"言多必失,语多必败",为君子者应该"敏于实而讷于言"。古语中"大音希声""不落文字"等可视作对表达(无论是言语还是书写)的批判,强调让意义以"意义的方式"存在,避免意义的完整性、准确性、丰富性受符号形式的拘束。有学者认为,中国文化传统对言语的批判涉及道与言、名与实、言与意等关系层面,体现为道不可言、名实相错、言意相离等内容④。上述三个层面的问题,最终都牵涉到了言语的表达力,也就是"可否言说"的问题。对言语的批判,提醒我们,任何一种形式对于意义来说,往往都有不够贴切的地方,因而难尽其意。就言语而言,它具有任意性、模糊性。说话者与听话者之间、符号与意义之间有时的确存在着理解的沟壑。

从口语传播的角度看,这种批判和否定是深刻的,让人们在使用语言的同时又保持了清醒。这不但还原了实际言说过程的本来面目——言语表达的全部效果不等于言语的全部;也让我们看到,在言语之外,说话者应寻找更多的价值支点。

---

① 冯友兰:《中国哲学简史》,天津社会科学出版社 2005 年版,第 312 页。
② 同上。
③ 鲁景超:《广播电视即兴口语表达》,中国传媒大学出版社 2000 年版,第 7 页。
④ 王淳:《中西文化视域下的语言观及话语规范比较研究》,《西南大学学报(社会科学版)》2012 年第 11 期,第 124—130 页。

当然,对言语的批判并不意味着彻底否定言语,要人放弃沟通。人作为"语言的动物",已然不可能脱下这一符号的"外衣"。如果说言语因为即兴造句、稍纵即逝又常常言不尽意而被质疑严肃性,那么,说话者只有老老实实地夯实语言功力,做好说话准备,力求表达得当,而非放弃表达。对于主持人而言,口语传播是其本职工作,不可回避。主持人应该从批判的角度看到言语在意义传递上的无力之处、不尽之处,在创作中不断回到内容本身和传播目的的原点,但这不是放弃言语表达,而是以更审慎的态度、更敏锐的心思去寻求准确的传播方式。

阅读与讨论:话语是一个美丽的陷阱①

池 莉

我对话语的警觉是在十几年前产生的。那是在我从医的第三年,也就是我医生生涯的最后一年,那个夏天伤寒病大流行。为了追踪传染源,我在整整一个酷热难当的夏天里,与所有的伤寒病人谈话,可是我仍然没有寻找到传染源。有一天我突然醒悟了,我发现找不到传染源的根本原因就在于:所有病人的主诉都带着强烈的个人色彩。撒谎的人在人群中占的比例并不大,但是人们不用撒谎,他们的话语综合起来就是一个巨大的不真实,在这个不真实的话语疑团中,所有的语锋都指向多重岔路,结果是搜寻者必然误入陷阱。我弃医从文的主要原因当然是更喜欢文学,但是也不排除我对口头语言的厌烦和对书面语言的信赖。

更深的醒悟姗姗来迟,那已经是90年代中期。我在德国见到了一个久违的朋友。她是90年代初嫁给一个德国人的。她的故事当时很轰动。轰动的原因并不在于她嫁了一个老外,而是因为她一句德语都不懂,还有,她的长相比较难看。我们没有办法理解老外的选择,我们就试图理解她的选择。但是她是一个寡言的女孩子,在我们几个好友的不懈追问下,她简单地告诉我们,她选择这个老外的原因就是因为她在中国嫁不到一个这么英俊这么文雅这么体贴的男人;而她此生的理想,就是想要一个体贴她的男人,想要一栋舒适的房屋和爬满青藤的小花园,所以,她宁可放弃话语。当时,我们都认为她的牺牲太大了太大了。我们都一致地认为她为自己难看的长相和接近于痴人说梦的理想付出了人生最惨痛的代价。转眼就是我再次见到她的90年代中期了。这一次她带给我的不再是轰动而是震惊。她依然没有变得漂亮,但她生育了两个非常漂亮的混血儿。我们坐在她家大花园的木椅上喝咖啡,青藤果真爬满了她的篱笆。花园的远处,她的小女儿在荡秋千,儿子则在很开心地与他老爸踢球;花园的近处,是她的油画画架。我的这位朋友,依然只能说最简单的

---

① 池莉:《话语是一个美丽的陷阱》,中新网,www.chinanews.com/hb/2013/08-21/5190448.shtml,2013-8-21。

德语,但是她的神态已经深刻改变,安详得如同在富裕安定的生活中过了三辈子一样。显然,她不仅没有付出人生最惨痛的代价,而且顺利地达到了她的理想。她深有体会地对我说:"说话不重要,最简单的对话足够管用。亲密的人之间,更重要的是眼睛,是表情和动作。你认为呢?"

我认为我朋友的人生体会是一种真理或者接近于一种真理。那一天,我回到我居住的饭店,坐在窗前,望着德国幽静的绿树成荫的居民区想了很久很久。我想:这个世界上最普遍的矛盾和麻烦难道不都是话语引起和造成的吗?一个人的话语只是在出口的一瞬间具有真实性。可这一瞬间眨眼就过去了。重复者和传播者使用的是自己的理解和语气,接受者则又有各自的理解背景。任何一种最细微的因素都能够改变话语的顺畅流通,使之产生多重意义。于是,我们的生活中便充满了絮叨,充满了解释,充满了流言和蜚语,充满了隔阂和攻击,也充满了谩骂和扯皮。想想多么无聊啊!

其实,在一个人的生活中,与你无缘的人,你与他说话再多也是废话。但凡与你有缘的人,你的存在就能惊醒他所有的感觉。你们不用说话。你们即便说话也是一堆泡沫,在阳光下,五颜六色,看起来很美丽,其实它仅仅是你们情感交流的衍生物,过去了也就消失了。发生了就永远不会消失的是拥抱,而诺言注定会随风而逝。没错,事情就是这样的。

请讨论:你如何理解池莉所说的"话语是一个美丽的陷阱"?为什么"人们不用撒谎,他们的话语综合起来就是一个巨大的不真实"?为什么"放弃话语"是"人生最惨痛的代价"?你认为,池莉朋友的生活经历可以说明"说话不重要"吗?你认同"亲密的人之间,更重要的是眼睛,是表情和动作"吗?在你看来,"世界上最普遍的矛盾和麻烦"是由"话语"引起和造成的吗?你如何理解"说话"是有缘人之间的"阳光下的一堆五颜六色的美丽泡沫",是有缘人情感交流的"衍生物","过去了也就消失了"?在你看来,池莉对话语的批判性理解对于主持人认识言语交流有何启发?

二、非语言符号

1.体态语

主持人即兴口语表达中出现的体态问题也影响传受双方的交流。说话者的体态切忌夸饰地"表演"。"简约大方,积极自如"是体态运用的基本原则。具体而言:(1)表意:体态语应承载表情达意功能,避免盲目的习惯性动作。(2)必要:不可为了动作而动作,避免在说话的过程中,体态语过于繁杂。(3)明确:动作要有明确的幅度和动程,完成得干净利落,避免细碎的小动作。(4)自如:体态语的运用需要日常加以训练,以便运用自如,避免分散注意力。(5)协调:体态语要整体协调,给人以积极、端庄、稳健的印象。

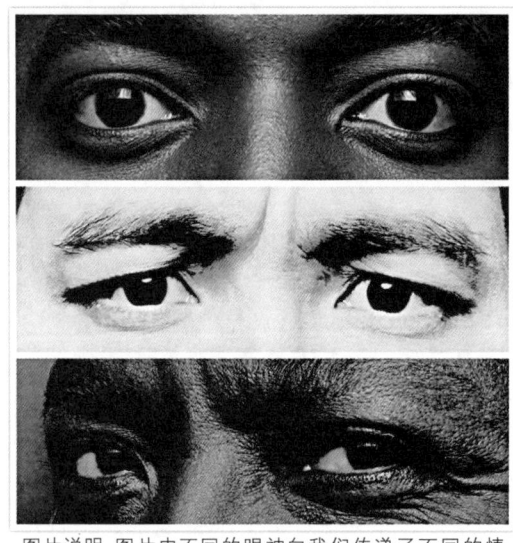

图片说明:图片中不同的眼神向我们传递了不同的情绪,表达了不同的态度。
(图片来源于百度图片)

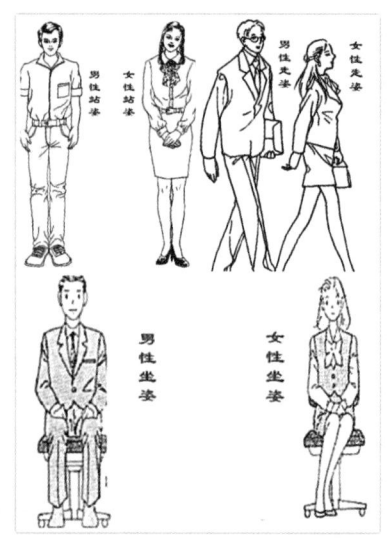

图片说明:三幅图片展示了男女在不同状态下的身体姿态。每个人都有自己在体态上的个性。但是,体态除了因人而异,也因为情境而异。除了有良好的习惯,作为主持人,还应该有必要的体态训练,以便能够在具体情境下对体态使用加以控制。
(图片来源于百度图片)

2.倾听

在对话体的即兴口语表达中,主持人是否倾听、如何倾听非常重要。关于倾听,首先主持人需培养聆听的习惯。倾听与其说是技术,不如说是习惯。对于主持人而言,有驾驭节目的任务在身,比较容易出现站在"节目主人"的位置对嘉宾和访谈对象的意见作出仓促应对的情况。无论从态度上,还是从信息的掌握上,这都不利于主持人提升传播质量。因此,对于即兴对话体裁的表达,主持人需要有良好的倾听习惯。

其次,主持人在倾听时态度要专注。倾听并不是倾身向前等外在的姿态,其内涵之一就是对于交流对象的尊重,对未知信息和

图片说明:作家毕淑敏认为,倾听,就是"用尽力量去听",殚精竭虑,毫无保留。图中是中央电视台节目主持人柴静在倾听采访对象的回答。
(图片来源于百度图片)

交流关系的认真态度。因此,专注的态度是倾听的内心基础。通过事先的准备,主持人可以获得对话题的认识,有利于形成专注的态度。

另外,主持人需要批判性地倾听。主持人应避免只选择性地听自己能听懂、感兴

趣的内容,而应对对方提供的信息做总体判断。如此才能在事先准备充分的基础上,从总体到细节,准确把握交流对象的语义和意图,形成独到的判断。

阅读与讨论:让我们倾听①

毕淑敏

我读心理学博士方向课程的时候,书写作业,其中有一篇是研究"倾听"。刚开始我想,这还不容易啊,人有两耳,只要不是先天失聪,落草就能听见动静。夜半时分,人睡着了,眼睛闭着,耳轮没有开关,一有月落乌啼,人就猛然惊醒,想不倾听都做不到。再者,我做内科医生多年,每天都要无数次地听病人倾倒满腔苦水,鼓膜都起茧子了。所以,倾听对我应不是问题。

查了资料,认真思考,才知差距多多。在"倾听"这门功课上,许多人不及格。如果谈话的人没有我们的学识高,我们就会虚与委蛇地听。如果谈话的人冗长繁琐,我们就会不客气地打断叙述。如果谈话的人言不及义,我们会明显地露出厌倦的神色。如果谈话的人缺少真知灼见,我们会讽刺挖苦,令他难堪……凡此种种,我都无数次地表演过,至今一想起来,无地自容。

世上的人,天然就掌握了倾听艺术的人,可说凤毛麟角。

不信,咱们来做一个试验。

你找一个好朋友,对他或她说,我现在同你讲我的心里话,你却不要认真听。你可以东张西望,你可以搔首弄姿,你也可以听音乐梳头发干一切你忽然想到的事,你也可以王顾左右而言他……总之,你什么都可以做,就是不必听我说。

当你的朋友决定配合你以后,这个游戏就可以开始了。你必要拣一件撕肝裂胆的痛事来说,越动感情越好,切不可潦草敷衍。

好了,你说吧……

我猜你说不了多长时间,最多3分钟,就会鸣金收兵。无论如何你也说不下去了。面对着一个对你的疾苦你的忧愁无动于衷的家伙,你再无兴趣敞开襟怀。不但你缄口了,而且你感到沮丧和愤怒。你觉得这个朋友愧对你的信任,太不够朋友。你决定以后和他渐疏渐远,你甚至怀疑认识这个人是不是一个错误……

你会说,不认真听别人讲话,会有这样严重的后果吗?我可以很负责地告诉你,正是如此。有很多我们丧失的机遇,有若干阴差阳错的讯息,有不少失之交臂的朋友,甚至各奔东西的恋人,那绝缘的起因,都系我们不曾学会倾听。

好了,这个令人不愉快的游戏我们就做到这里。下面,我们来做一个令人愉快

---

① 毕淑敏:《让我们倾听》,中国甘肃网,www.gscn.com.cn/tourism/system/2012/07/09/010121807.shtml,2015—4—11。

的游戏。

还是你和你的朋友。这一次,是你的朋友向你诉说刻骨铭心的往事。请你身体前倾,请你目光和煦。你屏息关注着他的眼神,你随着他的情感冲浪而起伏。如果他高兴,你也报以会心的微笑。如果他悲哀,你便陪伴着垂下眼帘。如果他落泪了,你温柔地递上纸巾。如果他久久地沉默,你也和他缄口走过……

非常简单。当他说完了,游戏就结束了。你可以问问他,在你这样倾听他的过程中,他感到了什么?

我猜,你的朋友会告诉你,你给了他尊重,给了他关爱。给他的孤独以抚慰,给他的无望以曙光。给他的快乐加倍,给他的哀伤减半。你是他最好的朋友之一,他会记得和你一道度过的难忘时光。

这就是倾听的魔力。

倾听的"倾"字,我原以为就是表示身体向前斜着,用肢体语言表示关爱与注重。翻查字典,其实不然。或者说仅仅作这样的理解是不够全面的。倾听,就是"用尽力量去听"。这里的"倾"字,类乎倾巢出动,类乎倾箱倒箧,类乎倾国倾城,类乎倾盆大雨……总之殚精竭虑毫无保留。

可能有点夸张和矫枉过正,但倾听的重要性我以为必须提到相当的高度来认识,这是一个人心理是否健康的重要标识之一。人活在世上,说和听是两件要务。说,主要是表达自己的思想情感和意识,每一个说话的人都希望别人能够听到自己的声音。听,就是接受他人描述内心想法,以达到沟通和交流的目的。听和说像是鲲鹏的两只翅膀,必须协调展开,才能直上九万里。

现代生活飞速地发展,人的一辈子,再不是蜷缩在一个小村或小镇,而是纵横驰骋漂洋过海。所接触的人,不再是几十一百,很可能成千上万。要在相对短暂的时间内,让别人听懂了你的话,让你听懂了别人的话,并且在两颗头脑之间产生碰撞,这就变成了心灵的艺术。

请讨论: 你的个人经验支持文中两个实验的结果吗?在交谈中,你遇到过第二段所描写的情况吗?你认为倾听需要学习吗?你认为倾听有什么魔力?文中,作者关于倾听的"倾"的解释,如何理解其合理性?你如何理解倾听的艺术是心灵的艺术?请你用自己的语言概括文中暗含的倾听的原则,并分析这些原则对于节目主持人倾听的适用性。

三、媒介平台

主持人即兴口语表达发生在广播电视节目当中。媒体平台是主持人即兴口语表达的重要传播中介。

首先,栏目与节目形态决定了主持人即兴口语表达的可能性与必要性。在访谈类节目与直播类节目中,主持人即兴口语表达的必要性大大增加。而在播读类的节目或者编导提供串词的专题节目中,主持人即兴口语表达的必要性和可能性大大降低。

其次,栏目与节目定位决定了主持人在其中的角色特征。如果主持人成为其中的核心符号,那么,受众希望看到的是身份、语境、手段等保持协调一致的主持人形象,是一个具备独立发表有价值的见解的主持人。主持人在其中的即兴口语表达空间势必拓宽。

第三是对媒体声誉层面的考虑。媒体声誉的优劣关乎主持人与受众的传播关系。显然,受众对媒体的总体认知决定了他们对该媒体节目主持人表现的先期心理。而主持人即兴口语表达的质量,又反过来影响媒体声誉。

总而言之,如何准确认识、恰当运用媒体平台的传播资源、传播优势和传播的契合度是影响即兴口语表达传播品质的因素之一。

第五节　传播语境

传播的语境包括了客观的社会生活情境、历史文化背景和传受双方的心理情境等。客观的社会生活情境指的是传播发生的客观环境。而历史文化背景则是指与当前传播内容和传播方式有关的历史境况。心理情境则是传受双方在传播内容上各自秉持的认知基础、情感态度、价值取向等。语境是传播发生的重要基础。恰切地认识与评价传播语境是主持人即兴口语表达的重要起点。

一、社会语境

1. 政治、经济、文化等与媒体切身相关的社会图景的变化

社会大图景、大格局的变化给整个社会带来覆盖性、导向性的影响。这种影响也会以最快的速度波及节目主持传播。主持人应该尽可能把准时代的脉搏,以求即兴口语表达可以引起受众正向的共鸣。正因为在不同的社会文化和传播文化下,受众对于主持人的要求不同,所以,如果失去对社会大环境的把握,即兴口语表达可能会出现原则性的失误。

2. 社会思潮与舆论场

什么样的人可以做主持人,尤其是颇具深度的新闻节目主持人?我们认为,一个优秀的新闻节目主持人,应该是社会思潮和舆论的风向标。对于舆论的变化,主持人

应该及时跟进,提升判断的敏锐度。否则,主持人因为缺乏舆论动态的参照信息,很难获得准确的对方意识①,也很难对信息作深刻的全景式的处理。

3."社会大众"的结构与内涵的变迁

急剧变化的当代中国社会,在教育水平、价值观念、阶层利益、群体亚文化、政治诉求、社会福利讨论、社会性别观念等方面一直在经受振荡,还处于新的社会共识的发育期、形成期。这使得"社会大众"本身就是动态的概念。相应的,"广播电视受众"及其特点也在变化之中。对于主持人而言,唯有敏锐把握社会群体的变化,才能更好地组织即兴口语表达的传播内容,策划传播的形式。

4.媒体在社会当中所扮演角色的内涵及其变化

通常认为,媒体在社会生活当中扮演着守望功能②。这种功能同样也转移到广播电视主持人身上。这种转移使得"主持人"作为有着稳定和成熟的社会认知且具有相当社会影响力的职业角色,必须承担社会公器的功能。就即兴口语表达而言,主持人应该具备相应的能力,才有可能更有质量地实现寄托在其身上的公众期待、公义负担。

二、媒体语境

首先,广播电视作为社会媒体图景的一分子,目前正面临着新媒体的冲击和媒介融合的考验。如何更好地运用主持人的符号,创造新的节目形式,发展新的叙述方式,并且在新的叙述方式之中更好地展示主持人的魅力是一个新的课题。中央电视台2015年10月播出的一带一路特别报道《数说命运共同体》就很有新意。大数据和欧阳夏丹的"穿越式"报道是其中的两大看点。这些创新取得了良好的播出效果。具体而言,其一,在篇幅比重上,主持人的现场报道在整体篇幅中所占比重不轻,夏丹的报道并非三言两语,蜻蜓点水,而是以充实的内容和独特的视角增加说服力。其二,在节目结构上,夏丹的报道与节目、现场元素相融,发挥衔接功能、叙述功能、评议功能,其热情大方的形象和贴切的语气也让整个节目显得更有人情味儿,提高了可看性。其三,在大数据的支持下,主持人要掌握信息变得更为近便。过去所不能做到的数据收集和对数据及时、高效、准确地进行处理,在今天也变成了现实。夏丹在整个七期节目中,拿数据说话,呼应了节目的大数据传播的特色。其四,节目组煞费苦心在镜头做了处理,夏丹在着装、形象设计和播出状态上的配合也很到位,在屏幕上制造了"说哪儿

---

① 对方意识多指辩论时说话者在表明个人态度倾向的过程中,尊重对方立场的观念。在即兴口语表达中引入对方意识,强调的是主持人要尽可能注意到与个人观点相关的其他观点,无论这些观点是与己一致还是不一致,都应尽可能客观地提到并做出回应。
② 守望通常有看守瞭望、等待盼望、守望相助、出入相友、疾病相扶持等内涵,在笔者看来,媒体的社会守望功能是守望一般释义的延伸,是对媒体的社会观察、警示、报道功能和价值操守、文化姿态的形象阐释。

到哪儿"的瞬时穿越的景观,制造了电视奇观,引起了受众兴趣。总体而言,主持人欧阳夏丹走下主播台在现场报道上长袖善舞,言语清晰生动,其表现可圈可点,为节目增色。此例给我们的启发是,未来媒体完全有可能在新的技术条件下对主持人提出其他新的创作要求。而以扎实的功力发挥即兴口语表达的功能,展现自身的荧屏魅力,适应并高质量地完成传播,是主持人的职责所在。

其次,媒体之间的交融必然带来新的传播形态与要求。主持人在线上线下互动的机会未来会增多。网络媒体成为巨大的信息源,这使得广播电视主持人的新媒体素养变得重要,如此才能敏捷地借助新媒体获得大量信息。主持人的信息处理能力成为其基本的职业能力之一。

另外,主持人作为广播电视传播的品牌符号,其可信赖的媒介形象要求主持人具备良好的即兴口语表达能力,而不是只能驾驭有稿播读等转述性的传播任务。受众对主持人存有基本的期待,如对于那些知名的播报员,受众希望他们在介入直播节目、发表即兴采访和点评时也能够表现得一如既往的精彩。

三、节目语境

1. 节目平台

如前所述,节目形态往往决定了主持人即兴口语表达的必要性与可能性。在主持人口语传播过程中,存在着与内容、目的、手段有关或无关的临时性因素。它们的出现会直接干扰预定的传播,使传播发生或多或少的改变。这些干扰因素是传播进行过程当中的动态因素。另外,广播电视受众的反馈,包括各种肯定和否定的意见和建议也是构成动态因素的一部分。反馈是传播进行修正和调检的积极因素。反馈越多越及时,节目语境的动态性则越明显。而动态因素越多,主持人脱离成稿的可能性越大,即兴口语表达也越显必要。因此,对于主持人而言,即兴口语表达实践与节目平台条件密切相关。

2. 传播关系

主持人与受众之间的传播关系极大地影响了主持人即兴口语表达的传播质量。而在构建传播关系的过程中有两点非常重要:一是通过表达的设计有效地激活传播关系。其次,主持人需要在既定场合出色地完成即兴口语表达从而充实传播关系,让受众建立对主持人的信任。出色的主持人应该是具有较好的传播关系建构能力的专业传播人才,而出色的主持也必然因为建构了高质量的传播关系而使得交流有所依托。

■ 本章小结

本章依托传播学的一般分析框架,视主持人即兴口语表达为大众传播之一类,分析了即兴口语表达所关涉的传播主体、传播客体、传播载体、传播受体以及传播环境。目的是通过要素分析,帮助读者从口语文本的"小视角"中脱离,建立稳定的透视主持人即兴口语表达的传播学"大视角"。即兴口语表达是主持人口语传播的特殊言语形式。但在笔者看来,仅从形态上界定即兴口语表达容易导致对即兴口语表达的空洞理解。实际上,主持人即兴口语表达涵括了主持人口语传播的多种类型与形态。而主持人每一次属于即兴口语表达范畴的口语表达,都是融于节目的传播活动,而不是漫无目的、漫无边界的"文本生产"。因此,可以说,这一章写作延续了我们从第一章开始就确立的对于即兴口语表达的广义理解。对于传播主体即主持人,本章侧重于分析其传播身份的内涵和特点,意在指出主持人即兴口语表达须接受这种职业身份的限定而力求言语得体。对于传播客体即信息,本章侧重于对广播电视节目信息做深度描写并揭示信息在主持人传播中的功能。对于传播载体即言语、非语言符号、媒介平台,本章侧重于分析言语的特点、功能与运用原则。同时,之所以在言语之外,将非语言符号和媒介平台一同列为传播载体是考虑到主持人即兴口语表达有别于文字表达,对非语言符号务必要重视;另外又有别于非广播电视传播,而必须考虑广播电视传播手段的特殊性。对于传播受体即广播电视受众,本章概括了受众的特征,对受众做了简明的分类并点出了传播关系对于主持人即兴口语表达效果的意义。本章对传播环境的论述较为简要,从宏观到微观,分别提到了社会语境、媒体语境和节目语境。实际上,主持人即兴口语表达能够顺利进行,需要主持人善于价值判断,而这种判断是否合宜必然牵涉从社会历史文化到具体的节目等多层语境。我们对传播语境的勾勒和说明既是为了呼应创作实际,也是为创作者提供更为丰富的考量因素。

延伸阅读

吴郁:《当代广播电视播音主持》,第四、五、六章《节目主持艺术概说》,复旦大学出版社2008年12月第2版。

吴郁:《主持人的语言艺术》第六章《节目主持人的语言风格》,北京广播学院出版社1999年10月第1版。

应天常:《节目主持语用学》第二章《主持人话语角色》,北京广播学院出版社2001年8月。

毕一鸣:《主持艺术的新视野——传播学视野中的主持艺术》第三章《整合讯息的模式》、第四章《交流沟通的途径》、第五章《寻求共识的场域》,中国广播电视出版社2011年1月第1版。

吕行:《言语沟通学概论》第三章《聆听与沟通》、第四章《言语沟通》,清华大学出版社2009年12月第1版。

叶原嘉:《论新闻直播节目中主播的信息集成能力》,《东南传播》2012年第2期。

高路:《大数据时代的记者》,《青年记者》2013 年 7 月。

邱蔚:《近取其神 远取其势——谈体态语在电视节目中的运用》,《语言文字应用》2005 年增刊。

王晓晖、韩雪峰:《口语传播中的非言语传播》,《当代传播》2007 年第 4 期。

艾玛:《面向日常的语言之根》,《文艺报》2013 年 4 月 12 日。

思考题

1. 主持人传播身份是什么,具有怎样的特点?主持人的传播身份与主持人即兴口语表达之间存在怎样的关联?

2. 什么是节目信息?节目信息有哪些类型,在主持人即兴口语表达中具有什么作用?

3. 结合实例,分析受众的群体同一性和个体差异性。

4. 结合实例,从行为忠诚度和情感忠诚度的角度分析主持人与受众之间的传播关系。

5. 请举例说明语言学家欧哥丹(C. K. Ogden)和理查斯(I. A. Richards)的语义三角关系理论。

6. 结合案例阐述主持人即兴口语表达的关系导向原则。

7. 结合实例阐述社会语境与主持人即兴口语表达之间的互动关系。

第三章　主持人即兴口语表达的创作方法

第一节　节目信息的处理

对于主持人而言,传播不仅仅是向受众传递信息与事实,还有判断和意见的输出,具有生成意义的功能。节目主持的这种"领袖"作用显得格外重要。从信息产制的角度看,主持人理当是信息的生产者、传播者,是处理信息的行家里手——是主持人在驾驭信息,而不是主持人受信息的驾驭。这就要求主持人具备较高的信息素养。信息素养指"个人能感觉到对于信息之需要,并能有效地寻取、评估及使用所需信息的能力"①。不同学者对信息素养的内涵有不同的解析,以下是部分有代表性的观点:

【C. Curran,1990】信息素养包括下列使用信息能力的综合:

- 了解信息价值的能力;
- 知道何处可获得信息的能力;
- 检索信息的能力;
- 解释、组织、综合信息的能力;
- 利用与传播信息的能力。

【McHenry,1992】信息素养包括:

- 对于信息价值及能力的体认;
- 对于信息形式及种类多样化的体认;
- 对于信息的本质与知识体系关系的认知;
- 有效而具批判性检索信息的能力。

【Olsen,1992】信息素养是在传统的读、写、算等基本素养上的素养综合:

---

① 蒋宏:《信息社会环境下的重要课题——公民传媒素养教育》,蔡帼芬、张开、刘笑盈:《媒体素养》,中国传媒大学出版社2005年版,第93页。

- 体认信息的角色与功能；
- 体认信息内容与形式的多样性；
- 了解信息的组织系统；
- 具备检索、评估、组织与处理信息的能力。

【Rader,1990】信息素养包括：
- 对于获取信息（包括实时的或回溯性的）的过程及系统的了解；
- 评估不同信息来源及渠道的有效性及可靠性的能力；
- 收集及处理收集所得信息的基本技巧。

【McClure,1994】信息素养是利用信息解决问题的能力，包涵了：
- 传统素养：读、写、说和计算的能力；
- 计算机素养：使用计算机完成一些基本工作的能力；
- 传媒素养：使用后印刷式媒体尤其是电子媒体，以解读、评估、分析、制作、传播信息的能力。
- 网络素养：了解网络资源的价值，并能利用检索工具在网络上寻取特定的信息并加以处理、利用的能力。①

总的看来，信息素养主要是从教育、文化、审美等角度强调大众在媒介信息传播影响中保持独立人格，认清媒介图景和媒介立场，批判地认识媒介所提供的信息，创造性地使用媒介获取信息。而对于大多数的相关文献来说，论述的重点在于如何减少受众在媒介传播面前的被动性，解决的是受众体认的问题，鲜有涉及专业人员如何利用媒体获取并传播信息的问题。

在新媒体兴起的背景下，如何提高包括主持人在内的媒体人的信息素养已经是不容忽视的新课题。俗话说，"巧妇难为无米之炊"。就节目主持人而言，如果不具备利用除广播电视以外的其他媒体的能力，其信息来源的渠道就十分有限。主持人的内容分析能力、信息沟通能力、角色适位的过程都与其信息素养不无关系。信息素养是主

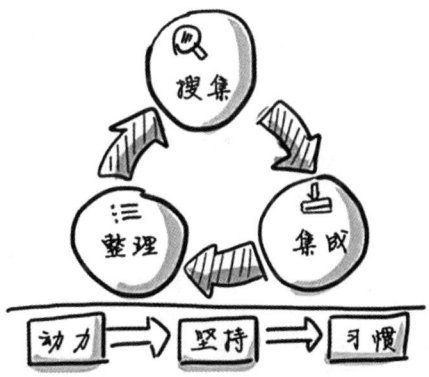

图片说明：在搜集、整理信息时，容易出现两种情况：感到没什么可做；或者信息太多无从下手。这很容易打消信息处理的热情。改变这种情况，可以从两方面入手：一是可以按照一定的章法和程序进行，让它变成可以掌控的工作，积累经验；二是激发信息处理的动力，坚持在表达前"做功课"，慢慢养成习惯。
（图片来源于百度百科）

---

① 蒋宏：《信息社会环境下的重要课题——公民传媒素养教育》，蔡帼芬、张开、刘笑盈：《媒体素养》，中国传媒大学出版社2005年版，第93页。

持人即兴口语表达质量的保证;是在信息解读时代,主持人提高创作质量的关键。

就信息处理而言,主持人在媒介接触的过程中,应该着力于信息拣选、信息梳理与解读以及信息重构、信息比照、信息补充,进而到判断与表达,且有两方面的要求:其一是媒介接触的数量,包括了主持人所接触媒介的类型数量;主持人所接触的同一类型不同媒体的数量;主持人接触某一媒介的数量与持续时间。其二是媒介接触的质量,包括了浏览与细读的效率;阅读与反思性思考的情况;信息选择的质量与意义诠释的深度等。以下即从主持人信息处理的不同环节入手展开论证。

一、检索信息

1.检索信息的基本环节

第一,确定取材范围:确定取材范围是指主持人在确定话题之前大致明晰自己要找哪方面的内容,或者在确定选题之后知道自己需要找寻表现事物哪方面特征的具体信息。这是个模糊判断的过程,是新闻敏感的一种表现。

第二,捕捉新鲜话题:主持人凭新闻敏感从海量信息中寻找话题的流程,伴随着连续的复杂的思考判断,大致可以概括为:信息——多选题——择定选题。主持人一般先浏览具体的新闻报道,从中选择多个具有新闻价值的案例,经由创作团队讨论或领导审核后再确定当期话题。

第三,搜罗背景信息:确定话题后,为了进一步展开话题,主持人开始大量搜罗相关材料。搜罗材料一般要注意以下两点:一是材料的相关性;二是材料要反映多元的声音。信息不在于奇巧,而在于有用;不仅仅在于量大,更要注重意见多样。从主持人即兴口语表达所需看,越是多样、有效的信息,越容易帮助主持人碰撞思维,提高主持人的工作效率。从受众接受的角度看,更为全面的信息,有助于受众开阔视野,发散思维,在比较和借鉴的基础上认识事物本质。

2.检索的途径

首先是媒体渠道:媒体渠道包括两方面:一是采访,这有助于主持人获得新鲜而具有针对性的信息;二是书刊、报纸、电视、广播、网络等其他媒体。如网络,以其开放性和便捷性强有力地满足了主持人广泛而多样的信息需求。中央电视台《朝闻天下》节目主持人沙晨提到自己一般都从《人民日报》、中央人民广播电台、新华社等主流媒体的官方网站及其他专业类网站获取信息。

其次是人际渠道:人际渠道主要包括当事人、见证者、专家等。当事人和见证者是离现场最近、最有发言权的人,可以帮助主持人确证现场信息,提供具体细节,增强节目的真实感。主持人还经常需要专家的帮助,许多节目建有自己的"专家库"。专家有助于主持人多元解读信息,打开思路,加深对事物的认识。总之,主持人建立人际资源管理意识,自觉培养较好的社交能力,有助于获取信息。

第三是创作团队渠道:主持人所在的创作团队是主持人非常重要的信息来源。相比其他渠道,创作团队提供给主持人的信息往往更符合节目的需要。

不过,应认识到,主持人通过以上途径获得的多是"二手信息"。这些信息都经过所在渠道的过滤和重组,必然受到信源特性的影响,如当事人对事实的表达往往从自己的经验和利益出发,媒体对事实的表达往往以自己的价值取向为准。从什

图3-1 网络以其开放性和便捷性强有力地满足了主持人广泛而多样的信息需求。(图片来源于百度图片)

么样的渠道获取信息左右着主持人对客观事物建立何种认识,最终影响主持人的价值评判标准。因此,在实际工作中,主持人需注重建设自己的信源系统。

主持人的信源系统应该满足以下条件:第一,权威性,即渠道具备发布相应信息的资格;第二,多样性,作为一个系统的存在,主持人的信息来源渠道要多样化,大众的与小众的、专业的与非专业的都该有所接触;第三,适用性,即该信源系统的所有信息渠道有客观条件支持,使用方便;第四,独特性,在满足以上三个条件的基础上,主持人的信息渠道可以有自己的特色。如同样是网站,有的强调大众视角,有的强调专业视角,主持人可依实际需要选择。

3.影响信息检索的因素

(1)客观因素

首先,节目内容和形态影响主持人检索信息的积极性。资讯播报类节目一般不太强调主持人参与信息检索,而调查访谈类节目的主持人却难以回避这一环节。广播电台一般都是小团队作战甚至单独工作,绝大多数主持人参与信息的搜集和处理;但电视节目的大团队作战却给主持人提供了回避的空间。另外,与录播节目相比,参与直播的主持人需要独立面对动态情况,更容易激发其检索信息的主观能动性。其次,节目运行机制也影响主持人检索信息的积极性。主持人主创制的栏目更容易激励主持人主动检索信息,而非主创制的栏目容易消解主持人检索信息的愿望。另外,实现较高程度的网络化办公,拥有更为健全的信息平台有助于主持人的信息检索工作。

(2)主观因素

从主观因素看,信息检索受制于主持人的政治理论素养、职业采编经验、知识结构以及生活阅历等诸方面。主持人的政治理论素养不但帮助主持人准确而灵活地执行新闻纪律,同时也有助于主持人发现"新闻"。一提到政策,很多人往往将其等同于"繁琐的文件""宣传口号"等,这其实是刻板印象。大到法律、政令,小到社会组织内部的

规章制度,都是群体的约定,很多现实问题往往源于此,解决之道也蕴含其中。以2007年"两会"期间中央电视台播出的《一丹两会信箱》为例,栏目选择了"关注性别比·关爱女孩""卫生部长高强谈医疗""构筑流动人口的安全网""'3·15'日看霸王条款"等话题进行讨论。主持人敬一丹作为节目主创和团队一起选择讨论这些话题,与其多年的两会报道经历和政协委员参政经历不无关系,她除了了解社会的需求以外,也知道政府正在酝酿这方面的政策。

丰富的职业采编经验使主持人能够了解时政大局、社会实际、舆论导向和媒体意图,有助于其选择有价值的话题。敬一丹在2007年《一丹两会信箱》栏目播出的《构筑流动人口的安全网》节目中说:

> 这些年我在采访农民工的时候,也发现农民工关心的问题也在发生变化。比如前些年他们最关心的是能不能找着活,关心的是全家的温饱。现在走近农民工问他你担心什么,你有什么忧虑,他们可能会说我担心生病了怎么办,担心将来老了以后怎么办?担心我在工作中受了伤,遇到工伤这种麻烦怎么办?那么农民工没有用"社会保障"这个词,其实他们谈的就是社会保障,这就是我们今天的话题①。

可见,敬一丹选择谈论"农民工社会保障"问题,与其对农民工群体的采访经验有极大关系。正是因为采访所带来的直接接触和细致了解才使她把准了农民工群体的实际需要。

完备的知识架构能够帮助主持人准确快速地从海量信息里确定选题、找到材料。可以说,这是信息检索上的"同信相吸"规律——主持人储备了什么,决定了主持人会对什么样的信息敏感以及敏感的程度。如在凤凰卫视直播2008年美国总统竞选的过程中,有一次,导播插入从美国实时传回的画面,并告诉主持人这是发生在芝加哥的竞选场景。而主持人卢琛却从画面上发现了民主党的党徽——驴的图案,当即断定这不可能是在倾向共和党的芝加哥的竞选场景,而是民主党在凤凰城的竞选场景,并阐述了自己的理由。稍后,画面上果然出了民主党候选人奥巴马。卢琛能敏感地捕捉到画面当中的细节,自信而准确地作出判断,及时纠正了导播的错误指引,与其在报道国际事件中积攒的相关知识有极大关系,否则极有可能顺着导播的意思传递了错误的信息②。

生活是创作的源泉。丰富的生活阅历支持主持人作出合乎大众心理的判断,是主持人为大众代言的重要基础。一个生活阅历单薄、不了解百姓实际生活的主持人很难把准受众的心理,难以找到合适的信息给受众"解渴"。主持人必须"三贴近",脱离生

---

① 中央电视台:《一丹两会信箱·构筑流动人口的安全网》,news.cctv.com/china/20070312/107048.shtml,2007-3-12/2009-3-20。
② 笔者根据中国传媒大学吴郁教授与卢琛的谈话整理。

活、脱离实际、脱离大众将无法敏锐捕捉和运用信息,节目只会做得干巴巴。

二、筛选信息

1. 筛选信息的辨析

筛选信息并不是简单地剪除信息,而是在明确选题的前提下,主持人对信息进行初步的估值和梳理。它既是主持人形成并确认思路的过程,又是使信息有效化、条理化的第一步。

筛选信息包括两方面:一是主持人在一定标准下留存或剪除信息,二是主持人根据信息的内容异同对信息进行梳理归类。后者有利于主持人在节目中便捷、准确地使用信息,从长远看,也有利于主持人再次查用信息。有的节目,信息由个人存留,随用随找,比较混乱,也使整个节目的积淀特别少,不利于长久发展。

主持人在筛选信息的过程中,须注意以下事项:(1)主持人要确定话题内容,明确传播目的,以便删去无用信息。另外,内容相关但因为技术和版权原因不能直接用于节目的信息,主持人需要看实际情况另作处理。(2)主持人应以自身的理解能力和受众的接受能力为度,主动放弃自己没吃透也说不清的信息。

2. 筛选信息的标准

对于主持人筛选信息来说,确立标准是关键,我们建议考虑以下四点:

首先应考虑信息的新闻价值。主持人可以结合事件本身、受众的关注点、节目语境以及自身的能力和兴趣来判断信息有无新鲜点,尽量避免重复。

其次需考虑传播的政策边界。某个话题能不能说,怎么说,说到什么程度,实际上受到相关政策法规的制约。但政策的边界效应具有两面性:一方面它限定了栏目的禁区,另一方面它也框出了话题自由活动的空间。白岩松曾说:"哪里不是体制?体制对你的压抑是显而易见的。如果说脱离这个体制,还有金钱的体制,在钱的面前,背叛自己的人更多。很多人把事情完全归咎于体制,这太简单化了。"[①]而一位同事也说,"他(指白岩松)显然不满足于现在的状况,而他只能一步步地在体制内争取话语权"[②]。可以说,白岩松"争取话语权"表现在选择和处理信息时,既要回避风险,又要打好擦边球。

需要说明的是,明确政策边界并不是为了钻政策监管的空子,而是为了优化政策在现实执行中的实际效果,消弭政策的负面效应。作为新闻节目主持人,白岩松并不是追求个人的话语权,其所站的"高度"和努力的方向是整个中国社会的政治文明、社

---

① 吴虹飞:《电视"老人"白岩松》,《南方人物周刊》2007,92(19),www.nanfangdaily.com.cn/rwzk/20070801/gj/200708080028.asp,2007—8—1/2009—3—20。

② 同上。

会平等、民主进程的理想远景。他以"公共知识分子"为定位,在一步步向目标迸发的过程中保持着理性和耐心:

> 中国的传媒毫无疑问,已经嵌入到中国的民主进程当中。将要拉开的一个挑战也是机会,我认为是全新的机会+挑战+责任,三点并存。
> 我还认为与人们的幸福紧密相关的栏目和主持人会成长得很快。这个领域里面包括心理,包括生活等等,这是一个很大的概念①。

白岩松是目前国内知名度和美誉度都颇高的新闻节目主持人,从上述两段话中不难发现他作为广播电视新闻工作者的政治敏感和社会责任感。

第三要考虑信源信誉。信源信誉影响着消息的报道视角及消息的准确性、权威性。主持人必须养成核查信源的意识和习惯,排除不负责任的小道消息及虚假报道等,否则很容易陷入不实报道的泥淖,甚至因此被卷入法律纠纷,北京电视台的纸包子事件等虚假报道事件就是警示。笔者在北京新闻广播《新闻天天谈》栏目调研期间,发现各位主持人都极为强调这一点,他们在寻找事件线索时对消息的出处极为敏感,对于有疑问的地方也一定想办法核实。总之,主持人在筛选信息时应严格考量信源的可信度。

第四要考虑实际的谈论空间。话题的维度宽窄、争议性大小等决定了节目有多少东西可谈。比如已有定论的新闻事件以及新闻元素比较单薄的事件,一般很难得到有经验的主持人的青睐。

综上所述,就一节目尤其是新闻类节目来说,在筛选信息时,具体事件的新闻价值是基础,政策是背景,信源信誉是保证,谈论空间是关键。

三、解读信息

解读信息的过程是挖掘信息内涵的过程,也是主持人培育灵感、构思内容的过程。在解读的过程中,主持人应该追问"信息提供了什么"、"信息有什么传播价值"、"确定信息价值的理由是什么",尝试着理清头绪。而从哪些方面关注信息以及如何通过关键信息引导嘉宾讨论的方向和设置受众的关注点,主持人在解读信息的环节就应该有所考虑,做到心中有数。

1. 解读信息的路径

(1)巧妙破题,寻准落点

落点指的是引向问题核心的不同维度和视角。新落点是指在已有的对事实报道

---

① 笔者根据 2008 年 11 月白岩松在中央电视台地方部主办的出镜记者培训班上的座谈整理。

的基础上报道和评议事实的新角度。以《新闻天天谈》2008年7月6日播出的节目为例。在当时各大媒体都谈北京奥运的大背景下,主持人作为节目主创在充分搜集和解读信息的基础上,整合了当时社会上针对"如何准备奥运"的各种讨论,从"开幕式当天下雨该怎么应对"切入,跟进热点,以小见大,帮助人们从观念、责任、对策以及心态等方面重新审视奥运会应急问题,树立积极而平和的迎奥心态——"多一分准备,少一分遗憾"。这次讨论视野开阔,涉及对策,特别提出"极端情况同时考验社会的整体",重在解决观念和心态问题,比较新颖且有深度。可见,创新视角,抓准落点,既有利于主持人完成现场访谈,反映了主持人的职业能力和水准,又切实关系到节目的质量。

(2) 相关信息,关联思考

这是指主持人从不同侧面、不同层次,从对比、类比等不同角度寻找信息之间的联系①。主持人将相关信息放在一起思考,有利于信息之间形成相互刺激、相互说明的作用,有助于延展自身思维。主持人通过发掘信息之间的关联点,使分散的信息聚拢,起支撑话题的作用,以董倩的提问为例:

> 董倩:岩松,我们在说浙江涨它最低工资标准的时候,我们来关注两组数字,一个是浙江省经贸委公布的数字,2008年上半年,浙江规模以上亏损企业1.07万家,亏损面积达到将近20%。另外一个是浙江省工商局的数字,说今年上半年,浙江全省1200多家企业歇业、关停,这是在浙江连续10年的历史上都没有过的。在这样一个大背景下,他们仍然上调最低工资标准,你怎么看待他们这种举措?②

此处,董倩列举的两组数据无疑说明了浙江省企业整体面临发展困境,明确了浙江省上调最低工资标准的经济发展背景。较之直接发问"你怎么看待浙江省上调最低工资标准",她通过两组数据的铺垫做足了问题的争议性,使提问颇具针对性。这便是主持人将两组数据和浙江省上调最低工资标准的事实关联起来思考的结果。

(3) 相似信息,求异求新

这里的"异"与"新"都指信息的新鲜点,如未曾提及的新鲜事、不曾触及的新思考或是刚刚想到的新对策。从相似信息中看出不同和新意是主持人创新信息解读的重要保证。在接触话题和信息的时候,要主动反向思考,不简单接受现成的结论。当然,求异不是目的,而是手段,目的是通过该路径达到对现象和问题的新认识。

(4) 发散思维,合理猜想

在解题的过程中,发散性思维能力的强弱常常决定了话题拓展到什么程度。发散

---

① 吴郁:《当代广播电视播音主持》,复旦大学出版社2008年版,第168页。
② 中央电视台:《新闻1+1》,《最低工资还能再高》,news.cctv.com/china/20080904/107088.shtml,2008-9-4/2009-3-20。

性思维是基于真实信息的"合理想象",指以具体事件为背景,既不违背事实又不局限于单一事件和单一维度的思考方式。它强调从受众的特点、传播的语境以及当下社会的思潮等方面出发,建立信息与话题之间的关系以及话题与受众心理之间的亲近感,避免就事论事的线性思维方式,以帮助受众避免片面、极端、简单和主观的判断,从多角度、多侧面观察和思考问题。

(5)捕捉动态,及时跟进

在节目中,除了主持人自身的准备外,现场的嘉宾或参与节目的受众都会提供新的信息,现场的场景也可能提供新的刺激。主持人应及时将此类动态信息纳入到思考中来,为己所用。以白岩松为例,在"岩松看日本"《多元交织的二元史观》节目中,他在结束对靖国神社的采访后做了如下点评:

> 在我结束了今天的采访,即将走出经过神社大门的时候,我突然发现,就在靖国神社大门的正对面,就是东京理科大学这样的六个大字,其中一个"理"字深深地触动了我,任何一种历史观应该讲理、要有理性,因为我们所有人应该信奉一句话"有理走遍天下,无理寸步难行"[①]。

"东京理工大学"是临时出现的场景。白岩松及时捕捉了这个突然出现的字眼——"理",受其启发思路大开。"理"字来自"东京理工大学"这一专有名词,与"义理"的"理"意思不同。但主持人由此引申,以"理工科"的"理"为起点,以"义理"的"理"为落点,化无用为有用,化无关为有关,阐明立场,巧妙结尾。谈到当时的创作过程,他说:

> 在做靖国神社这一期的时候,之前我都不知道我该怎么去结尾……结果当我出来时,我一抬头看见靖国神社正对着的是东京理工大学,这个"理"字我马上就有了[②]。

(6)敏锐判断,化险为夷

在直播节目中,主持人有时会面临导向偏颇或评价失当的信息。它们增加了直播的不确定性,一旦处理不好就可能造成不可挽回的播出事故。对此,主持人须敏锐判断,通过巧妙的解释扭转变形的信息,及时化险为夷。以白岩松为例:

> 我们的一位记者在大地震的时候,头几天全国人民一片敏感的时候,直播时突然来了一句:我就问了很多救援者你们这样没白天没黑夜自己缺吃少

---

① 中央电视台:《岩松看日本》,《多元交织的二战史观》,news.cctv.com/world/20070404/105745.shtml,2007-4-4/2009-3-20。
② 笔者根据2008年11月白岩松在中央电视台地方部主办的出镜记者培训班上的座谈整理。

喝的去救废墟下的人值得吗?我一听脑子就嗡了,他一完我马上就说"相信记者的答案和我们所有人的答案是一样的,当然是值得的,不要说在废墟底下我们还不知道我们有多少未知的生命,哪怕是一个,哪怕生命只有一个,哪怕希望不是那么大,我们还是愿意投入更多的精力进行救援",大致是这个意思。当时直播完后发现罗明台长在,罗台就是当时一听完"值得吗"就站起来了,结果听完我哐摸完后他又幸福了,下来了和我说"吓死我了,幸亏你给哐摸回来了"。那这就是一种直觉,这个时候不会有人会告诉你,所以你必须第一时间做出判断,这是有问题的,你马上要用语言去改变过来①。

白岩松及时捕捉到了记者话语中价值判断失当的因子。他以评议的方式在传播当中及时消化了可能引起负面效应的信息,维护和稳定了直播的局面。

(7)信息共享,头脑风暴

面对庞杂的信息和纷繁的思路,主持人也可以参与团队讨论,从其他团队成员那里获得意见和灵感。创作团队内的头脑风暴集思广益,有助于主持人打开思路,而且,团队成员尤其是主创人员提供的信息和意见能准确反映节目整体的创作意图,更直接地帮助主持人解读信息。

2. 影响信息解读的因素

主持人解读信息的质量与其信息储备、新闻传播职业经验以及思维品质等三方面因素有关。

首先,信息储备是基础。信息是节目创作和主持人创作的基础。在解读信息时,主持人无法凭空臆想,而须以大量信息为基础,找准信息之间内容层面的关联,由此理顺节目的整体逻辑。同类信息相互刺激、相关信息的勾连比对都有利于主持人深入解读某一具体信息,引发新思路,形成巧妙的提问或中肯的观点。

其次,职业经验是保证。主持人解读信息是一个分析信息内涵、评判信息价值的过程,目的是从中发现新话题、新角度、新观点。主持人解读能力的高下,在具备一定信息量的基础上,与其个人的经验系统关系密切。以《新闻1+1》为例,借"2008年胡锦涛访日"的破冰之旅,白岩松作为中方主持人在节目中组织了两国政界高官进行对话。这些嘉宾都是重要人物,所谈话题又十分敏感,争论必然少不了。白岩松以其在这方面的大量积淀和准备,赢得了中央电视台的信任,承担起这期节目,较为妥当地完成了触碰话题、引导讨论、控制局面等任务。中央电视台另一位主持人敬一丹,长期以来关注弱势群体、农村教育等社会问题,这使得她在主持这一类内容的节目时能切中时弊,常出新意,将思考引向深入。总之,不同信息反映了现象的不同侧面,它们之间

---

① 笔者根据2008年11月白岩松在中央电视台地方部主办的出镜记者培训班上的座谈整理。

的联系一开始往往是松散的。主持人的职业经验系统影响其寻找信息间的关系和透视信息本质的效率。

第三,思维品质是关键。解读信息是一个综合考量的过程。信息解读的效果如何,反映主持人的逻辑思维品质。反过来,主持人逻辑思维品质又极大地影响其解读信息的效度。前文所述的诸种信息解读的路径,都建立在主持人具备一定思维品质的基础上。"主持要学习和运用发散性思维、聚敛性思维、动态性思维及逆向性思维等方法,来开阔和改善我们的思路,从多维的、整体的、开放的、动态的角度观察和思考问题,运用积极的求异性、批判性思维,透过现象看本质,从而提高思维的深刻性。主持人一些深刻的观点和独到见解,在相当大的程度上是源于其思维方式的活跃多样"[1]。

关于思维品质的衡量标准,有学者提到了"论述清楚、正确、精确、切题、有深度、有广度、有逻辑且有意义"[2]。我们认为,这些标准也同样适用于判断主持人的思维品质。

四、整合信息

1.信息的主题化

信息的主题化,是指主持人在对信息进行整体理解的基础上,明确目的,确立观点,并以此统帅所有信息的使用。

主题和话题不一样。话题涉及的是信息的内容范畴,指"这期节目说的什么",如"奥运金牌排行榜"。主题却涵括了主持人对既有信息的总体理解,是在其传播目的引导下对信息的创造性认识,即"通过话题要说明什么",比如通过对奥运金牌排名的讨论,希望分析金牌背后的代价和意义,进而引导社会大众更好地认识金牌,以平常心面对荣誉。

信息主题化包括两方面,即提取主题和细化主题。提取主题是指主持人在相对清晰的事实图景的基础上,根据传播的总目的确立主题。细化主题是指根据编播工作的操作需要以及不同的观察事实的维度,确立"二级主题""三级主题"。以《一丹两会信箱》2007年3月5日播出的《教育部长谈农村义务教育》为例,节目的话题是"农村义务教育"。通过节目的探讨和梳理,帮助广大观众了解最新政策资讯,理解政策意图,看清政策实效,关注政策盲点和疑点,说明在"农村免费义务教育"的问题上我们有期待、有办法、有行动、有结果又有新挑战,这是这期节目的主题。

在此目的引导下,主题被细化如下:

---

[1] 吴郁:《当代广播电视播音主持》,复旦大学出版社2008年版,第175页。
[2] 理查德·保罗、琳达·埃尔德:《批判性思维》,乔苒、徐笑春译,新星出版社2006年版,第83页。

※百姓有疑问。

两封观众来信，问及"免学费，却收学杂费，为何""新疆免，河南什么时候免"。

※政策有意义。

温家宝总理政府工作报告论及教育的视频。

诸位人大代表对农村实行免费义务教育的观点。

教育部长在节目中现场表达自己对温总理讲话的理解。

※试点起良效。

视频表现几年前农村失学儿童的景况。

现场访谈，问及义务教育收费是怎么形成的，"收费"二字又是怎么删除的。

免费之后，西部孩子受益的具体表现。（利用图片、视频以及语言等形式展现）

以算账的方式，说明实行免费义务教育之后，全国要付出多少，孩子们的求学状况得到什么样的改变。

※推行起变化。

全国推行后，涉及的面广了，人多了。

对学校经费的监督机制需要建立和强化。（校长做预算、决算，接受年中审计）

※推行有挑战。

如何杜绝乱收费。

如何保证师资。

如何保证孩子上好学。

※主持人点题。

"这个好消息（指全面铺开农村免费义务教育）不仅仅是对于教育部门的，不仅仅是对孩子的，也不仅仅是对我们眼前的千家万户的，它是对明天来说也是一个好消息"。

需要说明的是，信息的主题化并不是"先入为主"的判断。它以信息为依据，尊重传受双方的交流需要，并不影响节目的客观性。在主持人整合信息的时候，第一步就要强调主题化，用意是提醒主持人外化信息的时候，一定要有立场、有方向，避免信息传递的碎片化和无意义。

总之，不以话题为基础的主题是不存在的，但没有主题的话题必定是天马行空的神侃和脚踩西瓜皮的闲聊。毋庸置疑，话题是基础，主题是灵魂。

2.信息的功能化

不同的信息在不同层次和力度上说明主题。信息的功能化就是主持人按功能整合信息,依据的不再是"信息是什么",而是"我要让信息做什么",以主持人使用为目的。信息按其对主题的支持作用不同,有介绍、评议、疑问、解释、补足和引申等六方面功能。

(1)介绍功能

介绍功能是指信息在节目中起介绍事实情况的作用,如"当时的情况是这样的……""大多数人认为……"等,以《新闻调查》主持人柴静在《一只猫的非正常死亡》节目中的开场为例:

> 两个月前当一个穿着高跟鞋的女子踩死猫的全过程在网络上以视频和图片的方式出现的时候,引起了数万网民强烈的义愤和声讨。因为受害的是一只猫,目前没有任何法律可以援引保护,所以网民们自发组织起来,通过搜索隐情的方式在网络上展开了空前的寻找,在六天时间中,他们从茫茫人海里锁定了踩猫者、光碟的拍摄人和被怀疑的幕后策划者。但是,两个月过去了,这三位当事人始终没有在媒体上公开露面过。一只猫死去了,但是人类行为背后的动机究竟是什么?是仇恨?是利益?是欲望?所有的猜测远没有停止。四月初,我们前往虐猫事件的发生地并且见到了三位当事者,我们试图通过采访来接近虐猫事件的真相①。

加着重号部分的信息让观众能了解之前发生的事实情况,起到了介绍功能。

(2)评议功能

如果信息在节目中起评议事实或者支持观点的作用,也就是说信息是论点或被用作论据,那么它起到了评议功能,如:

> 董倩:为什么中职的就业率比高职的就业率要高呢?
>
> 白岩松:是啊,我就说它更准,它提供得更准。比如说我给你提供一个数字,在2005年的时候,当时全国高校的毕业生是100万找不到工作,但是仅在广东省一个省高级技工的缺口就有100万,这两个巨大的反差放在这儿的时候,第一个,这100万不一定能当高级技工对吗?而且让这100万高校的没找着工作的毕业生,让他去做普通的技术工人,他还不一定愿意去,但是对职高的学生来说,他就更早地明白了什么叫学会生存。因此从专业的设置,包括自己的心态等方面,其实他活得可能更好,他活在了更实惠的里子里头。

---

① 中央电视台:《新闻调查》,《一只猫的非正常死亡》,info.yidaba.com/newscenter/5043.shtml,2006-5-26/2009-2-15。

但是有的人获得了一种面子,可是在接着往下生存的时候遇到了很多挑战。所以我还是愿意把总理说的学会生存不仅仅当成孩子要听的话语,甚至也不仅仅是职业学校的老师和校长们要听的话语,我认为所有中国的高等院校、普通的高校、职业高校、职业高中,办学的人都要听懂总理的这四个字,学会生存,你如果不能教给孩子们学会生存的话,等你们一开让他们出去了,找不到工作,那你不就是提供的产品不对路吗?①

加着重号的部分,看似在陈述一个事实,但是目的并不是停留在告知观众当年的就业情况和市场需求,而是从这种供需不平衡中看到,教育与市场之间的距离,反向例证了中职教育"提供得更准",进一步说明了"学会生存"的必要性。因此,事实类信息在此起到的并不仅仅是陈述功能,更有评议功能,是为了确证观点而使用的。

(3)疑问功能

疑问功能是指,信息在使用中是为了表达人们的疑虑的,比如来自受众的问题;或者非问题类信息被主持人结构为一个问题,比如"有的……有的……有的……,那我们该怎么选择呢?"

前一种情况以敬一丹的提问为例:

刘明华:现在我的认识是这样,应该还是以学校为主体,辅以代理家长制,我认为基本上抓住了学校和社会两端对孩子进行关注的比较好的方案。

敬一丹:现在有一些地方已经开始实行代理家长了,没实行的地方,可能很有一种了解的愿望,怎么实行的?比如说代理家长的物色,什么人来充当②?

一旦实行代理家长的机制,代理家长难选是许多地方客观存在的实际情况,是事实类信息。主持人移用了这一信息,表达了人们的疑问。

后一种情况,以白岩松的提问为例:

今年在"两会"的时候,温家宝总理当时说"今年的经济有可能是最困难的一年",然后前不久在开会的时候,总理又说了一句话,"形势比想象的还好一点"。昨天统计局的报告当中"要有忧患意识,可以想得更严重一些",这三种表达您觉得哪一种更是对当下经济的一种判断?③

---

① 中央电视台:《新闻1+1》,《学会生存》,space.tv.cctv.com/act/article.jsp?articleId=ARTI1232351030840894,2009-1-6/2009-3-20。
② 中央电视台:《一丹会信箱》,《关注留守儿童》,news.cctv.com/china/20070306/105302.shtml,2007-3-6/2009-2-10。
③ 中央电视台:《新闻1+1》,《股市下跌是否正常》,news.cctv.com/special/C21685/01/index.shtml,2008-7-1/2008-12-10。

对同一问题,不同时间、不同人士在提法上的差异,实际上反映了事态的变化。主持人提及这些意见,并不是要评议经济运行情况,而是为了向嘉宾询问当下经济形势如何判断。可以说,意见类信息在此并不具有评议功能,而是具有引起问题的疑问功能。

(4)解释功能

在一次节目当中,被明确讨论的事件或观点,我们称之为主体信息,围绕主体信息还会有许多相关信息,人们习惯于称之为背景信息。信息的解释功能是指背景信息对主体信息形成的解释作用,也就是说,通过对背景信息的了解,有利于主持人和受众更深入地认知主体信息,如图3—2所示:

须提及的是,笔者不在信息的类型中单独列出背景类信息,是因为"背景"是信息与信息之间的解释关系,含人为因素并不是天然自在的。换句话说,并没有任何一种内容的信息天然就是为了解释其他信息

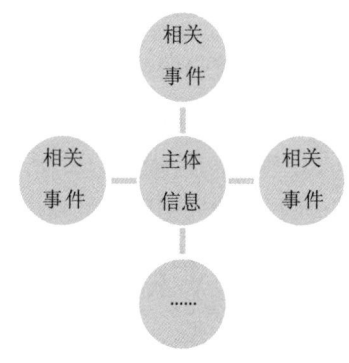

图3—2 信息间关系图

而存在的,任何内容的信息都可能是某节目的主体信息,而任何内容的信息又都可能在别的节目中被视为解释其他信息的背景。

(5)补足功能

在基本传达完内容之后,主持人有时会感到论证还不充分,或者发现观众对某一观点理解有困难,或者意识到观众可能对某一情境比较陌生,这时就需要加补信息。这些信息就起到补足功能。信息的补足功能并不单独存在,通常在陈述、评议或者疑问的基础上发生,具有附着性。根据需要恰当地补足信息是主持人的重要工作,以《新闻1+1》节目2008年7月15日播出的《最牛别墅 更牛处理》中的对话为例:

> 白岩松:我觉得围绕着信阳这起所谓最牛的别墅,加上刚才的一些案例,留下的困惑非常多,其实当我看到了处理结果的时候,还有一些更详细的内容,说土地的征用包括建房的手续都是齐备的,我当时看到这样一条的时候,我就认为不该处理国土资源局的这些领导,谁批的?上级批下了,既然是批下来了,那么要追究谁批的责任,知不知道这里是有违规的行为,是不是知道有严格的土地,包括建房超面积等等这样的规定,为什么能够批下来?为什么手续齐备呢?被认为是合理的,我非常困惑。
>
> 主持人(董倩):而且岩松我给你加一点,所谓手续齐备这句话本身是站不住脚的,2006年的时候,针对党政机关集资建房这个问题,建设部曾经会

同三个部门一同发过一个文,就是不再审批,已经有文在先了,哪来的合法?①

白岩松在谈话中已经对审批程序及批文表示质疑,主持人董倩顺势补充细节:"针对党政机关集资建房这个问题,建设部曾经会同三个部门一同发过一个文,就是不再审批",给前面的观点以依托,使白岩松的质疑更有理据。

(6)引申功能

引申功能,是指信息对另一信息的引起作用和延伸作用,通过信息的使用实现角度和话题的过渡与延伸,以北京新闻广播《资讯早八点》为例:

> 2007年11月21日,一位来京务工的男子肖志军,因拒绝在手术单上签字,其将近临产的妻子和胎儿因抢救无效死亡。各路媒体披露此事后引起了很大争议:到底生命权和知情权哪个更重要? 广播电视的许多栏目都做了相关报道和讨论。北京新闻台《资讯早八点》栏目选择了两条资讯,一条是由中国大陆到美国洛杉矶蒙特利尔医院做了近20年的麻醉科主治医师,他打电话给《光明日报》社记者介绍了美国的急救医疗制度,希望国内卫生管理部门能从中有所借鉴;另一条来自《长江商报》,从现代医学之父希波克拉底的观点,到历史上行医实践中知情权与生命权的冲突,以及具体案例做了介绍②。

引入的这两条资讯,使该节目对"肖志军事件"的探讨由单一事件延伸到更大的话题,视野从国内延伸到国际,对问题的认识更深,思路也更清晰。节目在比较中,将受众思考引向多重角度。

值得注意的是,信息在节目中起什么功能,与其属于什么类型的信息没有必然联系。比如,事实类信息在使用中如果表示陈述事实,起到的是介绍功能;如果它被当作某个观点的论据使用,则起评议功能。同样,各种议论属于意见类信息,如果在使用中表达主持人对事物的看法,起到的是评议功能;但如果只是表示目前有多少种看法,起到的却是介绍功能或补足功能。另外,一条具体的信息在节目中的功用有时是多样的,比如起介绍功能的信息很多时候也同时起到解释的功能。总之,信息在节目中必有其功用,主持人是否明确,关系到其整合信息的效率。

3.信息的节目化

节目既是形式化的内容,也是一种有意味的形式。信息的节目化,是指主持人以广播电视的手段表现信息,使内容和手段合一,形成完整、成熟、具象化的节目构思。

---

① 中央电视台:《新闻1+1》,《最牛别墅 更牛处理》,news.cctv.com/china/20080715/107740.shtml,2008-7-15/2009-1-10。
② 吴郁:《当代广播电视播音主持》,复旦大学出版社2008年版,第154页。

换句话说,信息的节目化就是设计传播方式,给信息披上"合适的外衣"。以下从设计主持人元素、互动元素以及其他视听元素等三方面进行阐释。

(1)设计主持人元素

主持人元素包括了主持人在节目中沟通交流的一切方式,是主持人节目不可缺少的元素,如利用语言进行开场、勾连、转场、控场、评议、结尾,或者利用其他手段,如电视节目主持人在节目中使用题板。

在实际工作中主持人是有设计空间的,除有声语言外,还可以有其他辅助手段,如中央电视台新闻频道《人物新周刊》栏目中,为了让观众了解话题涉及的生活情境,节目安排两位主持人现场模拟。这样不但说明了情境,而且起到了激发想象、活跃气氛的作用,带有娱乐游戏意味,主持人与嘉宾、受众之间的距离被拉近了,节目也轻松好看。如果主持人仅以口语方式介绍,趣味必然减少,就一般化了。

又如,白岩松去唐家山堰塞湖做现场报道的时候,有一个用身体丈量堰塞湖的细节:

> 我告诉观众我的身高是179cm,我躺下时可以通过我的身高看到堰塞湖底下是多宽,然后我站起来摸它的边,你就知道它有多深。平常记者的报道全是用数字展现的,都是强调底下是多少米等等,这是不可感的……现场报道中依托现场,用现场、用细节,反而淡化了语言的抽象描述,你要准备多少语言才能完成这样一种冲击度和可感度?①

可见,主持人既可以"说"好信息,也可以灵活应变,借用其他手段传递信息。

(2)设计互动元素

广播电视节目的互动性越来越强,它使得交流更为直接、及时和明确。新闻节目的互动发生在主持人、嘉宾、受众三方之间,因此在设计互动元素时,除主持人外,还要考虑嘉宾和受众。

嘉宾 嘉宾是众多新闻节目的重要元素。"找人也是一种能力"②,找什么样的嘉宾,如何联系,如何在节目中介入嘉宾,跟他做什么层次的沟通,主持人都要花心思。有的节目嘉宾较为固定,一般选择视野较为开阔,观点深刻独到,语言能力强的人士,如高校教师、研究人员或资深新闻工作者等。而有时鉴于内容的特定需要,则以临时连线的方式采访当事人、目击者或某方面的专家学者。在确定嘉宾时,笔者以为,按重要性递减,应考虑以下方面:权威性→口语表达能力→传播愿望→联系是否便利。总之,嘉宾是节目信息的重要传播渠道。在节目中,哪怕主持人掌握的信息与嘉宾等量

---

① 笔者根据2008年11月白岩松在中央电视台地方部主办的出镜记者培训班上的座谈整理。
② 笔者根据北京新闻广播《新闻天天谈》栏目主持人张红兵谈话整理。

齐观,仍不必都由自己说,可以通过提问和讨论的方式,假嘉宾之口传递给受众。

受众 受众的疑问或观点在节目中起到了引起话题、推进话题的作用。在设计时,主持人要考虑清楚"什么样的信息借用受众的渠道传播较好""在什么地方嵌入""由主持人播读来信或短信还是直接接入热线"等问题。以《一丹两会信箱》为例,每期节目从受众来信切入,选择有代表性的民众呼声,引起话题;部分节目还以受众言论收尾,令人觉得"议论风生,言路畅通",回味无穷。

(3)设计其他形式视听元素

节目主持人还可以借助节目提要、宣传片花助力自己的表达。对此,主持人各有妙招,北京新闻广播《新闻天天谈》主持人昌锋撰写的提要就很有特色:

> 民间艺术是遗产,怎样好好往下传?杭州说,我给艺人评职称,有人问,职称能否顶饭碗?地产大亨潘石屹,拿出钱来办公益。星级厕所一千多,修在甘肃学校里。有人问,甘肃地贫欠发达,吃饭才是大问题,豪华厕所着啥急?请听今天的新闻天天谈。①

很明显,顺口溜的格式和趣味令提要言辞押韵、上口,容易理解,既说清了事件背景和节目讨论的角度,而且带点"街巷之议"的轻快和俏皮。

除了在措辞上下工夫外,主持人也可以使用其他方式。《新闻天天谈》某期节目在讨论"豆汁是否改名叫北京可乐"话题时,加入了"北京吆喝"的音频,增加了话题的形象感和节目的可听性。电视节目主持人还可以使用字幕、漫画、采访录音或视频等可视元素传递信息,如读报节目主持人对电子报纸中的关键内容的点击放大,红笔勾出,可以起到醒目和强调的作用。有的主持人通过在电子屏幕上即席书写关键词传递信息和态度,如凤凰卫视主持人杨锦麟在《有报天天读》节目尾部常常大笔一挥写下一个字或词并加以圈点,起到了"点睛"的作用。另外,一些电视节目主持人借用漫画等形式说明抽象事理或者起到讽刺效果。

总之,主持人在条件允许的情况下可以运用多种视听元素传递信息,丰富节目形式,减少受众的收听收视疲劳,优化传播效果。

五、信息处理的基本原则

主持人处理信息的过程,其实就是主持人内化信息和外化信息的过程。内化信息包括了检索信息、筛选信息以及解读信息,是主持人通过检索、筛选以及解读信息,实现从特定角度完整有序地认知信息,形成符合事物本质的合理印象的过程,是主持人创作的起点。外化信息包括了整合信息和传播信息,指主持人根据已掌握的信息提取

---

① 北京新闻广播《新闻天天谈》栏目主持人昌锋 2008 年 8 月 1 日节目文稿。

主题,用具体信息说明主题,从而使所有信息形成相互关联的整体并以广播电视节目的方式传播给受众,解决的是主持人在吃透信息的情况下"如何传递"的问题。在内化信息和外化信息两方面,主持人有以下处理原则。

1. 内化信息的原则

(1) 检索全面

主持人要尽可能多地搜集相关材料。这些材料尽可能来自不同的渠道,反映不同的侧面,表达不同的立场,既有事实,又有观点,以确保充分支持话题。

(2) 取舍恰切

取舍信息时,主持人首先要看信息是否关乎主题,其次要避免重复,删繁就简。需要注意的是,实际操作有多种方式,有的人愿意在资料上标记有用信息,有的人喜欢根据需要重新组编有用信息,有的人则是看过即可,不再专门做纸面整理。这都是个人习惯,不必强求统一,目的是通过取舍留下有用信息。

(3) 解读有据

这是指主持人对信息的分析符合事实本质,能为受众解释原因,揭开真相,昭示影响,可从以下三方面考量:

第一,符合内容逻辑:信息之间缺少逻辑关联,受众便会收到碎片化的内容,不易理解且容易遗忘。主持人解读信息内涵的过程,就是要寻找信息之间的逻辑关系,直指事物本质。主持人须从信息、逻辑、经验、表达等层面重新思考和整理信息,使之变成可供受众理解、感受、交流和体验的内容。总之,零散信息如何相互关联,形成意义完整的整体是主持人组织表达内容首先要考虑的。

第二,把准舆论主流:社会舆论包含不同方面的意见,反映了各类人群的态度。主持人需要思考其中的主流与支流,弄清不同意见之间的争论点。认清社会舆论的主流有助于主持人明确言论的边界。

第三,契合受众心理:目标受众的价值取向和情感方式通过前馈和反馈影响着主持人的解读角度,主持人应该成为研究受众的专家。"与人们的幸福紧密相关的栏目和主持人会成长得很快"[1],在实际工作中,"如果你的'议题设置'和社会、和观众心目中的'问题单子'互相呼应,那么你的节目就具有'能够集中社会上绷得最紧的那根弦'的魅力"[2]。的确,主持人的视角如果和受众实际生活相关,其传播的内容便能和受众建立切近的关系。

---

[1] 笔者根据 2008 年 11 月白岩松在中央电视台地方部主办的出镜记者培训班上的座谈整理。
[2] 吴郁、马力:《平民化开放的谈话模式——〈当代工人〉栏目对电视谈话节目的启示》,《电视研究》2003 年第 7 期,第 19—21 页。

(4)经验重置

经验是指主持人直接的媒体实践和社会生活经验和间接的媒体观察与社会观察所得。主持人的个性很大程度上源于其不可复制的遭遇、独特的视角和感受。经验重置是为了让经验更有价值,从而进入传播。它包括经验记忆(对已经发生过的直接或间接的经验的有意记忆过程)、经验提升(直接或间接经验经过思考后形成较为理性的认识)、经验移用(将直接或间接经验移用于对新事物、新现象的观察与思考)。

主持人即兴口语表达中的经验重置并不意味着任何琐碎的事情都值得交流。这需要主持人区分传播价值与传播愿望。传播愿望是指主持人主观上极力想将某些信息传递给受众的愿望。传播价值是指主持人所传递的信息对大众而言有较为明显的必要性和效用。传播愿望是主持人传播的动力,传播价值则是主持人传播的基础。主持人主观上愿意传播某一信息并不意味着这一信息有一定有传播价值。主持人如果能深刻认识信息的价值有助于激发传播愿望。

主持人即兴口语表达中不能只顾传播愿望,图表达的快感,而须考虑传播价值。有没有交流价值尽管智者见智,但可以结合语境、对象、内容、目的加以判断,在反复思考和体味中形成感受,让经历见闻与个人价值观之间形成吸纳,从具体的经验中找到富有意蕴的"余味"。

2. 外化信息的原则

(1)观点平衡

所谓平衡,是指主持人在外化信息时照顾到不同的观点和立场。媒体是交流的平台,没有不同的观点之间的碰撞和辨析,就没有交流可言,也无从谈起新闻节目的深度。而从整个社会的民主化进程来看,媒体的声音多元既是社会民主的重要体现,也是重要助推器。当前,我国正在建设民主政治,新闻节目反映不同的声音,不但是节目的需要,也是上下情通达的重要途径。

(2)主线清晰

在传播目的的导引下,主持人要力求主线清晰,落点周详,所有具体的信息都被串在一起,形成完整的节目。

(3)使用准确

使用准确包括两层意思:首先所使用的信息核实无误,并在节目中合适的位置用以说明对应的情况;其次,信息被赋予贴切的广播电视表现形式。准确使用信息有利于信息发挥最大功效。

(4)表达灵活

灵活地表达信息是主持人信息处理的重头戏。如何灵活表达与主持人的修辞观念和修辞能力有关。主持人修辞切莫陷于两三词语、个把句子等短小的语言单位之中,而应强调整体观——根据表达的目的,从整体上调整思路和修饰语言。语言始终不离目的及内容的理趣和情趣,这样才不至违背"把话说好"的修辞初衷。在《新闻调查》一期名为《谁为爆炸负责》的节目中,柴静站在爆炸后的废墟上说:

> 在这场爆炸案当中有一些没清理的遗物就是放在这间屋子里面,有家具、床褥,还有些杂物。这应该是个证件,一个退休证,一个叫王双全的老人,今年66岁。这有一件衣服,应该是小孩子的,从大小看应该是一个四五岁的小孩子穿的衣服。这应该是一个影集,这是一个很年轻的小伙子,这里面应该是他和他的女朋友或者爱人的合影。这些生命就是4月10号凌晨两点这场爆炸结束的,而在爆炸当中死亡的大多数人甚至没有留下任何痕迹。①

通篇没有一个义同"伤心、难过"的字眼,也没有显见的情绪渲染,但记者选取的角度如此细微,描述的事物又如此具体——现场不同年龄段的死者的各种遗物,并夹杂着根据遗物对死者情况的合理猜测,听后,不但让人看到"满目疮痍",而且让人感到"其情可哀",在生命和死亡的比照中,令人不得不追问"谁为爆炸负责"。

可见,灵活的表达并不是耍小聪明、耍贫嘴。一方面,它直接反映了主持人的语言素养,即主持人通过作用于语音、语法、词汇以及语用等语言层面说清信息、表明视角、营造氛围的能力。另一方面,它必须以主持人细致的观察、敏锐的思维和独特的感受为基础,否则可能就是空架子。

3. 整体把握:平衡信息处理的速度、广度、深度之间的关系

广播电视节目给主持人创作提出的要求,可以概括为时间短、质量高。这造成了主持人信息处理的速度、广度和深度之间的矛盾。在信息处理过程中,主持人偏重速度,往往萝卜快了不洗泥,信息杂糅;偏重广度,往往信息简单堆砌没能深挖;偏重深度,可能信息的面又不够广,没有充分的材料说明观点。遇到上述矛盾,主持人要整体把握,处理信息时抓大头,抓关键,提速思考。话题确立后,先立框架,再讲细节,这样既不容易跑题,而且所找的信息也比较集中,方便分析和使用。接触一定数量的具体信息以后,框架的不周全、不合理之处也自然有了修改的思路,既保证了速度,也保证了质量。

综上所述,主持人信息处理过程有以下特点:(1)定向性。主持人处理信息由传播目的引导,服务于传播目的,整个处理过程方向明确,不囿于细枝末节。(2)交错性。实际工作中,信息处理各环节并不完全按"检索——筛选——解读——整合——传播"承续发生,难分彼此,相互介入,具有交错性,比如主持人检索信息的过程往往也伴随着对信息的解读,甚至考虑到如何整合和传播;传播信息时,主持人也会有对信息新的

---

① 中央电视台:《新闻调查》,《谁为爆炸负责》,news.cctv.com/society/20060822/102018.shtml,2006-8-22/2009-3-20。

解读,甚至需要从现场挖掘新信息。(3)完整性。以上提到的五个环节,主持人处理信息时通常都会遇到。在实际工作中,主持人处理信息有时看似会省去一两个环节,这是因为熟练化的原因。比如,有经验的主持人如果仅需要少量信息,通常在检索信息的时候就已经伴随着筛选、解读和整合了,环节之间的分野的确不明显,但不能否定它们的存在。(4)深刻性。处理信息的意义就是为了达到对新闻信息的新认识,或帮助受众弥补认知空白,建立有价值的参照体系和认识标准;或揭开事件真相;或发现事件发生的原因,较为合理地预测未来的影响并提供对策。它通过作用于受众的心理,产生一定的社会影响。深刻性的要求就是为了维护这种社会影响的正面意义。

论述难免要对事物进行拆解,而现象却永远自成一体。认识主持人信息处理过程,既要分得开,又要合得拢。

第二节　传播关系的处理

有学者指出,"主持人在节目中的参与深度和主导作用决定了主持人节目传播的人格化特色",而"认知客体的人格化特质必然成为印象形成的决定因素"[①]。这就意味着,主持人要发展为"栏目的品牌形象",应该在实践中真正成为"节目主人",通过情绪、态度、氛围、外在形象等诸多方面,让受众感受到主持人的在场、控场,建立深层次的传播关系。

一、主持人对传播身份的驾驭

如前所述,主持人的传播身份是主持人在传播中的位置和功用,是在传播语境中,面对其中的职业关系、传播任务和特定职责,主持人所获得的地位、所起的作用、所遵循的职业规范以及所背负的来自相关各方(包括政府、媒体、大众)对其在职业表现上的期待。它是关于主持人自身的知识,除主持人自身的一些固有职业特征外,我们应着重从主持人所处的传播关系来认识主持人所处的位置、所担当的角色以及所体现出来的身份、地位等特征[②]。在即兴口语表达中,主持人在不同的节目传播情境下,承担着不同的传播身份。驾驭传播身份需要主持人获得并表现恰切的身份感。

1. 主持人传播中的身份感

身份感不等于传播身份。它是指主持人正确认知自身应有的职业角色、传播形象以及自身在传播关系中的位置所引发的态度和情感。在日常的人际沟通中,说话者对

[①] 吴郁:《当代广播电视播音主持》,复旦大学出版社2008年版。
[②] 赵毅、钱为钢:《言语交际学》,上海三联书店2003年版。

于自身身份的认知和把握是自发的,自然而然完成;与此不同,主持人的传播是特定语境传播,是职业状态,没有经过特别的学习和训练将难以准确、完整而自然地激发恰切的身份感。

身份感是主持人"正确认知自己应有的职业角色、传播形象以及自己在传播关系中的位置所引发的内在感受"。"能否正确地理解社会各界对工作的一般要求,能否感知受众对主持人这个职业已经形成的印象,能否在实际的传播工作中满足各方的期待,是其出色完成工作的重要保证。"[①]

言语行为的合理性和身份通常捆绑在一起。受众一般依据主持人的传播身份来评价主持人即兴口语表达是否得体。可见,身份认知并形成内心印象和感受是主持人处理传播关系的重要心理基础。

2. 主持人身份感的驾驭

首先,在认知层面,身份感是主持人对职业身份的感受和体验,强调主持人的深度体认。主持人应全面地认识到自己的职业形象是多位一体的,它根植于传播事业,置身于传播关系,落实于传播任务和传播实践,由主持人和团队自觉维护,须得到观众承认,是由传受双方共同达成的稳定的印象。主持人的传播身份不因为抛头露面就自然而然具备,而是在长期的实践中逐渐落实和累积的。主持人深刻认识职业规定的创作范畴、创作任务和传播功用,把握传播形象的内涵,同时结合具体的播出内容,有利于获得较为准确的身份感。而主持人理解传播身份内涵并加深感受形成身份自觉,可以助益于其口头表达。

其次,在实践层面,主持人应该结合栏目定位、表达的内容和受众心理,通过有声语言和副语言等手段驾驭身份感。节目特点包括了已经明确的所应承担的创作任务,所期待起到的传播效用以及与其他节目相比较而言的自身特点。主持人的表达从属于整个节目的创作,只有明确节目特点,才可能融入节目,进而代表节目,才能整体把握自身在传播中的身份感,知道"我应该是谁""我代表谁"。另外,主持人在创作过程中不但要明确身份,激发感受,还要在表达中通过有声语言和副语言表现出这一身份应有的状态、态度和行为方式。

总而言之,主持人应重视创作中的身份意识,既要从观念上体认身份,在内心形成扎实的身份感,又要在表达中具体表现。这都有助于主持人在即兴口语表达中更好地实现传播策略和过程调整。

---

① 童云、周云:《文稿播读和新闻播音实务》,中国广播电视出版社2011年版,第183页。

二、主持人对共同经验的建构

1. 主持人与受众之间的共同经验

共同经验可以理解为传受双方的认知交集,指传受双方在交流具体内容时所具备的相同或相似的知识基础、认知能力、传受愿望以及文化信念。在即兴口语表达中,主持人的事前准备应该找到这一传播基础。共同经验是口语传播者应当内化的创作依据,是口语传播者落实对象感、获得对象感的重要依据,是实现传受双方心理互动的重要因素。

2. 如何构建共同经验

首先,从知识基础层面看,主持人要注意内容的铺垫。生活中交谈,人们也都注意内容上的铺垫。但是,在人际交往过程中,交流双方对彼此的了解比较充分,也容易互相理解。而对于主持人而言,则需要明确从阐释到传播目的之间,需要给受众提供多少铺垫性的信息才可能达成说明或说服的作用。因此,知识基础重点不在于受众具有多少相关知识,而是实现传播目的要预设多少知识性的内容。

其次,从认知能力层面看,主持人的传播内容应便于受众把握。认知能力不同造成了不同的经验。比如,同样的现实经历,因为认知能力不同,而可能造成不同的认知结果和经验表述。因此,对于主持人而言,尤其对于固定栏目的固定主持人而言,培养受众,提升受众认知能力,是培植传播关系的必经之路。具体到某次表达之中,则要照顾到受众现有的认知能力,找到受众群体的认知基点,所谓既要契理更要"契机"。

再次,从传受愿望层面看,主持人应尽可能调动受众的交流愿望,达到传受双方在交流意愿上的一致。传播者与接受者客观上存在着完成传播的愿望差异。有时,是传播者认为接受者应知,传播者的愿望可能大于接受者愿望。有时,接受者欲知,而传播者未必具有内在的传播动力。对于一次成功的即兴口语表达而言,主持人需要了解受众交流的愿望,又要有能力重置和修正自己的传播愿望,找到传播的新落点。传播目的一致程度较高,更有利于建立可信赖的传播关系,更好地构建共同经验,实现传播。

最后,从文化信念层面看,主持人应尽可能根据所处文化语境的习惯对即兴口语表达的修辞和表达方式作出策略性的调整。不同的文化群体和亚文化群体有其不同的文化心理(如文化习惯、文化阐述的范式、文化价值取向、伦理和道德取向等)。在缺乏文化认同的情况下,主持人即兴口语表达往往因为"道不同不相为谋"而不能达到效果。

三、主持人在表达中的临场激起策略

激起是指在即兴口语表达中,主持人借用语言、态势语、非语言符号、行动等方式激发交流对象对交流主题的注意和兴趣。它是借用外在方式改变受众心理状态的手段的统称。通过种种激起的手段，受众才能更有效地受到激发，进而更为主动地介入传播。

激起首先依赖语境。人对附近环境发生的变化比较敏感，借助语境，主持人更容易激发受众。比如，在现场报道中，主持人依托报道语境的内容而激发观众的注意。其次，激起也依赖受众。在稳定的语境中，受众的心理状态也比较稳定，也因此容易在收视惯性中失去集中注意力的动力。基于此，主持人可以通过变化的语调、有设计的开场、富有冲击力的观点、多样的思维方式、节奏紧凑的逻辑推理，甚至较大的音量、肯定的语气、热情坚定的眼神等等改变受众的心理状态，打破并重建平衡。

图片说明：受众容易在收视惯性中失去集中注意力的动力。如何激起受众的注意，是主持人表达的焦点和难点。
（图片来源于百度图片）

有效地激发受众并且快速地引导受众将注意力集中到话题当中来，自然是积极的激起；反之，如果仅仅是激发了受众对主持人自身的关注，而这种关注度并没有有效地平移到话题当中，则是消极的激起。

第三节 口语表达的处理

人被戏称为语言的动物。照理，对于一个受过良好教育尤其是经过专门的语文课程学习的人来说，组织口头语言非难事。然而，在生活实际中，精于此道者仍是少数。主持人即兴口语表达被归入到具体的媒介、栏目和情境中，和具体的目的联系在一起，具有很强的规定性，难度当然更大。

一、口语表达的常见问题

语流不畅：即兴口语表达中充斥着不必要的停顿、回溯的行为，令整个语流显得磕磕巴巴。它既影响主持人的情绪状态，也妨碍受众的理解。大多数人出现语流不畅的问题，根本原因在于准备不充分，思路不完整。也可能是因为缺少表达的经验或过于紧张。

逻辑混乱：即兴口语表达变为"补缺"的过程——这一点没说完，又惦记该说下一点；这一点说完了，又觉得没说全，要再补两句，整个过程凌乱不堪。这与说话者思路不成熟，思维混乱，缺乏条理有关。

词不达意：表达时，内心所想和口头所说不一致，造成"词不达意""言不尽意"。究其原因，一是错把感觉当思路，只有观念上的趋向，并没有形成清晰的观点和层次，表达"踩不到点上"。二是受日常的不良语言习惯影响，不注意"炼字""炼意"。

信息重复：即兴口语表达中，主持人在不同的段落和层次重复提供信息，俗语称说"车轱辘话"。

语义误差：语言与事物不对称，如：夸大（对具体事物提升过度）、以偏概全（沉溺于细节）、错误（价值判断失当，用词不得体）等。

语态失当：语态失当包括了各种原因导致的语态慌张、语态局促、语态冲撞、语态萎靡等现象。语态失当令主持人显得没有亲和力，影响受众的注意力和兴趣。语态失当多是因为主持人心理状态有误，不能很好地内化表达的身份和语言目的。

阅读与讨论：宋代苏洵概括的我国古代说辩方法①

刘德强

理：理喻法。理而喻之，主虽昏必悟，悟则明。说辩有了充分的理由，对方就不得不折服。

势：势禁法。势而禁之，主虽骄必惧。说辩有了利导驱迫的威势，对方就不能不折服。

利：利诱法。利而诱之，主虽怠必奋，奋则勤。说辩有美好的希望在前，使对方不能不乐就。

激：激励法。激而励之，或激而怒之，主虽懦必立，立则勇。说辩有热烈的感情即当对方的心怀，使他不能不动。

讽：讽喻法。隐而讽之，主虽暴必容，容则宽。说辩有美好委婉的旋律漾荡对方心灵，使其不得不改变原来的观点和主张。

请讨论：苏洵概括的古代说辩法对于主持人口语表达有何启发，如何化用？

二、口语表达的一般要求

准确：语言未必传递得了主持人的全部意思，但是对于受众来说，意思只能从传播

---

① 刘德强：《先秦演讲史探略》，《上海师范大学学报》1996年第3期，第78—81页。

的语言中得到。准确是对主持人口语表达的首要标准。主持人应尽可能做到用词具体，语法规范，确保语言与事物之间的对应关系，以避免交流的虚伪、表面与肤浅。以颇有读者缘的《南方周末》为例，在征稿启事上要求"惠赐大作，务请精短；提供话题，必关痛痒；推荐作品，唯求胆识"。这里的"精""痛痒""胆识"都是语言准确的应有之义。

分寸：注意言语的边界，避免上纲上线，情绪冲动，语气过重，慎用"最、特别、绝对、唯一"等词语。

完整：表达要有头有尾，所提各要点在阐述中不可漏失。

简洁：语言组织应简明扼要，辞达而已矣，不为说而说。

流畅：避免不必要的隔断、置换、重复等情况。紧急场合下偶尔出现的迟疑和磕巴是说话过程中调整思路和语言的正常表现，不必矫枉过正。

可控：主持人应该尽量避免晦涩的词语、不雅的词语、有歧义的词语以及自己无法真正解释的"新鲜词汇"，尽量避免成为伪深刻、伪时尚的牺牲品。同时，主持人应根据动态因素需要控制表达的篇幅、方式和走向。

三、口语表达的创作要点

1. 建立言语结构

思路没有落实于语言，思路就不稳定。有表达价值的思路应该表现为各个层次的核心观点和关键词。而具体的语言表达就是对核心观点和关键词的展开。建立言语结构是在语境、对象、材料和要求都相对明确的情况下，主持人抽取主旨，形成观点，展开层次，定位材料的过程。它不再是灵机一动的闪念或支离破碎的感受，而是主持人的想法从模糊到明确，从笼统到细致的过程。也是主持人用关键词或主题句的形式形成明确思路的过程。在这一过程中所建立的言语结构首先是简约的，反映即兴口语表达的骨架，并不具体到所说的每一句话；其次还必须是清晰的，主线清楚，层次分明，不同层次的核心观点可落实到语言。言语结构是主持人即兴口语表达的参考图谱。甚至于连表达中的调整，虽然落实在具体字句中，但是"需不需要调""调什么""具体落实在什么地方"却仍以整体结构为据。

主持人结构思路应该避免写完再背的文本化方式。文本化方式是指构思时，随想随写，形成篇章，然后依据文章进行背诵。写好再背在现实生活中很常见，如领导讲话、主题演讲等都是文本化的典型表现。充分细致的准备在某些场合增加了庄重性，降低了传播的风险。但写好的稿子仔细到一字一句，并不适用于即兴口语表达。文本是一个封闭的系统，缺乏弹性。写好再背也加重了记忆的负担。在实际操作的过程中，主持人往往因为个别词语记不起来而"语流倒车"，伴随紧张心理还可能导致整个思维的混乱。这样既容易出错又不易互动，而且显得没有交流感，过于刻板。

相比较而言,提纲挈领的结构则更有优势:(1)明确。结构的内容不是朦胧的感觉和零碎散乱的思维火花,而是形成语句的观点。(2)完整。有主旨,有层次并对材料有定位。(3)弹性。即兴评述的语境变动性较大,主持人需要即时调整思路和语言,比如脱落、变动、增补等。结构化的内容更有利于主持人在即兴口语表达中实现及时调整。因此,在即兴口语表达时,主持人应取"结构化而非文本化"的基本原则,在充分掌握材料的基础上,将更多的注意力放在结构上,而非字斟句酌的准备。具体而言,主持人可以遵循"加减策略","减"指的是减少头绪,收拢线索;"加"指的是增加层次,丰富信息。这一策略简便易行,有利于将思路逐步落实到主旨、线索、层次、信息等要点上来。

2. 控制信息密度

信息密度是指单位时间之内节目所传播的信息数量的多少。无论是何种节目,无论是给怎样的受众传达什么层次的内容,都应尊重详略得当、疏密有致的信息传播原则。广播电视媒体与纸媒不一样,它无法中断播出,给受众以思考的时间,而且新闻节目传递的信息往往又是关乎国计民生的事情,如果主持人一味地追求大信息量的话,容易令受众"费解"。可见,追求大信息量无可厚非,但从信息流动看,越是信息量大和分析深刻的节目,越要注意信息密度问题,以免把受众说"丢"了。

主持人话语当中适当的冗余和必要的重复有利于调节信息密度,以中央电视台经济频道《对话》主持人陈伟鸿为例:

> 主持人:……今天在我们《对话》特别发布的2007年中国企业年度的天气预报上,大家看到了有这么多种的天气形势。那么在我们三位资深的、权威的天气预报员预报当中,将会涉及哪些的天气状况这个难题。我们首先交给张维迎先生。好,来,掌声欢迎他。
> 张维迎:全国气温普遍下降。
> 主持人:全国气温普遍下降。

【点评:重复嘉宾的判断,提醒观众,其作用可比朗读中的"重音",将受众的注意力集中到这一点上来。】

> 张维迎:对,有可能甚至有霜冻。
> 主持人:甚至有霜冻?

【点评:重复嘉宾的判断并表示疑问。这里的疑问,一方面提示受众注意这里有内容可挖,另一方面也提示嘉宾可以在此停顿,详细阐述。】

> 张维迎:我指的什么意思呢? 可能就是说现在整体人民币升值,在中国普遍会有很大的压力,特别是出口型的这些企业。另外一点呢就是国际上的

这些保护主义,欧洲、美国的这种保护主义,那么对中国的好多制造业也会有相当的压力①。

交谈时,主持人既不是自己接上话茬就滔滔不绝,也没有让嘉宾开始谈论后就毫无停顿,而是不时以接话的方式"打隔断",引导嘉宾"路过"面上的判断,"逗留"在点上详述。在话轮的交替中,信息的传递有疏有密。受众在接受和理解这部分信息时,自然也不会处处着力了。

3. 调节交流节奏

节目节奏的变化有利于避免或减少受众接受信息时因为单调而导致的疲劳。主持人调整传播交流的节奏,除了可以对自身语言表达做节奏调整外,还可以通过对嘉宾和受众施以影响来实现。

比如,通过控制嘉宾情绪,拓展交流的空间。主持人既可以通过激发嘉宾之间的意见对抗,达到话题的深入;也可以通过"打打岔"、"换个话题",舒缓嘉宾激动的情绪,让讨论不失理性。

比如,通过邀请受众发言,调整交流的向度。在嘉宾的叙述之外,适时地加入现场观众的声音,能为讨论提供更多的意见,而且也使得交流不单纯维系在主持人与嘉宾之间。主持人、嘉宾、现场观众之间形成融通,带来更多的看点。

比如,通过转换主持语态,平衡交流的氛围。以中央电视台主持人崔永元为例,他一方面力求讨论直指问题,另一方面又以平实的语言"幽上一默",不让言辞过当:

> 陈鑫:其实那种现象也不能代表我们普遍的,要是那么做的,肯定是要受谴责的。我先打个比方,假设我们北京马上地震,我们有个亲戚在郑州,正好郑州不地震,那我们城里是不是有些人就说我马上往郑州,我们农村,往那里走。
>
> 崔永元:别举这个例子,多吓人呀。就是说,有时候城里人有困难,也会向乡下的亲戚求救。②

这是《实话实说》1998年4月12日播出的节目《如何对待乡下亲戚》。当谈到城里人应该理解乡下亲戚时,场上大多数的意见和陈鑫先生一样,主持人在此调侃一句,使一边倒的叙述有所停顿,也让氛围不至于太过于凝重。

综上所述,在传播信息的过程中,主持人既要倚重内容,又要照顾形式,让内容与形式交融,令节目更为鲜活。

---

① 中央电视台:《对话·天气预报》,www.cctv.com/program/dialogue/20070122/105154_1.shtml,2007-1-22/2009-3-20。

② 崔永元:《精彩实话——实话实说话题精选》,中国摄影出版社2003年版,第87页。

3. 讲求语言个性

个性化表达是指为了能够更好地达到传播目的而设计的一系列语言"包袱",如富于"趣味"的提要、环环相扣的提问或是同类信息叠加的"造势"等。有声语言是主持人传播信息的核心手段,在符合特定的文化习俗和群体心理的前提下,应力求理趣和情趣兼容。比如,遇到公众不熟悉的事物时,主持人要善于做好"推介"与解释工作,如以打比方的方法加以说明。以央视新闻频道《新闻1+1》播出的《太空第一撞》中董倩和白岩松的对话为例:

  董倩:人们去形容它这个小概率小到什么地步?就好像在战争里面子弹和子弹碰上那种概率一样。

  白岩松:没错。如果仅仅说战争中子弹和子弹碰上的概率,你一下觉得太小了,几亿分之一,但是如果我们的武器现在已经先进到了在一分钟可以发射出几千发子弹的时候,你觉得彼此双方在战场上子弹和子弹相撞的概率会不会很高?我举这个例子意思就是现在太空中的垃圾和碎片由于人类进入太空的门槛明显降低了,再也不是美苏垄断,50多年前开始,52年前才向太空中发射第一个人造的东西,但是这些年你随时都能听到,印度、日本,包括委内瑞拉都委托中国去发射卫星等等,门槛降低了,就相当于我们发射子弹的概率明显增加了,在战场上两个子弹相撞的概率显然增加了。

  董倩:其实这也就好像你刚才打的那个比方一样,在七十年代的北京街头,你想两辆车撞,它不可能,因为没车。

  白岩松:咱们聊天的时候就说,真是倒退到五六十年代,在北京城里头,两个车撞一块了,哟,那太新鲜了,因为满北京城才多少辆车啊!但是现在你想在北京找着一天没撞车的,那几乎是不可能的,因为北京现在是350多万辆车①。

本期节目谈论的是2009年初发生的美俄卫星相撞事件。对于两颗卫星相撞,普通人不但觉得不可思议,而且也开始担心太空安全。节目针对的是普通人的担忧,而并不在于从太空研究角度去剖析概率的精确值。董倩和白岩松巧妙地借用战场上子弹相撞的概率来类比两个卫星相撞的概率,之后又举了更为切近生活实际的五六十年代北京街头自行车相撞,不但便于人们理解和接受,而且在不违背事实的情况下,还增加了一些聊天的趣味,避免了语态上的过分严肃,拉近了节目内容和普通观众之间的心理距离。

---

① 中央电视台:《新闻1+1·太空第一撞》,space.tv.cctv.com/article/ARTI1234504012457374,2009-2-12/2009-3-20。

主持人表达的个性与其经历、性格、知识背景、文化素养等诸方面有关,"它在让受众便捷地理解话语本身信息的同时,又让人分明地感觉到、直接地体味到'这一个'主持人的思想、作风、品性、修养、经历、性格等方面的信息"①。当然,个性化表达方式是手段,不是目的。就以比喻来说,主持人大可不必为比喻而比喻,应先判断受众对信息的接受能力高低,再决定是否以比喻说明,否则画蛇添足,反倒增加了不必要的信息,显得拖沓、啰嗦。

4. 叙述式表达:简述、详述、综述

(1) 简述

简述是指三言两语重提事实关键细节或引用他人观点,以明确事情原貌,说明舆论情况。简述反映了主持人如何看待事实和舆论,看重哪些细节,有利于帮助受众建立理解的事实背景。简述首先要明确表达需要,"踩准点",如:

> 很多年前遇到一位记者同行,他指着旁边一位丑男说:这是我们新上栏目的主持人。当时很是不解:长这样也能上电视?那位新科主持倒颇有自知之明,接茬儿说:咱可能不是最好的,但肯定是最丑的。几年下来,打开电视,遥控器一路按下来,男主持一个比一个丑,那位已经算很养眼了②。

该段落的评述落点在"从央视到地方台,丑男主持生生不息",因此,评论者提供的个人遭遇和收视经历,皆关乎"男主持的丑"。评论者在遭遇这位"丑男"的经历中,想必还有别的细节;收视的经历更是纷繁复杂,但只需提供与评述有关的内容。

其次,抓准关键细节,反映整体概貌,凸显简述的"概要"特征,如:

> "感谢时代"是这次"电视节目主持人30年年度风云人物"获奖主持人致词中出现频率最高的短语。如同曹可凡的调侃:"感谢这个时代的宽容,以至于我和白岩松、李咏这样长相的人,能够走到台前当主持人"③。

这一段落旨在说明电视节目主持人与时代的关系。评论者抓住了现场两个关键细节:"感谢时代"是获奖主持人口中的高频词汇;曹可凡的调侃。

再者,三言两语概括,反映简述的"简单"特征。

> 印象最深的是倪萍,作为一位漂亮的演员,倪萍主持的《综艺大观》让人耳目一新,她凭借亲切自然的主持风格,很快就成为了当年最受欢迎的女主

---

① 吴郁:《当代广播电视播音主持》,复旦大学出版社2008年版,第134页。
② 齐鲁晚报:《我们喜欢啥样的主持人》,大众网,paper.dzwww.com/qlwb/data/20100609/html/19/content_2.html,2010—6—9。
③ 同上。

持人。从1991年起倪萍坐镇春晚十余年①。

倪萍十多年的主持生涯,可圈可点的地方很多,但评论者对其栏目、主持风格、影响力、时间等方面点到为止,了了几笔。从评述整体而言,恰到好处。若出于喜爱,就洋洋洒洒地介绍她,那"倪萍"岂不喧宾夺主?

(2)详述

详述既可以针对事件全貌,也可以只针对某一细节。详述并不简单等于"说得很多",与简述相同,它同样要先明确评述需要,抓准关键细节。与简述不同的是,它要对事件全貌或某一细节做详细描写,凸显其特点,以求达到突出和强调的目的。

详述要全面细致地反映事物,但需杜绝为说而说,语言仍需简洁。另外,展开关键细节是详述的重点。关键细节关乎整体认识,有利于形成独特视角,有利于受众对整体产生突破性的认识。通过详述有利于主持人说透观点,集中受众的注意力。

(3)综述

综述是指在观点明确又拥有众多信息的情况下,恰当地建立不同素材之间、素材与观点之间的关系,以求综合使用信息。相对于叙述一则材料的不同细节,综述主要表现为叙述不同材料的相似相关细节。主持人综述应注意发掘材料共性,抓取相关细节。这一过程,主持人不能盲目进行,首先要从观点出发;明确观点,才能统帅材料,抓准细节。其次,主持人要注意糅合不同材料。如果是文字材料,主持人的表达应忠实于材料的内容,但不必拘泥于原文的表述,可根据需要重新组织语言,以求顺畅自然。

5.议论式表达:观点、阐释、表态

(1)观点

主持人即兴议论的关键是形成并用简洁有力的句子表达观点。主持人确定观点首先要从材料出发,接受材料的限制,观点覆盖材料。其次,创新视角,提升观点的传播价值;面对有争议的内容,要结合语境把握好度。第三,观点要具体,表达要精练。

(2)阐释

阐释是主持人在观点确定的前提下,具体处理论点、论据和论证的过程。这一过程,要确立具有内在逻辑关联的分论点;结合分论点使用论据,述评相融,说明观点。

(3)表态

主持人即兴口语表达的过程伴有态度情感的传递。俗话说,"听话听音,锣鼓听声"。同样一句话,以不同的语气、态度表达,会传递完全不同的意思。

主持人首先要把握态度分寸。这关键在于"情动于衷,恰切表露",既不是无所谓

---

① 齐鲁晚报:《我们喜欢啥样的主持人》,大众网,paper.dzwww.com/qlwb/data/20100609/html/19/content_2.html,2010-6-9。

的态度,更不能"表演情感"。态度情感应源自内心真诚的感受,依据传播目的和对象把握语气的分寸,从而达到交流思想、引发共鸣的目的。面对负面信息,主持人议论还须杜绝"骂"的语气,慎用"批"的语气,多用"劝"的语气,避免变"批评"为"批斗"的过激表现。

其次,在明确基调的前提下,主持人要找准最能体现态度情感的落点,明确态度,烘托情感,增强表达的感染力,使听者产生共鸣。

再者,主持人把握态度还应注意吐字归音、体态表情等方面的修饰,以饱满的精神、清晰的发音为表达添色,避免有真情实感而难以传递。关于修饰应该注意几点:修饰要适度,不可形式大于内容;修饰以内容需要为前提,不可流于表面;修饰从吐字归音、体态表情等多方面综合考虑;修饰后的表达要自然流露。

6. 表达的状态:从容、平和、真诚、专注

状态是指主持人表达的内在心理状态和外在的体态、表情等副语言表现的总和。说什么和怎么说固然重要,而"以什么状态说"对于即兴口语表达而言同样不可轻视。对于主持人而言,即兴口语表达中心理过于亢奋、消极或紧张都不利于准确、高效地思考问题;动作盲目、动作过于繁杂等副语言问题也会分散听说双方的注意力,削弱语言交流的效果;消极的状态会给受众留下"没准备好""无法驾驭"的第一印象。主持人要在即兴口语表达中树立"自信、稳健、大方、可信"的良好形象,在表达的状态上应尽可能做到从容、平和、真诚、专注。

(1)从容

主持人的体态大方自如,表情自然,娓娓道来,调动起自己说话的愿望和交流的热情;避免手舞足蹈,疾言厉色以及过于戏剧化的表现方式。主持人胡蝶在对上海世博展馆的报道中,欧阳夏丹在《数说命运共同体》的报道中,都移步自然利落,目光与镜头充分交流,洒脱自如,很能带动观众。欧阳夏丹在报道中还善用沙丽或衣服的挥舞、与工人之间交接衣帽、与路边商贩互致问候等来增加现场感,或让场景的过度更加自然有趣,整个表现既不夸张也不呆板,让人看到了主持人对现场应有的驾驭能力。而这些表现的前提,必然建立在主持人从容的传播心态之上。

(2)平和

主持人要避免在表达中情绪冲动,言辞激烈,尤其是在面对具有争议性的话题、悲惨的场面、极为负面的新闻事实的时候。表达中,主持人须"以理驭情,把握心态",即明确说话的目的,正确认识情感,避免在内心不自觉地夸大了事情的正面或反面,以积极、冷静、平和的语态完成表达。

(3)真诚

即兴口语表达应避免主持人说了很多,自我感觉良好;而受众却觉得稀松平常,没有新意,缺乏感染力,不能激起共鸣。解决这一问题,在于主持人"放下架子,真情流

露"。表达中,主持人不但观点要切中要害,还应以诚恳的态度进行评述,真实反映个人的见解,切忌空话套话;不作"播音状""主持状",避免神情体态刻板僵直,让人感到冷漠隔阂。我们以中央电视台节目主持人崔永元为例:

> 孩子们,从昨天到今天,我和濮存昕、王宝强老师一直在商量,我们怎么做是对你们最好的帮助?怎么做才能让你们忘记痛苦?这个灾难太大了,大到好像做什么都太轻了。所以,我们希望和你们过一个欢乐的下午,我们没有成功。可能很多来帮助你们的人也都做不到,让你们忘记灾难和悲伤,让你们快乐起来,可能做到这一点的只有你们自己,因为你们未来的人生还很长,你们还有很远的路要走,只有你们健康起来才能走下去。

崔永元边说边环顾现场,突然发现两样东西:一面镜子和一个地震也没有停摆的时钟。他接着说:

> 大家不要悲伤,这面镜子就是时刻提醒我们看着镜子里的自己,要做好人;而这个钟更是告诉我们要珍爱生命,拼搏向上,永不停歇[1]。

这是2008年5月25日,崔永元到德阳东汽中学的帐篷学校里和幸存师生一起做特别节目时说的一段话。在那样一个特殊的时刻,崔永元既不是强颜欢笑,也不是故作悲伤,而是在倾听和对话中,与现场师生产生心灵共振;出于对幸存学生的一片关爱,将心比心,语重心长。满腔的激情,现场事物的激发,促使他产生语言的智慧。崔永元的这两段话,言辞朴实,之所以打动人心,关键在于"真情流露"。如果崔永元对幸存学生没有发自内心的疼惜和关爱;如果崔永元端着主持人的"架子",来几句不疼不痒的总结,那效果恐怕适得其反。可见,主持人应该有同理心,应真诚地表达。

(4)专注

心理紧张是主持人即兴口语表达的常见问题,要理性看待。积极的心理状态并不是一点紧张感都没有。相反,适度紧张反而对临场发挥有一定益处。只有当紧张超过了一定的度,妨碍了思考和表达,才需要积极调整。

主持人解决心理紧张问题,不能仅仅将"心理放松"当作目标。心理紧张容易导致主持人转移注意力,影响表达,因此,主持人解决紧张的问题关键是有效地驾驭注意力,具体的方法是临场回溯。所谓临场回溯,是指在表达的前后时间段内,主持人梳理表达的身份、关系、目的、内容,较为细致地回溯内容结构与关键细节。这种控制有利于主持人将注意力集中于表达的内容。概而言之,临场回溯包括四方面:确认观点;确认形成观点的依据;确认阐释观点的层次和具体材料;确认必须保留和可以删去的部

---

[1] 吴郁:《当代广播电视播音主持》,复旦大学出版社2008年版。

分，以便根据需要调整。

本章小结

关于主持人即兴口语表达如何创作，本章分三节，从传播内容（信息）、传播关系、传播方式（口语表达）三个主要的方面入手展开分析。关于信息的处理，本章第一节分环节从检索、筛选、解读和整合等环节加以详细解析，并论述了主持人处理信息的一般性原则。尽管就一次即兴口语表达而言，处理信息的过程可能是极短的，但是处理信息的方法和规律却是一致的。对于主持人及专业学生而言，了解处理信息的一般性方法并加以训练是其在即兴口语表达中及时处理传播内容的重要基础。关于传播关系的处理，我们认为，关键在于形成恰切的身份感并在节目中得体地表现，这里有三个关键词值得关注：身份感、共同经验、临场激起。简而言之，主持人处理传播关系最终的目的是为了建立并维护与受众之间鲜活的深层心理互动。关于口语表达的处理，本章第三节先分析了常见的问题，对主持人的即兴口语表达提出了一般性的标准，进而从内容结构、话语样式到表达状态分析了口语表达的创作要点。主持人即兴口语表达如何创作到目前为止难有定论，但不意味着无路径可寻，从内容、关系、方式等维度出发可以寻找到其中的规律性内容。

进一步阅读

张颂：《语言传播文论》，北京广播学院出版社1999年第1版。

张颂：《语言传播文论（续集）》，北京广播学院出版社2002年第1版。

应天常：《节目主持语用学》第四至九章，北京广播学院出版社2001年第1版。

高贵武：《解析主持传播》，北京广播学院出版社2004年第1版。

〔美〕威廉·E.布隆代尔：《〈华尔街日报〉是如何讲故事的》，华夏出版社2006年第1版。

彭贵川：《论口语交际中语言信息传播耗损因素及其控制》，《西南民族大学学报（哲学社会科学版）》2002年第10期。

许书明、彭谋：《语境在口语交际中的功能》，《西南民族大学学报（哲学社会科学版）》2005年第3期。

思考题

1. 什么是信息素养？结合即兴口语表达，谈谈主持人为什么需要提高信息素养？
2. 主持人如何有效检索信息？
3. 结合实例，讨论主持人筛选信息的标准。

4. 结合实例,谈谈主持人如何解读信息。

5. 结合实例,讨论主持人整合信息的主题化、功能化、节目化策略。

6. 结合案例,讨论主持人处理信息的基本原则。

7. 什么是共同经验？主持人如何构建与受众之间的共同经验？

8. 结合实例,分析主持人即兴口语表达中对受众的临场激起策略。

9. 主持人即兴口语表达的一般性标准有哪些？

10. 结合实例,谈谈主持人即兴口语表达中简述、详述、综述的异同。

第四章　主持人即兴口语表达的创作能力

即兴口语表达不单纯是"说"的问题。从客观上而言，主持人即兴口语表达受到媒体发展水平、媒体体制机制、媒体的开放度、节目的形态、团队的创作水平等外部因素的制约。但从主观上而言，即兴口语表达则受到主持人自身能力的决定性影响。

关于即兴口语表达所需要的创作能力，第一章提到了成熟的价值体系、完善的知识储备、较高的思辨能力、较强的语言组织能力。其中，口语组织与表达是显性的关键因素。价值体系、知识结构和思辨能力是隐性的基础因素。即兴口语表达的经验是直接的相关因素。本章试对相关核心能力做详细论述。

第一节　信息处理能力

一、主持人信息能力的构成

主持人信息处理能力（简称信息能力）是主持人根据媒体立场、栏目定位、受众期望和节目具体需要对信息进行检索、筛选、解读、整合和传播的综合处置能力。主持人信息能力是诸种能力的综合，按各环节工作内容的需要，相应地包括了信息检索能力、信息筛选能力、信息解读能力、信息整合能力和信息传播能力。

能力是"能胜任某项工作的主观条件"[①]。主持人信息能力的主观条件是由各种处理经验长期积淀而成的稳定的素质。结合主持人的各项工作内容，我们从上述五项能力中抽出三项关键要素，即信源的使用与建设能力、信息价值的评价能力、信息的传播能力。这三项关键要素又各有其具体内涵。

信源的使用与建设能力包括了两方面的内容：其一，主持人善于建设自己的信源系统，保持信息来源的多样性、平衡性及独特性；其二，主持人善于使用其掌握的信息

---

① 国社会科学院语言研究所词典编辑室：《现代汉语词典》（修订本），商务印书馆1996年版，第921页。

渠道,能够熟练操作。

信息价值的评价能力包括了两方面的内容:其一,面对信息,主持人的解读能够直指本质,而不是隔靴搔痒;其二,主持人能够创新认知信息的视角。

信息的传播能力也包括了两方面的内容,其一,主持人熟练掌握广播电视的表现形式,具备将信息形象化的能力;其二,主持人具备优化传播的智慧。

将此三点列为主持人信息能力的关键要素,是因为它们是主持人获得独有的信源系统、独到的观点、独特的传播的直接原因。

综合所述,广播电视新闻节目主持人的信息能力整体结构可做如下图解:

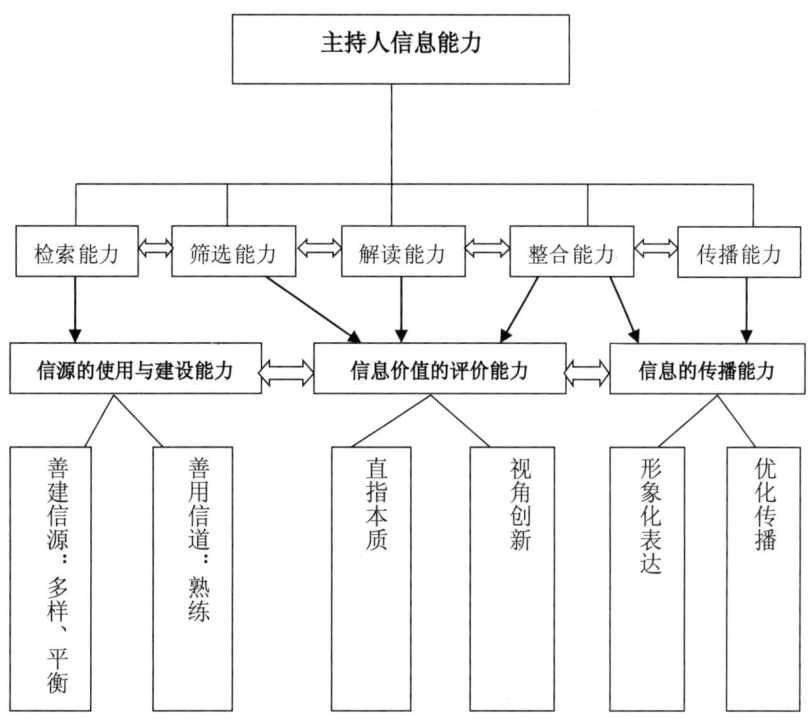

"—"表示分解,"→"表示关键因素,"⇔"表示互惠关系。互惠关系是指在主持人处理信息时,图表中邻近的能力之间共同作用,相互支撑,一方的提升有利于另一方的发挥。

图4-1 广播电视新闻节目主持人信息能力结构

上图标示了主持人信息能力内部的从属关系、平行关系、互惠关系等结构关系。从各子项对信息处理效果的作用来看,信源的使用与建设能力是基础,信息价值的评价能力是核心,信息的传播能力是关键。信息价值的评价能力之所以居于核心地位,是因为它是主持人对信息进行独立的分析、批判和综合的保证,是主持人在信息的海洋里保持方向的必备能力。

二、主持人信息能力与节目传播效果

良好的信息能力有助于主持人提高节目品质。首先,它有助于主持人掌握充足的事实并提供有说服力的观点。主持人依其良好的信息能力能更好地保持与社会舆情同步,准确全面地把握事物的要点和本质,逻辑更清晰,所说的话也更为中肯。其次,主持人在传递各种事实、意见、评价时,也必然在传递态度、情绪等情感性的信息。良好的信息能力有利于主持人生发有内容依据的态度和情感,在以理服人的同时还能有分寸地以情感人,增加节目的感染力,令受众更直观地感受到节目中的理趣和价值,建立高品质的传受关系。最后,信息能力强的主持人更善于选择节目内容的表现形式。

主持人的信息能力通过作用于以上各方面来提升节目传播效果,进而也在增加受众对主持人及其所在媒体的认同感。主持人既是媒介产品的生产者之一,又是媒介产品的一部分。受众是否认同主持人,间接影响到其是否认同主持人所在的媒体。只有主持人提供较高品质的产品,受众才可能给予相应高度的评价。主持人的专业态度和对新闻内容的精到分析有助于在受众心目中树立良好形象。尤其在调查、访谈、直播等类型的节目中,主持人具备良好的信息处理能力,就为出色的主持打好了基础,这也在很大程度上树立了媒体负责任的形象。有名无实的新闻节目主持人只能给媒体的公信力减色。

信息能力强的主持人还能为受众的判断能力提供正面参照,影响受众的节目鉴赏标准。有位听众曾对北京新闻广播《新闻天天谈》的主持人张红兵说,"你们提高了我们的思想"。主持人一旦开发并满足了受众的需求,他们在评价其他广播电视节目的时候,就会以此为标准。为直观起见,我们将以上论述的主持人信息能力与节目传播效果的关系作如下图解:

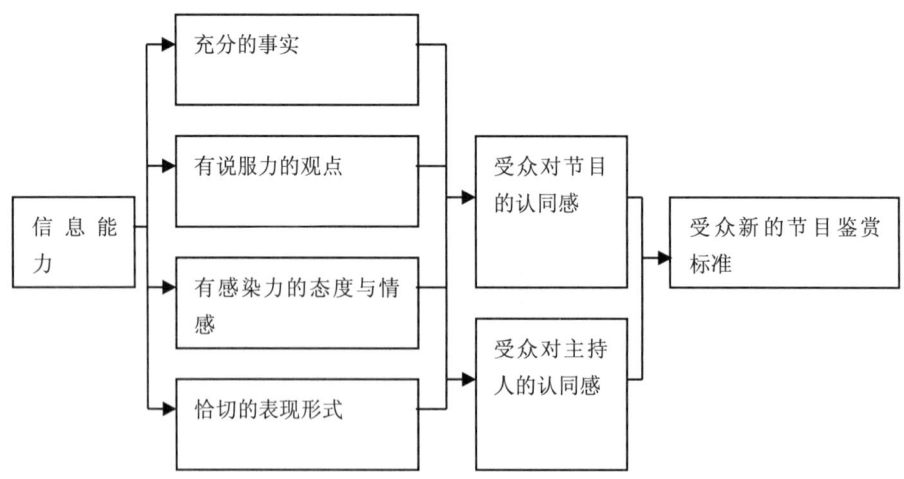

图 4-2 主持人信息能力与节目传播效果的关系

三、主持人信息能力与主持人影响力

1. 主持人影响力

主持人影响力是指主持人在节目中的言行对受众的分析、判断、决策以及行动等方面所产生的交换和移易的作用。在实际工作中,信息能力强的主持人在内容方面的创造力更强,能获得更多的话语权,更善于把控话语空间,影响力自然也更大。

首先,良好的信息能力有助于主持人在团队中形成号召力。主持人如果要想影响受众,首先要成为创作团队的意见来源。良好的信息能力使得主持人提供给创作团队的意见和建议切中要害,在团队中真正形成主创作用。

其次,信息能力有助于主持人形成有见地的判断,通过节目直接影响受众。如遇到国内外大事,受众多选择收视中央电视台、凤凰卫视的报道,原因在于这些媒体及其主持人提供了有质量的内容。

总之,以信息能力为支撑形成的影响力对主持人走向成功具有战略意义,是主持人追求的新标杆。

2. 主持人影响力迁移

主持人影响力迁移是指主持人以固定栏目里的传受交流为基础,累积足够的知名度和美誉度,使其在评价社会公共事务方面的能力得到受众的广泛认同,进而在同一媒体的不同栏目或不同媒体等公共话域就社会性问题发表意见,更广泛地影响公众。

以中央电视台主持人白岩松为例,这位记者出身的新闻主持人,从1993年开始就一直活跃在中央电视台的荧屏上,得到了业界、专家以及观众的普遍认可。现在,他既是《中国周刊》等节目的主持人,又参与策划其他新闻节目,同时还是中央电视台新闻频道《新闻1+1》栏目的新闻观察员,成为真正的意见提供者。另外,就媒体变革、电视传播以及一些社会重大事件等方面的话题,他开始接受《南方周末》、搜狐等媒体的访问,在其他媒体平台上与受众沟通,客观上扩大了自身影响的范围。以此为例,主持人影响力迁移的过程可以作如下描述:

综上,主持人影响力迁移一般表现为三方面:

第一,转换平台。主持人在同一媒体的不同栏目或不同媒体创作内容和提供意见,扩大自己的影响范围。

第二,转换身份。一个优秀的主持人,更容易使人对他产生总体的信任。如白岩松,不但是中央电视台的节目主持人,也是新闻频道多档节目的创始人和策划,同时还是《新闻1+1》节目的新闻观察员。

第三,加强影响。主持人对流动的受众群体在某一方面始终保持强大的吸引力并有可能获得新的受众群。

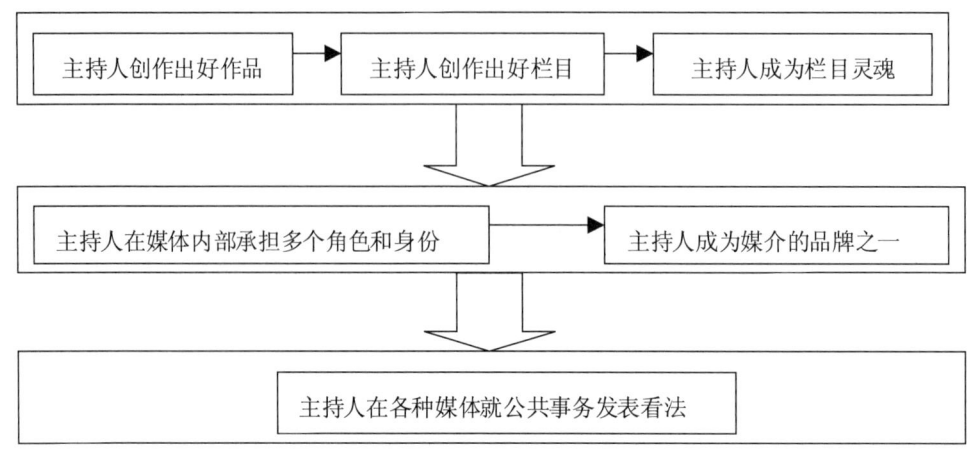

图4-3 主持人影响力的迁移

当然,主持人要实现影响力迁移应当满足以下条件:首先,主持人的信息能力在原有平台上已经做出了极大的成就,得到了广泛认可。其次,主持人的信息能力能够在新领域、新平台有效施展。

综上所述,凭借自身的信息能力深入内容层面创作成就了一批主持人。他们在掌握大量信息的基础上,明确政策导向,尊重社会舆论,通过对已有信息的辨析,逐渐形成独立的思考和判断,逐步达到对新闻事件的深入报道和对核心观点的准确言论,走的是正确、笃实的创作道路。当前,广播电视新闻传播质量要整体提高,需要一批能够快速地高水平地处理各类新闻信息的主持人。主持人如果在职业发展的道路上放弃了自身在内容层面的作为,迷恋各种形式的包装,必然导致自身形象内涵肤浅化、空洞化。

四、主持人信息能力的培养

尽管许多新闻节目主持人已经意识到信息能力的重要性,但整体看来,主持人实际表现出来的信息能力水平仍有待提高。首先,主持人的信息培养意识个体差距较大。责任意识强烈的主持人会更主动培养自身的信息能力,为内容负责;反之则未必。其次,主持人信息能力的强弱与主持人在节目中的创作任务和功用大小有关。从不同类型的节目比较来看,调查、访谈类节目主持人无法做过多的事前设计,即兴发挥的机会多,创作的主动性、即时性、动态性强,客观上也激励主持人提高信息能力。第三,从不同形态媒体的比较来看,广播新闻节目主持人信息能力整体较好。当前,除了传统的消息类节目外,一档广播节目的创作团队也就三五个成员,有的甚至是主持人"独立作业",从选题、策划到制作播出都由主持人完成。这种条件下,主持人必须为内容创作负责,久而久之,也培养了自身的信息能力。相对广播而言,电视强调合作,团队作业的时候多,这在客观上减轻了主持人在信息处理方面的压力。另外,主持人节目的发展以及对主持人的角色、功用、主持技巧的研究和思考都依托于媒体整体发展。主持人信息能力的提高需要媒体的机制支持。当前,多数媒体留给主持人的创作空间有限,不能充分支持主持人功用的发挥。许多主持人在节目中仍只是起到串联作用,信息能力并没有被提到重要位置。

  解决上述诸方面问题,首先需要转变意识:从主管领导、栏目成员到主持人自身都要充分认识信息能力对节目质量和主持人成长的意义。主持人的品牌不是媒体赋予的结果,而是主持人自身积淀得到受众承认的结果。节目主持人有必要参与内容创作,为内容负责。从未来发展看,直播是广播电视的常态,主持人必然要独立面对动态性、重要性、即时性兼备的节目内容,没有过硬的信息能力将无法胜任工作;而这种能力的获得需要长期积累,应及早培养。其次要优化机制:主持人中心制、主持人主创制等栏目运转机制对主持人参与内容创作有一定的激励作用,广播电视媒体也可以确立其他适合自身实际情况的机制。实际机制应体现以下原则:一要凸显主持人的角色和功用,二要适应节目需要,三要结合主持人实际能力,四要尊重主持人的劳动成果和价值。第三是节目创新:节目是主持人创作的重要平台和依据,主持人创新依托于节目的整体创新。仅从节目形式看,有的形式支持主持人发展、发挥信息能力,有的形式则不然。以中央电视台地震直播报道为例,新闻频道大胆启用大时段直播的形式,给主持人提供了现场访谈、直播连线、即兴议论的机会。这种形式在客观上促使主持人树立信息意识和提高信息能力。第四也可以专门培养:提高主持人信息能力也可以借助外界力量,比如请专家或优秀的同行传授技能和经验。我们提倡主持人在工作和实践中主动积累经验。有条件的媒体,也可以考虑定期研讨,集思广益,有意识地培养主持人的信息能力。

  如何提高学生的信息能力对于播音与主持相关院系来说也是不能回避的问题。当前的现状是:第一,学生缺乏自我培养信息能力的意识。每个学生对节目主持人的职业角色的认识不尽相同,对职业要求有不同的理解,对未来的行业发展也有不同的预测,因而,对于"是否参与内容层面创作"、"参与内容层面创作需不需要信息能力"、"什么是信息能力"、"如何培养"等问题认识模糊,重视程度不一。况且,学生的学习基础不同,兴趣相异,思维能力有高下,知识面有宽窄,这使他们处理信息的热情和能力也不一样。第二,学校没有明确的培养意识和合适的培养方案。多数院校的播音主持专业侧重于学生语言表达能力的训练,尚没有树立起培养学生信息能力的意识。院校培养又涉及课程设置、师资安排、教材建设等方面的问题,牵涉颇多,的确存在开展的困难。第三,行业选拔中存在的急功近利的标准影响了学生的学习目标和学校的培养方向。当下,不少广播电视媒体仍唯"相貌、声音"马首是瞻,注重一时的亮丽和耀眼,缺乏内在的考察和长期培养的意识,主持人替换率高。这也促使院校和学生不愿意在信息能力等综合素质培养方面下大力气。

我们认为职场竞争日趋激烈,专业院校和年轻学子有必要将眼光放远,树立信息传播的责任意识,提高自己的信息能力,为未来发展打好基础。首先,认清行业未来,改变培养思路。从中央电视台、凤凰卫视等几大媒体的节目及其主持人表现中可以窥见,广播电视媒体是主持人媒体。这意味着主持人在传播中的重要地位,更说明媒体对主持人的综合素质要求越来越高,主持人的传播责任在加重。从学校到学生都应认识到,为了适应未来发展的需要,有必要从培养信息能力入手,加强学生的内容创作能力。其次,创新培养计划,设置专门学时。以课程教学的方式,可以直接作用于学生信息意识的改变和信息能力的提高。比如,借鉴当前播音小课教学模式,增加多媒体网络教学设备,以专门的课程或在课程中融入专门的环节增加信息处理的训练;或者实行小组制,由老师组织学生进行阅读和话题讨论,帮助学生建立更为理性的信息批判意识和成熟的信息批判能力。第三,培养师资,改变教师的知识和能力结构。在学校教育中,教师是学生成长的关键外部因素。教师树立明确的信息处理意识,加强信息能力,可以直接带动和帮助学生改善信息能力。

广播电视节目主持人深入节目内容创作已是大势所趋,参与处理节目信息是其分内工作。信息能力是主持人职业素养之一,是主持人建立独特视角和扎实言论的基础性能力之一。北京交通广播《一路畅通》节目的主持人王佳一就认为自己的首要任务是信息服务,即"收集信息、整理信息、发布信息并通过和听众的互动、信息的循环发布和利用,实现信息价值的最大化"。面对"路况信息、交通信息、新闻、资讯、听众手机短信发来的求助信息、主持人和听众的解答信息等",她说,"主持人就像厨师一样,要善于烹调,原材料就是信息"①。中央电视台经济频道《对话》栏目的主持人陈伟鸿也表示,在节目筹备和策划阶段,他要做好三层工作:"一、对有关情况做分类和筛选,消化导演组搜集的相关资料材料,从各种纷繁芜杂的资料中找出关键点,确定选题方向;二、在消化材料的基础上考虑'如何推进话题';三、与导演确定文案的详细脉络。"②以上两例无疑都说明了信息能力对于节目主持人创作的意义。综上所述,当下无论是院校还是一线,应认清行业总的发展趋势,以优秀的从业者为样本进行深入研究,找到有效的主持人信息能力培养路径。

---

① 王佳一:《畅通评议》,人民交通出版社2008年版,第6页。
② 笔者根据吴郁教授对陈伟鸿的采访录音整理。

主题分析：主持人知识结构与阅读

即兴口语表达是主持人自身素质的诸方面对具体话题和语境的应激反应，其中知识结构尤为关键。结构化的知识系统是主持人形成职业判断的依托。当代作家阿城说过，一个人的个性是由其知识架构的特点所决定。知识储备居于口语传播的关键地位。主持人的创新思维并非灵机一动，而须以丰厚的知识储备和较强的学习能力为基础。知识储备影响着主持人对内容的挖掘和思考的深度，是主持人的发现力和内容创造力的根基，是消化新信息的背景，通过心理上的关联和对新信息的解释形成吸纳的作用，使新事物变得可以理解、分析、评价。若无知识上的准备，主持人对具体问题的把握和解释就不得要领。

"知识"有着广泛的定义。人情物理无一不是知识。即兴口语表达就是以主持人个人的知识储备，在较短的时间内，完成对新现象、新事物的解释。对于主持人的知识储备有以下建议：

广泛性：主持人应多涉及不同学科的知识以及某一学科的不同分支，开阔视野。

系统性：主持人除了新闻传播学的专业知识外，可以选择深入研究某一领域，形成知识系统。

准确性：主持人所掌握的知识要正确反映事物的本质，以便于接触相关或相似领域的具体问题时能敏捷地抓住要害。

独特性：主持人可根据自己的兴趣、爱好、需要以及学习的能力，尊重差异，形成独特的知识结构。

总体而言，主持人的知识结构应该对节目传播中遇到的具体事物和问题具有认知层面的解释力，以保证即兴口语表达的话语具有说服力。所谓解释力是指个人知识储备在分析具体事物时表现出的合理程度和有效程度。而说服力则指个人对事物的解释对其他人的想法和行为所产生的影响力大小。解释力是说服力的基础，说服力是解释力的结果。即兴口语表达中，主持人必然追求语言的说服力，希望受众能听进去，有共鸣。但说服力的获得必须以解释力为基础，主持人只有先加深自己对事物的认识深度，准确而有力地辨析具体事物，才能谈影响他人。

那么主持人应如何丰富自己的知识储备呢？我们认为，无论是通过书籍、报纸、杂志，还是当下流行的网络，阅读有助于主持人形成具有解释力的知识储备。有丰富阅读经验的人和对阅读活动有研究的人大都同意这样的观点：阅读即对话。通过阅读，个体超越时间和空间，就各个领域的话题，"约会"古今中外的贤哲。长篇论著也好，短文小诗也罢，打开书本，读者既能认识各种事物，还能体悟到作者缜密的思考、流露的真情。主持人广泛涉猎书籍文章，细致地阅读和体会，有利于开阔视野，加深思考。北京新闻广播《新闻天天谈》各位主持人都认为,主持人的内容创作能力是其职业发展的重要支撑。他们都重视信息的积累和消化。主持人方达长期阅读杂文,关注体育及社会性问题;主持人昌锋阅历丰富,关注新闻,乐于思考;主持人张红兵坚持剪报。同时,他们还认真细致地做好每一期节目的信息处理工作。

中央电视台新闻频道主持人、新闻观察员白岩松坦言,自己每天的阅读不会少于两个小时,既有"职业性阅读",又有"兴趣性阅读",还有"与时代无关的阅读",既照顾到专业工作的需要,又保证自己的思维能超越工作的局限,保持开阔的视野:"常规的不做明细了,非常规的如《周末画报》、《外滩画报》,这两个画报是想做好媒体的人必须看的东西。《周末画报》的新闻板块与经济板块提供的观点给你思维激荡是非常大的。还有,偶尔去看看《财经》。至于书,就像我刚刚说的,每天都要看些与时代无关的阅读,这与十年前的夜谈是有关系的。当时我去珠海做航展,钱钢当时在《南方周末》做,他和我说既有海量的阅读,但是也有连续几年的时间我只看梅林美的书,它改变了我的文字风格,我的思维方式。这个深深启发了我。每天有大量的资讯与职业阅读,但是必须有和时代无关的阅读,比如《听杨绛说故事》、《良友》中一篇关于一场十年前大火的文章等等。"①

图片说明:中央电视台主持人白岩松坦言,自己每天的阅读不会少于两个小时,既有"职业性阅读",又有"兴趣性阅读",还有"与时代无关的阅读"。
(图片来源于百度百科)

可见白岩松有自己的阅读理念和阅读的架构体系,所下的功夫很深,并且已经是长久的习惯,保持了高度的职业自觉。另外,节目的直播方式、访谈形式和新闻观察员的身份不允许他在事前的信息占有和处理上草草了事。他提到:"大家是否知道,我为了晚上能说,我白天在做什么。我大部分的时间都在家里,当选题下来时,我必须阅读细节,因为你骗不了观众,这是直播。这个东西问完你,你回答不出来,所以你必须有充分的准备。我白天一定是在准备,所以你在某种程度上必须是教授。"②

相对于广播电视即兴口语表达的言论范围,主持人个人的直接经验总是有限的。如果不通过阅读扩充知识面,恐怕很难对具体事情形成有说服力的解释,不能

---

① 笔者根据2008年11月白岩松在中央电视台地方部主办的出镜记者培训班上座谈整理。
② 笔者根据2008年11月白岩松在中央电视台地方部主办的出镜记者培训班上座谈整理。

从根本上改善表达的效果。因此,平时要有计划地扩大阅读量和阅读范围。

另外,虽然开卷有益,但要注意阅读的方法。不少专家学者对阅读进行了研究并提出了宝贵的意见和建议。由美国学者莫提默·J.艾德勒和查尔斯·范多伦共同撰写的《如何阅读一本书》,对阅读进行了深入的分析。两位作者提到了一个阅读者应提出的四个基本问题:"①整体来说,它到底在谈些什么?你一定要想办法找出它的主题,作者如何依次发展这个主题,如何逐步从核心主题分解出从属的关键议题来。②作者细部说了什么,怎么说的?你一定要想办法找出主要的想法、声明与论点。这些组合成作者想要传达的特殊讯息。③它说得有道理吗?是全部有道理,还是部分有道理?除非你能回答前面两个问题,否则你无法回答这个问题。在你判断它是否有道理之前,你必须先了解它整体在说些什么才行。然而,等你了解了它,如果你又读得很认真的话,你会觉得有责任为它做个自己的判断。光是知道作者的想法是不够的。④它跟我有什么关系?如果这本书给了你一些资讯,你一定要问问这些资讯有什么意义。为什么这位作者会认为知道这件事很重要?你真的有必要去了解吗?如果这本书不只提供了资讯,还启发了你,就更有必要找出其他相关的、更深的含意或建议,以获得更多的启示。"①

由此可见,高效的阅读强调读者的自觉和责任。通过上述问题的引导,我们能够更好地展开阅读,并对阅读的效果进行自检。而只有成为一个负责任的读者,主持人才可能真地通过阅读获益。

第二节　逻辑思辨能力

逻辑思辨能力是个体面对具体的现象、事实、材料展开理解和辨析的方式及素质,包括理解力和思维方式。古人云:"一经通,一切经通"。生活中,有的人接触新事物后很快就能熟悉和掌握其特点,可有的人却长期摸不着门道。显然,前者的理解力较强。理解力是指一个人理解新概念、新事物的敏捷程度和准确程度。理解力是长期形成的对事物的接受能力和反应能力,是主持人进行传播的必要条件。它使得主持人在面对具体的传播问题时能够敏锐判断。思维方式则是指一个人进行思考的途径和方法。有的人理解力不差,但是因为思维方式的限制,对具体事物的把握往往不周全。理解力和思维方式相互关联,理解力的提高依赖于思维方式的开拓,思维方式的改进又须以理解力为基础。

---

① 莫提默·J.艾德勒、查尔斯·范多伦著,郝明义、朱衣译:《如何阅读一本书》,商务印书馆2004年版,第43—45页。

图片信息：思考是表达的后盾。点亮智慧之光，才能更好地散发言语表达之魅。
（图片来源于百度图片）

就即兴口语表达而言，思辨能力决定了主持人信息处理和逻辑演绎的效率，是主持人应变突发情况的前提，最终影响到与受众之间的交流。本节关于思辨能力的阐述集中于思维方式上，着重分析发散思维、集中思维、价值思维、批判思维、类比思维、应变思维等六种常见方式。

一、发散思维

发散思维是指沿着各种不同的方面去思考，重组现有的和记忆中的信息，产生新信息的过程。美国心理学家J.P.吉尔福特认为："发散思维是从给定的信息中产生，其着重点是从同一的来源中产生各种各样的为数众多的输出，很可能会发生转换作用。"①

有的主持人总觉得没什么可谈，有的主持人则是在完成即兴口语表达后才意识到还有很多内容没有谈。出现这些情况，原因在于表达中思维线性导致思路郁结。在即兴口语表达中引入发散思维，旨在解决这种思路僵化的问题。发散思维的训练有助于主持人自如地根据话题展开联想。具体而言，发散思维有两点作用：首先是从一到多：良好的发散思维有利于联想到相关和相似的其他事实材料，形成事与事之间的比较。其次是从抽象到具象：通过发散思维则可以集纳更多的具体材料。

发散思维的训练可以从两方面着手：(1)畅通联想：思维习惯于不拘一格，触类旁通；(2)超常联想：提出与众不同的想法。

图片说明：发散思维强调思维的迁移，肯定了具有创造性的合理想象。
（图片来源于百度图片）

---

① 吴郁：《主持人思维与语言能力训练路径》，中国广播电视出版社2005年版，第2页。

二、集中思维

集中思维指以现象或问题为中心,在大量信息的基础上,从众多已知条件中找出最佳解释或答案的思维方式。集中思维具有两方面特点:首先是指向性,思维指向某一目标。其次是可行性:思维结果具有操作意义。发散思维可能会帮助主持人获得更多的想法,但也可能因为思绪纷繁令主持人自乱阵脚。在即兴口语表达中引入集中思维,重在解决由于中心不明、主次不分而导致的"因多而乱"问题。集中思维有利于化繁为简,主次适位,多而不乱。在即兴口语表达中,主持人的集中思维表现为:(1)主线清晰,一以贯之,分论点和材料始终围绕主线展开。(2)中心明确,主次分明,明确中心

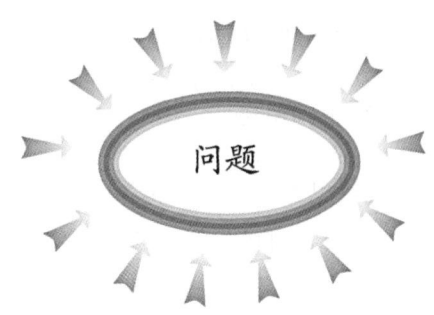

图片说明:集中思维以现象或问题为中心。
(图片来源于百度图片)

论点,分清关键的细节和重要的事件,主次安排恰当。训练和运用集中思维,一要敢于追问:针对某一话题或现象,顺着一个目标,通过不断追问,直至问题根源。二要精于概括:确定视角,言简意赅地归纳。

三、价值思维

遇到问题时,人们一般考虑:问题有几方面,有几种解决方法?选哪一种为好?这种常见的围绕细节和选项的思考方式是"选择中心思维",是一种"反应式思维"。价值中心思维(简称为价值思维)与之不同,它的核心在于对价值的思考,重在辨析具体情况下的第一价值;思考时,始终将"第一价值"作为核心问题,是一种"前瞻性思维"。

成熟的价值体系是即兴口语表达能力的根本。即兴口语表达的过程离不开判断和推理,其所依据的就是个人的价值体系。无论组织口语还是逻辑推理,主持人所持观点和表达的情感态度都源自其自身的价值体系。对具体事物的判断、观点、态度是主持人价值体系的应激反应。我们认为,这里的价值体系包括两方面:一是引起公众关注和价值思考的公共价值标准;二是主持人的职业伦理,如创作观念、职业自觉(包括对主持人职业、职业角色、传播资格、主持人的话语权等的认识)、职业使命等。面对具体事物,主持人只有清楚自己的价值判断尤其是第一价值是什么,才能明确语言目的,把握好表达的方向。因此,价值思维表现在即兴口语表达中,也可以说是"第一传播目的"的思维方式。

没有明确和稳定的语言目的,主持人自然不能很好地展开述评。在即兴口语表达

中引入价值思维,有利于主持人将思维集中于表达的目的。准备表达时,主持人不妨追问信息涉及哪些内容、自己的判断是什么、语言目的指向什么、在此基础上所做的推理和结论有多大的解释力等问题,力求抓住表达的主旨。概而言之,主持人在即兴口语表达中运用价值思维的要点在于:首先,明确个人的价值标准和语言目的应优先于任何其他活动,直到能够用语言清晰地表达;其次,根据已经明确的价值标准和语言目的判断材料,形成思路。

四、批判思维

批判思维是指面对事实和相关意见时,主持人能够独立思考,有理有据地做出合理的、明智的判断。它表现出强烈的自觉性、反思性,力求客观公正地评估事实。看到"批判"两个字,不少人把它等同于"强烈地反对"。其实,没有理由地反对恰恰违背批判思维的原则;而经过思考确定对方无误,就应该给予肯定和支持。批判的关键在于"判断有理有据"和"判断的独立性"。

(1)强化理据意识:理据意识是批判思维的核心。即兴口语表达中,主持人应该能够回答得了"掌握了哪些信息""自己的判断是什么""判断客观吗""掌握的信息有说服力吗"等问题。

(2)追求独立观点:面对事实、材料或他人观点,主持人不能满足于引用和列举,应力求形成自己的判断。

理据意识和独立观点在评述中如何表现和运用,我们以美国总统奥巴马的胜选演说为例:

> 这才是美国真正的精华——美国能够改变。我们的联邦会日渐完美。我们现在已取得的成就为我们将来能够取得和必须取得的成就增添了希望。
>
> 这次大选创造了多项第一,也诞生了很多将世代流传的故事。但是今天晚上令我难忘的却是在亚特兰大投票的一名妇女:安－尼克松－库波尔。她和其他数百万排队等待投票的选民没有什么差别,除了一点:她已是106岁的高龄。
>
> 她出生的那个时代奴隶制度刚刚结束;那时路上没有汽车,天上也没有飞机。当时像她这样的人由于两个原因不能投票,首先她是女性,其次她是黑人。
>
> 今天晚上,我想到了她在美国过去一百年间所经历的种种:心痛和希望;斗争和进步;在那个时代,我们被告知我们办不到,一些人继续坚信美国的信念——是的,我们能做到。
>
> 妇女当时没有投票权,她们的希望被挫败,但是安－尼克松－库波尔活

着看到妇女们站了起来,看到她们站出来发表自己的见解,看到她们参加大选投票。是的,我们能做到。

当30年代的沙尘暴和大萧条使人们感到绝望时,她看到一个国家用新政、新的就业机会以及对新目标的共同追求战胜恐慌。是的,我们能做到。

当炸弹袭击了我们的港口、暴政威胁到全世界,她见证了一代美国人的伟大崛起,见证了一个民主国家获得拯救。是的,我们能做到。

她看到蒙哥马利通了公共汽车、伯明翰接上了水管、塞尔马建了桥,一位来自亚特兰大的传教士(新浪编者注:即民权运动领袖马丁-路德-金)告诉人们,"我们将克服阻力"。是的,我们能做到。

人类登上月球、柏林墙倒下,世界被我们的科学和想象连接在一起。今年,在这场选举中,她用手指触摸屏幕投下自己的选票,因为在美国生活了106年之后,经历了最好的时光和最黑暗的时刻之后,她知道美国如何能够发生变革。是的,我们能做到①。

奥巴马借用106岁高龄的安－尼克松－库波尔的经历和视角,提到了美国和世界所发生的种种改变,所取得的种种进步。这些改变和进步无疑都指向了奥巴马开始提出的观点:"美国能够改变。我们的联邦会日渐完美。我们现在已取得的成就为我们将来能够取得和必须取得的成就增添了希望。"可以说,奥巴马的观点之所以能够深入人心,不只因为面临金融危机等动荡因素时,他始终在正面引导,鼓舞人心;而且,他从历史和现实中集中了大量的材料支持观点。

五、类比思维

类比思维是生活中常见的思维方式,比喻就是类比思维的一种。遇到了说不明白的情况,我们常用"好比是……"来解释。类比思维通过两个事物的比较印证和说明其中一个的特点,有助于我们更直观地理解事物。类比思维在即兴口语表达中具体体现为:其一,表达中,主持人借此说彼,用大家熟悉的事物说明不熟悉的事物,方便理解和接受。其二,主持人通过分析事物总结规律和方法,并将此运用于解决其他相似问题。

类比思维可以让主持人即兴口语表达明白晓畅,而且还可以使表达深入浅出,富于趣味。在即兴口语表达中,主持人运用类比思维可以从以下方面入手:(1)同类比较,说明特点。主持人可以关联同类事物,或分析其共性,或比较其个性。(2)运用比喻,形象易懂。在遣词造句时,主持人可以合理地运用比喻、比拟等手法,深入浅出地说明事物,让表达显得清晰、有趣。《人民文学》杂志的编辑崔道怡先生在中国传媒大

---

① 奥巴马:《胜选演说》,中国新闻网,www.chinanews.com/gj/xwbj/news/2008/11-05/1438922.shtml,2008-11-5。

图片说明:图中所示的荒唐做法,是对类比思维的错解和误用。类比思维一定要以语境和事实为前提,是有条件的类比。类比条件合理,才能达到认识和说明事物的作用。

(图片来源于百度图片)

学某次讲座中提到,"文学是情学""作家是情种""作品是情书",他认为,"作家应该成为读者感情的上帝"。崔先生有极为深厚的文学修养,这些巧妙的比喻很别致地解释了文学与情感之间的关系,让人耳目一新,对于主持人语言表达也是一种启发。(3)借题发挥,巧妙引申。有的情况下,两个事物虽无法比较属性,也没有必然关系,但是通过字面和语音上的相似性,主持人可以有所引申和发挥,改善说话的效果。需要提醒的是,借题发挥,巧妙引申,目的是为了说明事物,最后一定要符合事实和语境,不能为引申而引申。

在中央电视台播出的一带一路特别报道《数说命运共同体》中,欧阳夏丹的出境报道就大量使用了类比的思维方式。比如在第一集《远方的包裹》中,为了说明中国的消费市场为一带一路沿线国家提供了诸多机会,夏丹举泰国的橡胶产业为例:"这里就是曼谷的一家乳胶枕工厂,在这些流水线上的枕头,每一个在中国的售价就是600多人民币。那同样是这个价格,如果不是卖枕头而是卖天然橡胶的话,泰国的橡胶林里就需要产出120公斤的天然橡胶。在泰国东部,尖竹汶府的这个橡胶林里,为了得到这120公斤的天然橡胶,一个割胶工需要起早贪黑的连续劳作4天,才能从200棵成年橡胶树上换来足够多的收获。而你知道吗?这么多的乳胶,都够做30个枕头了"①。通过比较,我们可以很清晰地了解到,"中国消费升级带来的巨大需求,在相当程度上抵消了原材料价格大跌对泰国这个橡胶生产第一大国的不利影响"②。同样,为了说明一带一路沿线国家的海运情况,夏丹先谈600年前的情况,再较之以当今的情况:"600多年前,当时世界规模最大的船队就是由200艘这样的海船组成的。我现在所在的这条船,它全长是有31米,大概比一个标准的篮球场还要长一点。凭借着指南针和先进的航海技术,商人们从中国的沿海港口出发,运送香料、茶叶、丝绸、瓷器等等,在东西方之间做起了跨洋生意。船的外边呀,就是无边无际的大海。商人和船员们呢就是住在这样的一个船舱里。他们可是要花上好几个月的时间,迎风破浪,远渡重洋。不过,他们无论如何也想象不到,在600年后的今天,四大洋上的货船已经增加到了

---

① 中央电视台新闻频道一带一路特别报道《数说命运共同体》第一集《远方的包裹》,2015年10月3日。
② 同上。

30多万条,承担着全球贸易运量的80%海上丝绸之路,又再度成为了全世界最繁忙的航线之一。我现在所在的青岛港啊,就是全世界规模最大、效率最高的集装箱码头。我脚下的这个集装箱呢,就有三十吨重,现在每隔5秒中,就有一个这样的集装箱从这里装船起航,运往一带一路沿线国家"①。通过两相对比,夏丹的报道不但可以让受众清晰地了解到当今海上丝绸之路的繁荣景象,而且形象生动,更能激发受众对一带一路战略规划的认同感。

这样的对比在夏丹的报道中非常多,比如为了说明中国人所喝掉的红茶数量之多,夏丹是这么处理的:"像这样的红茶啊,光2014年一年,中国人就喝掉了6100吨。这6100吨是个什么概念呢?像这样500克一盒的西兰红茶,我一盒一盒这样排列起来的话,可以从北京排到上海"②。而为了说明阿姆河气田对我国的意义,她解释道:"从这里出发的天然气以每小时80公里的速度,奔跑了四天,就来到了这里,深圳。它的到来,结束了深圳市用气紧张的时代。现在,深圳每天用气量最高的1小时,可比这之前足足多出了10000立方米。这些多出来的气呢,足够3万个家庭做好一顿饭了"③。为了说明泰餐店用掉泰国朝天椒之多,她也通过类比来实现:"这样的一家店啊,一年要用掉一顿的泰国朝天椒。这是一个什么样的概念呢?你看,这个盘儿里装的是一斤的量。那么,如果把这一斤的红辣椒倒进我这前面的大锅里,这一年就得是60口这样满满的大锅"④。而在第七集《中国制造,您选啥》中,为了说明著名的迪拜龙城有多大,她的解释是"这个建筑群足足有47个足球场那么大"。从夏丹的实践中,我们可以看到,主持人巧用类比,可以帮助受众更好地了解事物,明确与事物相关的客观数据到底意味着什么,使受众能更为深刻地把握事物。

六、应变思维

在即兴口语表达中,心理紧张容易抑制主持人的思维能力,导致主持人在面对话题和材料时,缺乏思维的积极性和爆发力。而应变思维是指从节目语境出发,根据目的、内容、对象的变化,及时巧妙地处置动态情况的思维方式。它所强调的正是思维的爆发力,是主持人处变不惊的心理能力、知识和经验的积累在特殊情境下的思维冲力。在即兴口语表达中,主持人的应变思维体现为:其一,在细节的刺激下,主持人从心理紧张突转为心理兴奋,很快理清了表达的主题、线索和层次。其二,主持人的长期积累在情境因素的刺激下,思维一下子活跃起来,达到了平常未曾有的深度。应变思维的训练关键在于设置动态环境和干扰因素,激发主持人调动自身的知识积累,自觉调节

---

① 中央电视台新闻频道一带一路特别报道《数说命运共同体》第一集《远方的包裹》,2015年10月3日。
② 中央电视台新闻频道一带一路特别报道《数说命运共同体》第三集《文化的旅行》,2015年10月5日。
③ 中央电视台新闻频道一带一路特别报道《数说命运共同体》第四集《奔跑吧,能量》,2015年10月6日。
④ 中央电视台新闻频道一带一路特别报道《数说命运共同体》第五集《食物背后的故事》,2015年10月7日。

心理状态并保持思维的稳定和连贯。比如,了解即兴口语表达的动态语境,分析可能出现的干扰因素;有意训练表达被长时间打断之后的接续,培养注意力的稳定性;表达时遇到干扰因素且临时又不能解决时策略化地调整话题。

对于主持人而言,临场应变虽非易事,但却是职责所在。因而,应变思维是主持人不可或缺的思维方式。以主持人汪涵为例。在湖南卫视《我是歌手》第三季2015年3月27日的"歌王之战"直播中,孙楠突然宣布退赛,给他出了一个难题。面对这一难题,汪涵首先是通过与孙楠的对话,确认事实:

楠哥(指孙楠,笔者注),我特别想问一下,您说的话都是您此时此刻内心的所想所感,都是你自己拿定主意之后的观点?

在得到孙楠的确认后,汪涵接着说:

好,是这样吧。

既然我是这个舞台的节目主持人,接下来就由我来掌控一下。首先请导播抓紧时间为我准备一个三到五分钟的广告时间,谢谢!我待会儿要用。接下来我要说的这段话有可能只代表我个人的观点,而不代表湖南卫视的立场。

我从二十一岁进入到湖南广电,所以我觉得我自己身上的很多优点和很多缺点似乎都打上了湖南广电的很多烙印,包括所谓没事儿不惹事儿,事儿来了也不要怕事儿。对于一个节目主持人在这么大一场直播当中,一个顶尖级的歌手、一个顶梁柱一样的歌手,突然间宣布退出接下来的比赛,我想应该是摊上事儿了,甚至是摊上大事儿了。

但是说实话,我的内心一点儿都不害怕,因为一个成功的节目有两个密不可分的主体,除了这个舞台上的七位歌手之外,还有电视机前的亿万观众和现场的这么多的观众。我之所以不害怕是因为你们还真诚地踏踏实实地坐在我的面前,我还可以从各位期待的眼神当中读到你们对接下来每一位要上场的歌手,他们即将演唱歌曲的那一份期许。我还可以从各位的姿态当中可以感受到你们内心的那种力量,这个力量足够给楠哥,给红姐(指韩红,笔者注),给The One,给李健,给维维,给黄丽玲,给所有的歌手,给彦斌,已经准备好了,会有千万个掌声要送给他们。

楠哥,不信,你听。【现场观众的掌声】

这是我要说的第一层意思。第二层意思我想表达的是,我虽然不同意楠哥的一些观点,但是我誓死地捍卫您说话的权利。所以刚才我由话筒听到那一段的时候,我并没有试图打断您要说的话,虽然我可以这么做。其实每一位歌手来到这个舞台,他都有权利选择我来或者是不来。

当然,您自然也有权利选择在您认为是对的时刻,依着自己认为对的那个心情做出你要离开的这个决定,所以我相信我们应该尊重一个成熟男人在这一刻做出的决定。当然,我们在这里提出一个希望和请求,就是希望您以一个观众的身份继续坐在这个地方,来看你最爱的弟弟妹妹们向歌王的舞台进军,我也相信我们现场的500位大众评审已经做好了准备,用掌声来接纳这位不期而至的观众,不信,你听。(现场观众的第二次掌声)

接下来对于我个人而言,一个主持人,我在台上不可能有这么快的反应速度,也不可能有这么大的权力,来重新调整接下来因为楠哥的退出而要改变的比赛的规则。因为有一个歌手要退出,所以比赛规则都要做相应的改变,所以有请导播在这一刻给我放三到五分钟的广告,我要跟我们的制作团队、跟我们的领导一起商量,怎么来进行节目上的和赛制上的相应的调整。各位亲爱的观众朋友,真的千万不要走开。还是那句话,真正精彩的时候,或许会从广告之后才开始,马上回来!

节目总导演洪涛赛后表示,直播流程有台本,但也只是设置一个流程规则;具体发生什么,仍然要看现场。这反映出主持人汪涵在直播现场的工作环境具有开放性、不确定性,因而具有挑战性。对于节目的主持人汪涵而言,孙楠退赛加剧了环境的动态变化,是现场的"节外之枝"。

汪涵的现场表现,可以说展示了一个成熟的主持人在突发情况面前的思维冲力。从应变思维的基础层面看,首先,他表现出了稳健的自我心理控制,第一时间与歌手确认退赛决定,然后才转入下一环节。另外,从现场表现看,他不忘调侃自己"摊上事儿"了,放松自己,也放低自己,有其一贯幽默的风格。作为处于动态语境的主持人,确认应对的对象,不急不慌,稳住阵脚,才能保证应变思维的质量。其次,汪涵也表现出了稳健的环境控制能力。这里有三个层次:一是从节目进程上看,他有感而发,灵活调动思维,完成了三分钟左右的即兴独白,应对了"突变",为节目调整争取必要的场上时间与空间,实现了对节目进程的驾驭。二是从团队协作来看,汪涵估计了节目调整的必要时间,从一开始就请导播准备三到五分钟的广告,并在尾部提请播放,为突发情况下团队间的有效配合,做了比较好的衔接和提示。三是从传播关系来看,他把握到了突发情况带给受众的冲击,在话语中将受众放在"节目主体"的位置,正面肯定受众与节目之间的关系,肯定受众的作用,激发受众对节目的认同情感,带动现场观众参与互动,稳住了受众。而话语的传播效力从大众对汪涵的赞誉也可见一斑。

值得辨析的是,应变不等于"抖机灵"。汪涵在现场从思维应激到言语生成的表现,反映了他在知识、经验、价值思索方面的沉淀,是其职业素养在特殊情境下的体现。在这次突发情况处理中,汪涵的表现之所以为人称道,除了能够快速组织语言之外,还在于他有作为主持人的担当,如他自己所言"事儿来了也不要怕事儿",起到了场上"稳定器"的作用。而对于自己现场的处理和言论,出于对所处团队和所在媒体的声誉考虑,他也特别说明是自己的观点,尽力降低现场处理可能带来的传播风险。另外,无论孙楠退赛的打算导演组是否知道,但可以肯定的是,现场观众和电视机前的观众以及其他参赛选手是不知情的。作为现场的主持人,汪涵保持了清醒,控制了情绪,把握了节目发展的正常方向。他不但第一时间把握住了观众的情绪,并给吃惊的其他参赛选手以安抚和鼓励,而且也给孙楠台阶儿下,把在现场的人(孙楠、其他参赛选手、观众)都引导到应有的态度上来。如上可见,汪涵扎实的职业素质使得他可以得体应变。这让我们看到了主持人临场应变的根基之所在。

整体而言,汪涵的这段即兴话语,反映在荧屏上,传递了真诚的态度,展现了应变思维的敏捷性,实现了传播功能,值得肯定。

阅读与思考:人类需具备五种思维能力①

陶志彭

美国著名心理学家霍华德·加德纳在其新著《迈向未来的五种思维能力》一书中解释了人类面对21世纪需要具备的五种能力。智利《信使报》1日刊发文章概述了这五种思维能力。

条理性思维:在各种繁杂的信息中按重要性分辨信息,并加以梳理。

综合性思维:把各种分散的事物综合在一起。把知识连贯起来的能力,使它们更加有意义,并使之变得可以传达给他人。

创造性思维:有创造力的人就是那些总能有一些新想法跳入脑中的人,而由他们所想的新鲜事物则需要时间才能被人接受。加德纳认为,如果不能掌握至少一门学科和艺术门类或手艺,就不可能具有创造力。加德纳说:"认知学告诉我们,平均需要10年时间才能掌握一项手艺。"莫扎特虽然在15岁时就写出了优秀的作品,但那也是因为他从4、5岁便开始了尝试,同样的例子也发生在著名画家毕加索身上。有创造力的人总能把握住机会,勇于承担风险,不惧怕挫折和失败。

尊重的思维能力:加德纳认为这种思维能力是最容易理解的,但却是最难达到的一种思维能力。尊重产生于各种对等关系中。在我们生活的这个复杂世界中,人类必须永远把尊重置于首要地位,要尊重个体之间的差异。

道德思维能力:这种思维能力比上述所有思维能力都更加抽象化。加德纳指出:"道德思维能力并非说霍华德·加德纳应该如何对待他人,而是说我是一名老师、作家、科学家,同时我也是公民,是我任教的大学、生活的社区、我的国家乃至全

---

① 陶志彭:《美学者:人类需具备五种思维能力》,新华网,news. xinhuanet. com/world/2009-05/04/content_11310415. htm,2009-5-4,笔者略有删减。

世界中的公民,在这些角色中,我该如何行为处事?"在当下社会,事物瞬息万变,时间和空间概念都会随技术的发展而迅速地发生变化,市场变得越发强大,而且缺乏一种力量去改变它,因此在这样的环境下,人面对的挑战就是如何把美德、责任和道德结合起来运用。

请讨论:你如何理解美国心理学家霍华德·加德纳提出的条理性思维、综合性思维、创造性思维、尊重的思维能力、道德思维能力?主持人口语传播过程中会用到上述思维方式吗?

第三节 交流能力

交流能力是主持人完成即兴口语表达的具体能力之一,包括处理言语表达应具备的修辞能力和处理传播关系应具备的受众意识和对方意识。

一、修辞能力

修辞是说话者通过不同的修饰和策略性的方式达到更好的交流效果的过程。主持人即兴口语表达的修辞包括四个层面:

1. *语音修辞*

主持人通过有控制的吐字发声技巧增加表达的感染力。这对于专门从事节目主持工作或毕业于播音与主持艺术专业的专业人员而言是基本功,此处不多赘言。需要提及的是,主持人要避免一成不变的腔调。我们认为,没有普遍适用的"腔调"。以日常生活为例,没有绝对正确的说话方式。唯有适应语境的动态因素而变,才是唯一可行的路径。对于处于仪式、典礼等情境中的主持人而言,其表达的语音修饰度较高,显得庄重、华丽、典雅;而对于娱乐风格明显的场合来说,语音修辞的格调偏向于活泼、个性、随性;对于突发新闻报道来说适当弱化语音修辞完全可以得到受众的宽容;而在深度访谈当中,清淡、干净、趋近白描的方式反而给内容留出空间。主持人即兴口语表达中没有修辞和过度修辞都是应该避免的问题,语音修辞应自然流露而不着痕迹。

2. *语汇修辞*

语汇修辞应该是大多数人最熟悉的修辞方法,即通过炼字炼句,毫不费力地拣选合适的措辞,提升表达的文采。古人云,"言而无文,行之不远"。从语言的社会属性角度看,社会生活的变化一定会推动语言的创造。主持人应该具备表达新事物的语言能力。另一方面,从辞采的角度来看,炼字炼句的能力不但可以提高主持人表达的准确度,也可以改变主持人表达的文学性,令其具有审美的空间。主持人内容表述的文学化,是表达的情感化处理,是一种软处理。这不是弱化修辞,而是特别"格调"的修辞。

3. 语法修辞

语法修辞着眼于对语言手段的整体控制,令语言以不违背自身系统规律的方式,保证语义的形成是准确、顺畅、巧妙而有逻辑的。语法修辞是主持人使语言自身规范、清晰和逻辑化的努力。主持人通过必要的学习和长期的实践可以使语法修辞能力变成一种内在自觉,比如许多优秀的主持人都可以很规范地使用语言,他们的口语是名副其实的"精粹口语"。

4. 整体修辞

以上三点强调的是主持人即兴口语表达对语言规律的尊重。整体修辞强调的则是主持人在即兴口语表达中创造性、目的性使用技巧的修辞方式。准确地说,与其称整体修辞是一种修辞技巧,不如说它是一种修辞的观念。主持人即兴口语表达的修辞偏重宏观,强调意义的表达从整体上而言是完整的、准确的,允许微观层面出现语言杂质。在语义第一、目的先导的原则下,整体修辞更加注重语言的理趣和情趣,重在达到交流效果;而作为表达手段的语音、词汇和语法的精雕细刻相对而言偏向于微观。

总体而言,主持人即兴口语表达既要求微观层面的语音、词汇、语法准确生动;又要求宏观层面的逻辑自洽,浑然一体。在广播电视直播中的临时"找补"、现场报道、直播连线等实践中,主持人要创造性地完成即兴口语表达的修辞。

二、交流意识

交流感是受众对于主持人是否融入交流的主观评价和感受。交流感不仅仅是"我说着,你听着"做做样子。除了熟练的内容、恰切的表现形式,交流感还以适宜的交流意识为基础。交流意识指主持人妥善处置不同意见,尊重受众心理的传播观念。它表现为主持人在判断受众需要和反应的基础上,积极调动表达的愿望,主动调整表达的内容及方式。

交流意识首先指的是受众意识,照顾到受众的需要尤其是心理需要,展开与受众之间的深层心理互动。其次,交流意识还包括了即兴口语表达中的对方意识,即尊重不同观点,表达中照顾到不同事例和不同观点。准确的交流意识,可以激发说话者的思维、情感、态度,有利于提高即兴口语表达内容的覆盖力,加强交流的针对性,改善交流的效果。

1. 对方意识

对方意识原指论辩时说话者在表明个人态度倾向的过程中尊重对方的观点和立场的论辩理念。在即兴口语表达中引入对方意识,强调的是评述时主持人要尽可能地注意到与个人观点相关的其他观点。无论这些观点是肯定自己还是否定自己,主持人都应尽可能客观地提到并做出回应。通俗地说,在即兴口语表达中对方意识要求主持人"睁着眼睛,张着耳朵"说话,敢于面对不同观点并积极回应,避免因"屏蔽"相左的信息而导致片面和武断。主持人只有直面不同的意见才可能实现观点的平衡,从而提高表达的说服力。

主持人在即兴口语表达中落实对方意识,首先要在充分掌握事实的基础上,以事实为依据,罗列并比较各方观点。其次,除了罗列观点,主持人关键要有自己独立的判断并对判断做出充分说明和解释。主持人照顾到不同观点是为了更好地说明自己的主张,切忌"让自己的脑袋成为别人观点的跑马场"。再者,主持人可以根据事实和众多观点调整评述内容,提到相左观点时要注意语气和分寸。

2. 受众意识

从即兴口语表达的意义建构角度看,主持人与受众在不同环节各有主动性:主持人控制内容输出,受众则在文本阐释上有自己的主动性。即兴口语表达中,主持人应该重视受众的作用,具备基本的受众意识。受众意识是指主持人在信息处理、内容结构、语言组织和表达的过程中,始终考虑到受众的接受条件和心理需要,明确双方交流的基础,真诚地与受众交流的心理状态。准备表达时,主持人应该自问:这么说有没有人愿意听、受众能不能听明白、说话的方式和节奏是否符合受众的需要等。主持人在即兴口语表达中落实受众意识,需注意以下几个方面:

首先在日常生活中,注意观察和思考,加深对各种社会心理现象的认识。

其次,主持人表达以口语为手段,语音稍纵即逝。所以主持人即兴口语表达尽可能保持清晰的线索。以白岩松在耶鲁大学的演讲为例。整场演讲四十多分钟(包括现场翻译的时间),白岩松一开始提到"接下来就进入我们这个主题,或许要起个题目的话应该叫《我的故事以及背后的中国梦》。我要讲五个年份,第一要讲的年份是1968年",便于受众在较短的时间内理清线索。

第三,主持人即兴口语表达应有话语结构的设计:先说什么,再说什么?选哪个角度说?从哪个细节说起?是开门见山的直说,还是先铺垫再引出?结构巧妙的评述更能吸引听众。仍以白岩松在耶鲁大学的演讲为例。整个演讲由五个年份(1968、1978、1988、1998、2008)串起,通过"我的故事"讲述"中国梦"。这种"年份+故事"的结构方式既方便听众记取,又引人入胜。演讲开始时,白岩松是这么切入的:"过去的二十年,中国一直在跟美国的三任总统打交道,但是今天到了耶鲁我才知道,其实它只跟一所学校打交道。但是透过这三位总统我也明白了,耶鲁大学的毕业生的水准也并不很平均。"①这个短短的"引子",看似与演讲的主题无关。但从整个演讲着眼,这一"闲笔"无疑契合演讲的语境——耶鲁大学,切合演讲的对象——美国人富于"幽默"和"调侃"的心理。由此打开了演讲的局面。白岩松的这种设计,正是基于其对受众的准确认识和判断。

第四,受众意识还表现在主持人在即兴口语表达中应注意判断受众的反应,从说话的内容到说话的节奏都力求与受众达到呼应。以说话节奏为例,大家熟悉的地方,可以带过;可是遇到交流障碍时,就需要说话人放慢语速,甚至停顿,切忌自顾自说。还以白岩松在耶鲁大学的演讲为例:

多用"你"字,适度引入对方的作为和想法,帮助听众获得参与感,强化交流。如:

> 当然我知道那一年1988年对于耶鲁大学来说格外的重要,因为你们耶鲁的校友又一次成为美国的总统。

> 那一年(笔者注:指1998年)的主角就是克林顿。也许在美国你记住的是性丑闻,但是在中国记住的是他那一年访问了中国。

> 看样子奥巴马的确不想再接受耶鲁占领美国二十年这样的事实了。他用"改变"以及"梦想"这样的词汇,让耶鲁大学的师生在为他当选总统之后,听说你们举行了游行,甚至庆祝。在这个细节当中,让我看到,耶鲁的师生的一种超越。

提及听众熟悉的事物,通过内容的接近性制造心理上的亲近感和信任感,有利于激发听众的兴趣和认同。如:

> 接下来的年份该讲1988年了……那个时候我已经开始非常狂热地去喜欢摇滚乐。那个时候正是迈克尔·杰克逊还长得比较漂亮的时候。

顺手拈来现场元素,制造出其不意的现场效果。如:

> 在北大的克林顿的演讲当中,由于整个的克林顿总统的演讲,用的全是美方所提供的(这个)翻译,因此,她当时的翻译的水准远远达不到今天我们翻译的水准。

直接呼应,强化现场交流。如

> 三代人像经历了三个时代,但是在目前的中国你随时可以找到这样的家

---

① 白岩松:《我的故事以及背后的中国梦》,红帆网,sail. hnist. cn/html/shehuishijian/woxingwosi/2009/0928/253. html,2014—12—15。

庭。如果我没有说错的话,现场就会有很多的来自中国留学生,他们的家庭构成就是这样的,对吗?

另外,主持人也可以结合具体信息判断受众的需要。在明确受众需要的情况下,主持人需要反复调整表达,直到能自然而准确地感受到受众的需要并以此调动自己。

三、主持人交流能力的培养

培养修辞能力和交流意识,改善交流能力,可以从以下方面具体入手。

第一,培养倾听的习惯和技巧。通过阐释倾听在即兴口语表达中的必要性、重要性,构建"听在言先"的理念,区分并善用记忆性倾听、理解性倾听、批判性倾听等不同的倾听的方式,有效处理倾听中的细节问题。

第二,训练叙述的技巧。强化简述、详述、综述的基础练习;训练注意力的控制,如捕捉事实细节——重述文本中的事实和细节,说清和组织要说的意见;或捕捉观点——重述简单说理和叙述段落中的主要观点;通过编讲故事、重述新闻事实等方法练习叙述;通过故事化叙述、节目化叙述、新闻报道叙述等方式强化叙述练习与节目主持人实践之间的关联。

第三,训练说理的技巧。练习准确把握意见文本中的他人观点,区分原因与结果,区分看法、事实、结论的不同(看法一般指个人的看法,而事实却多指公认的知识);强化阐释能力的练习,提升意见的影响力。

第四,提高自我评估的能力,培养基本的传播理性,注意避免偏见、偏激。

第五,提高临场应变能力,既要加强有准备的累积型训练,也要加强准备时间较短的消耗型训练;设置情景变量,提高应变能力;将练习归入具体的语境、节目,注意即兴口语表达中的情态控制,达到练习的语境化、身份化、栏目化。

综上所述,主持人即兴口语表达能力是包括信息处理能力、逻辑思辨能力、交流能力在内的多方面素养的复合。而培养和提高主持人的即兴口语表达能力旨在形成主持人的价值自觉,提高主持人的信息能力、思维能力、口语表达能力、自我评价能力、表达过程中的调检能力,丰富主持人的口语传播经验,从整体上提高主持人的传播素质,培养负责任的大众媒体口语传播者。

主持人即兴口语表达的训练应注意科学化、语境化、分解性、能级性和个性化等基本原则。科学化是指主持人即兴口语表达的训练应该自成系统并指向能力的不同方面,训练有理可依,不能仅仅徘徊于形式层面。语境化是指主持人即兴口语表达训练可以选取特定内容,指定特定对象,在特定语境下结合特定目的进行。这旨在强调根据即兴口语表达中的变量来培养主持人的处理视角和表现方式。分解性是指主持人即兴口语表达训练可以尝试分解表达的"动作",便于学生在确定的动作单元内完成练习,也有利于教师有针对性地给予学生评价。能级性是指主持人即兴口语表达训练应由易到难,区分难度层级,适应学生的学习基础。个性化则是指主持人即兴口语表达训练可以通过小组教学的方式有针对性地解决学生的个性化问题,尊重学生独特却合理的个性特点。

当前仍有人质疑节目主持人才的可培养性,质疑专业院系的培养能力。我们认为,成熟的主持人需要在实践中成长,需要时间去沉淀,专业院校不可能去设定谁是未来的主持人,但是节目主持能力可以在专业教育中打下基础,高等院校可以为大众媒介培养后备人才。具体到主持人的即兴口语表达能力,根据即兴口语表达教学实际,我们认为,主持人即兴口语表达的培养目标既包括了夯实学生理论解释能力,又包括了提高学生的实践能力。主持人即兴口语表达的培养应将理论与实践"合二为一",培养具有人文性、适用性、创造性的口语传播人才。

本章小结

主持人即兴口语表达能力是多种能力的复合。本章分三节分别从信息处理能力、逻辑思辨能力和交流能力等三个主要方面入手,力求对主持人即兴口语表达能力的图式有所勾勒。本章第一节较为详细地分析了主持人信息能力的构成,包括信息的检索能力、筛选能力、解读能力、整合能力和传播能力,其中信源的使用与建设能力、信息价值的评价能力、信息的传播能力是信息能力的关键三项。主持人提高信息能力有利于改善节目的传播效果,也是主持人实现个人职业影响力的前提。另外,通过主题分析的方式,我们分析了主持人知识结构与阅读之间的关系。主持人思辨能力包括理解力和思维方式。本章第二节介绍了发散思维、集中思维、价值思维、批判思维、类比思维和应变思维等思维方式。对于主持人而言,准确而灵活的思维方式是有效完成即兴口语表达的保证。本章第三节从修辞能力和交流意识两方面阐释了主持人即兴口语表达所应具备的交流能力。

进一步阅读

秦琍琍、李佩雯、蔡鸿滨:《口语传播》第二章《修辞与说服》,复旦大学出版社2011年第1版。

张国光:《融合之境——口语传播修辞新论》,岳麓书社2011年第1版。

姜琳:《交流心理学》,清华大学出版社2008年第1版。

一行:《词的伦理》自序《诗歌中的技艺》,上海书店出版社2007年第1版。

步新娜:《媒介变革趋势下思维素质和口语表达能力的培养——播音主持即兴表达的教学实践和思考》,《新闻知识》2011年第5期。

步新娜:《强化和提升主持人即兴口语传播能力——播音主持专业教学改革问题探析》,《传媒》2014 年 10 月下。

赵伟东:《刍议主持人语言传播的四维空间》,《新闻传播》2004 年第 10 期。

朱朝敏:《修辞立其诚》,《文艺报》,2013 年 4 月 24 日。

思考题

1. 谈谈主持人信息能力的构成。
2. 谈谈主持人信息能力与节目传播效果之间的关系。
3. 什么是主持人影响力？什么是主持人影响力迁移？谈谈主持人信息能力与主持人影响力及影响力迁移之间的关系。
4. 什么是思辨能力？什么是理解力？什么是思维方式？主持人常见的思维方式有哪些？
5. 谈谈主持人即兴口语表达的修辞策略。
6. 什么是交流意识？如何培养主持人的交流能力？

第五章　独白式即兴口语表达（一）：演讲

第一节　演讲概述

一、什么是演讲

演讲一般指就公共议题在公开场合以一对多（偶尔也存在多对多的情况）的方式展开以信息交流与意见说服为目的的沟通交流活动。按西方口语传播学者的界定，演讲即是狭义上的公共传播。"其时空环境通常是在特定的环境中，向面临共同问题的社会群体进行的面对面的交流"[①]。而即便广义的公共传播，台湾学者游梓翔教授（1998）也指出，"公共传播是演讲相关教学与研究领域的泛称，尽管包括辩论学、言论自由、教学传播、法律传播、政治传播、说服研究以及修辞研究等口语传播的分科"[②]。无论从实践当中的传播形态还是教学当中的能力构成来讲，演讲过去是公共传播的源头，而随着传播科技的发展与公共空间的变化，演讲仍是新的公共传播绕不过去的基本能力。

演讲在西方文化传统中有相当长的历史，在不同的历史阶段亦有不同

图片说明：演讲广泛地运用于社会的各个领域。在政治上寻求呼应，在法庭上讨个公平，在社会生活中传递某种观念，都会用到演讲。登台演讲让人紧张，但也让人进步，并更好地建立自信。
（图片来源于百度图片）

[①] 秦俐俐、李佩雯、蔡鸿滨：《口语传播》，复旦大学出版社 2011 年版，第 137 页。
[②] 同上。

的代表人物、代表著作和经典理论。台湾世新大学的秦俐俐、李佩雯、蔡鸿滨等三位学者在专著《口语传播》中,对此有较为完整的介绍。我们以简表的形式分别对古典时期和近当代的演讲理论加以呈现。

表 5—1　古典时期演讲理论内容简表①

代表人物	理论简述	代表著作
柏拉图	强调真正的说服性演讲艺术的目标在于通过对人类灵魂、不同类型人类与语言魔力的研究带来社会秩序。 演讲五项条件: (1)了解事情真相 (2)确定定义,演讲家应有逻辑的理念与思想 (3)了解听众心理,熟练运用说服技巧 (4)了解语言的功能和格调的运用 (5)追求真理、崇尚道德	《对话篇》
亚里士多德	将演讲的要素分为创作、排列、风格、表达等,并将演讲分为三类: (1)法律性演讲,听众是决定事情对错的人,谈论的是过去的事情,以指控与辩护的方式进行,目的在于判断该事件正义与否。 (2)政治性演讲,听众是决定事情对错的人,谈论的是未来的事务,以说服与讨论的方式进行,目的在于针砭未来事务的利弊得失。 (3)仪式性演讲,听众是观察者的角色,谈论的是现在的事务,以称赞或谴责的方式进行,目的在于评价该事务是可敬的或是可耻的。 就演讲创作而言,手段包括了演讲者可信度、唤起听众的情绪、逻辑议论等三种。	《修辞学》
西塞罗 昆提利安	两者均为古罗马时期对演讲贡献最大的人物。 西塞罗认为伟大的演讲者同时是伟大的思想家,舌头与脑袋密不可分。他强调演讲的主要目的有三:教导、取悦、说服听众。他对后世演讲者最大的影响在其系统性整理前任对演讲的观点,提出修辞的五大要素:取材、谋篇、风格、记忆、表达。 昆提利安认为真正的演讲家必然是一位善于言说的好人,且必须具备有高尚的道德与广博的知识。他认为优秀的演讲家必须有文化教养,而且应该从小训练,培养良好的人格和正确的演讲方式。他认为法庭演讲方式包括:开头、要旨、证据或主张、反驳或辩论、结论或结果等。	《论演说稿》 (西塞罗) 《演说原理》 (昆提利安)

---

① 笔者根据秦俐俐、李佩雯、蔡鸿滨所著、复旦大学出版社出版的《口语传播》中《古典时期之公共传播理论》部分整理而成。

表 5—2　近当代演讲理论内容简表①

思潮	代表人物	理论简述
演讲术运动	谢立丹 吉尔伯特·奥斯汀	关心个人表达能力的训练以及公众场合中的有效表达,视有效演讲为修饰个人公众礼仪以及自我表达的方法。该运动的兴起是对教士、律师以及其他公众人物拙劣表达风格的响应,认为透过对人们声音与体态的观察有助于人们对表达有更科学性的理解,也让表达更臻完美。 　　演讲术运动强调表达方式,尤其是声音与体态的机械式训练、驾驭与表达。
认识论运动	乔治·坎贝尔 理查·德惠特利	演讲术与心理官能之间的关系是坎贝尔思想的核心。他认为演讲是智慧的艺术,论述是其工具。他的理论基于两种信念:心智的流动要靠具有真实性与善良的可接受观念。他认为所有演讲都可归纳为四种目的:启发理解、邀请想象、感动人心、影响意志。 　　在教学上,坎贝尔关心学生说出优美、有力与同情语言的能力,认为学生必须知道如何清楚且有吸引力地呈现讯息,以及如何去捍卫逻辑上正确的推论与有力的证据。
优美文学运动	布莱尔	始于 18 世纪的英国。当时小说非常流行,发展出以法文为基础的英国优美文学运动。这一时期的理论强调演讲者的风格,追求语言文字的使用能力达到完美的境界,关切优美辞藻与品位,着重于教育民众讯息接收、欣赏文字、口语论述。 　　风格、品位、美丽与修饰是布莱尔理论的核心。他的演讲学专著《修辞学与美学讲座》对演讲学有两点贡献:①在评价演讲上,关注演讲是否清晰扼要,推理有无层次、内容是否充实并适合听众的要求与演讲场合,同时涉及演讲格调。②以纯文学的角度评价演讲修辞。 　　布莱尔认为,语言训练应该是为过更好的生活作准备,所谓更好的生活就是既能在公共场域中高雅、有效地表达,也能在私人领域上加强个人美学的经验。
新亚里士多德批评	威切恩斯 埃德温·布莱克	学者威切恩斯于 1925 年重新架构出一套演讲分析架构,后由学者埃德温·布莱克命名为新亚里士多德批评,作为修辞学中第一个批评方法。 　　威切恩斯的批评项目包括:演讲者的人格特质、演讲者作为公共人物的特质、演讲对象的特质、演讲内容、演讲内容的组织方式与文字风格、演讲者的演述方式。这一批评方法引起学者对人物研究的关注,关心重要人物演讲获取说服力的方法。 　　新亚里士多德批评提出了针对文本的内在分析、针对相关外因的外在分析。新亚里士多德批评方法具有高度演讲者导向的特点,重视"伟大的演讲"或知名公众人物的说服策略。

二、即兴口语表达教学引入演讲的意义

从主持人即兴口语表达在广播电视传播实践中的应用来看,有评论、报道、访谈、讨论、互动等形态,但没有演讲。而在主持人即兴口语表达教学中引入演讲则是因为

---

① 笔者根据秦俐俐、李佩雯、蔡鸿滨所著、复旦大学出版社出版的《口语传播》中《近代至当代之公共传播理论》部分整理而成。

上述应用形态往往以演讲能力为基础。演讲能力的教学有利于提高主持人即兴口语表达的实际水平。

1. 从体裁来讲,演讲是常见的独白体裁之一,注重布局谋篇

从严格意义上来讲,不能脱稿(即便稿件内容是自己所写)与别人写好自己背诵都不是典型的演讲。一般而言,演讲要求演讲者独立完成内容的架构与语言的组织,并要求演讲者在现场基本上达到不间断地完成表达,并基本达成交流的预期。因为是面对面的一对多交流,演讲者在当众表达的压力下,必然重视演说技巧。而且,成功的演讲也往往在布局谋篇上略胜一筹。可见,演讲的锻炼对于提高主持人的语言表达能力具有直接的作用。

2. 从题材来讲,演讲所涵盖的言说内容广泛,并注重选题与立意

仅从目前社会上常见的演讲比赛而言,所涉及的主题就不一而足。在美国等西方国家,候选人参与总统选举的重要方式是到各地发表演讲,由此表达政见、收获民意。对于演讲来说,对于题材的处理会影响演讲效果,其中选题与立意是关键。主持人即兴口语表达与演讲在这方面具有相似性。主持人可以通过演讲的练习提高选题能力和题材处理能力,提高即兴口语表达质量。

3. 从教学来讲,演讲有悠久的教研历史,历史实践丰富,积淀丰厚,可以丰富主持人即兴口语表达教学,启迪主持人即兴口语表达思维

从古希腊的城邦社会开始,演讲就因为与当时民众的社会生活相关(如需要出庭为自己辩护)而成为研究和教学的重要内容。前文所提到的古典时期的演讲理论,在柏拉图、亚里士多德等哲人的思考与梳理下,已经有了独特的体系。就西方历史的考察而言,关于演讲的理论、实践与文化有较为清晰的脉络。在我国历史上,言语亦是孔子教学的科目之一,是当时士人之必修。演讲的历史实践与理论积淀对于主持人即兴口语表达的理论阐释与实践指导具有极强的参考意义,应该取而用之。从教学上来说,应该让演讲成为主持人语言能力培养的基石。

4. 从主持人传播实践所需来讲,未来,以演讲为基本内容的公共传播与广播电视主持人节目的融合存在极大可能

随着媒介社会化的程度日益提高,媒介传播与非媒介传播的界限模糊,主持人进入公共传播的机会增多。就目前而言,这一趋势表现为三种:第一,演讲成为某种节目元素,央视的《开讲啦》、安徽卫视的《超级演说家》即是实践的样本。主持此类节目,主持人最好熟悉乃至擅长演讲。第二,近似演讲的大段独白成为各类主持人大赛的选拔方式之一。如业界瞩目的中央电视台电视节目主持人大赛就有在规定时段内自由发挥的环节;2014年黑龙江台举办的全国主持人大赛亦设置演讲环节。第三,目前,各类社交媒体上不断推出的名人演讲、毕业演讲、励志演讲、创业演讲甚为流行。演讲成为走进并影响公共舆论的方式之一。未来主持人在节目外是否能够通过发表演讲取得与公共舆论共舞的影响力，是其在社会舆论场能否与公共知识分子的意见传播相抗衡的考量之一。

三、演讲的特点

1. 文本完整度高

除了与对白体有别之外，即便同是独白体裁，相比较主持人的现场报道、三言两语的评论而言，演讲的语篇如果写录下来，也更接近一篇完整的文章。作为文本，演讲的完整度高体现为：第一，演讲通常具有一定的仪式感，交流活动的起止分明，随意性小。第二，语篇结构完整，首尾呼应，无论是逻辑上还是结构上，都具有内在的连贯性。第三，在较为正式的场合，演讲的中断、散乱，相比较其他的言说活动而言，更容易引起听众的不适应，因而演讲者会有意控制，降到最低。

2. 讲求修辞

"修辞立其诚"。引申而言，对表达的修饰是为了更好地展示言语主体的本意。对演讲而言，修辞影响着演讲的内容和方式是否能够导向预期效果或正面效果，是演讲成败的内因。演讲从谋篇取例到遣词造句都应为演讲者所重视。

3. 强调演讲者的能动性

演讲者的能动性表现为：第一，演讲者作为传播主体一般独立完成内容及其传播，具有创作上的独立性。即便有团队创作支撑，一般也以演讲者本人为中心。这是演讲者取得传播主动的前提。第二，演讲一般表现为演说者在说而受众在听的形式。双方存在紧密的心理互动，但直接的言语互动较少，话柄（或称话头）基本上都在演讲者掌握中。在演讲过程中，演讲者对进程的控制与把握具有主动权。第三，演讲者的主动性还表现在遇到意外情况时及时准确地进行现场处理。

4. 演讲中的受众：边聆听边判断

演讲的受众有时是有共同志趣的个体的集合（比如学术性演讲的现场听众），有时却是由个体随机构成的，是临时的集合，不具有天然的相似性、一致性。受众的多样性需要演讲者结合传播目的去归结受众在相关方面潜在的求同可能。

另外，演讲的过程较少互动，受众一般处于聆听的位置，但是聆听并不意味着受众在同意演讲者所言。客观地说，受众通常处于边听边判断的过程。因此，演讲中的沟通是一种内在的互动，不一定有外在的话轮交替。这使得演讲者的受众分析与演讲策略设计变得更为重要。

四、演讲的分类

从认知的角度而言,分类的意义在于更系统也更深入地认识事物。演讲的分类决定了我们对演讲的认知视角、应用导向和叙事策略,因此,既有理论上的意义,也同样具有实践上的指导作用。以下,我们从内容与功能两个角度对演讲进行分类。

首先,按内容来划分,常见的演讲类型有:政治议题演讲、批判议题演讲、专业议题演讲。政治议题演讲常见的如美国总统竞选演说,一般集中于社会问题、政治主张、政治价值信念等问题。批判议题演讲一般话题较广泛,主要是思考方式具有批判性、哲思性、理据性等特点,令人深思,引起逻辑层面、价值层面的理性思考。专业议题演讲主要指不同专业领域内的演说者就专门话题对专门人群所做的演讲,比如高校中的专业讲座、记者协会组织的演讲、技术说明演讲、策划说明演讲等。

其次,按功能来划分,常见的演讲类型有:说明性演讲、说服性演讲、娱乐性演讲、仪式性演讲。说明性演讲的基本功能是说明事物,协助认知。说服性演讲的基本功能是强调意见,影响判断与态度。娱乐性演讲的基本功能是善用幽默、反讽、自嘲等方式,借由荒诞而达到愉悦气氛的功能。娱乐性演讲不等于肤浅,恰恰相反,高妙的娱乐演讲如成功的 talk show,往往带有现实批判作用。而仪式性演讲的基本功能则是庄严气氛,通过激励、反思、赞颂、申讨等方式,达到建立崇高感等共同体验的目的。

当然,根据现实社会中演讲的实际情况,分类虽有其各自的依据和标准,但不同的类型之间并非泾渭分明,而是相互之间有所交叉。

第二节　常见的演讲类别及叙事策略

一、说明性演讲及其叙事策略

1.说明性演讲的特点

说明性演讲也被称为信息式演讲。美国学者哈斯林认为,"它涉及的是信息的说明,而非信息的解读"[1],同时提到,"这种演讲的基本要点是公平和客观——演讲者不能偏袒任何一方,他们的评价一定不能带有主观性。可以就有争议性的主题发表信息式演讲,不过必须要对有争议的主题做深入思考。如果挑选了这样的主题,(演讲者)一定要检视自己的动机"[2]。哈斯林的论述前后未能周延,并非在实际的演讲实践中

---

[1] 〔美〕约翰·哈斯林:《演讲力:从听众出发》,世界图书出版社 2010 年版,第 167—168 页。
[2] 同上。

存在冲突,而是表述的问题。我们理解为,演讲本就难以分类,因为演讲作为一种言语样式、一种口头表达的体裁,实际上可容纳各类内容,也附着了各种目的。根据功能与内容进行划分,无非根据实践的需要和分析的便利。因此,即便说明性的演讲侧重于信息说明,但仍不免有信息的解读和评议。

根据哈斯林的界定,结合演讲实践,说明性演讲的特点可作如下解读:

第一,"信息的说明"与"信息的解读"。说明性演讲在信息的陈述方式上必然包含说明,也不可能完全排除解读。对于一个具有复杂性的事物,排除解读,就不能搭建一个合适的框架帮助受众完成认知。但是,从演讲的功能上而言,解读信息、判断信息并非说明性演讲的主要目的,其主要目的是说明信息。从前文所提的信息的功能来看,以解读方式呈现在说明性演讲中的信息,就整个演讲的落点而言,目的并非传递意见,而是完成说明。

第二,"公平和客观"与"主观性"。在演讲中,演讲者"不能带有主观性"是一个模糊说法,严格来说,是不可能做到的。演讲,本身就经过了演讲者的主观加工,无论是说明性的还是说服性的,都因为经过了"有价值的主观加工",而显出独特的意义。根据第二章中所阐述的语言的三角关系可知,整个演讲的传播过程,在接受的环节是"受众导向",在文本形成环节是"演讲者导向"。与其说否定演讲者的主观性,不如换个肯定的角度表述——强调公平性与客观性,即演讲者在扎实的信息集纳、知识常识和认知逻辑基础上所形成的认知结果,使认知结果与客观事物之间具有较为严格的对称性,减少曲解和夸饰。

第三,"争议性"与"动机"。所谓有争议性的主题,主要指在一定社会文化语境下,受众因动机、导向、文化习惯与价值取向不同,而出现演讲者与听众之间判断的不一致。而说明性演讲的主要方式是阐释而非论证,一般而言,演讲过程中也少有辩论,因此,面对和解决争议性的问题,着眼点有二:(1)演讲者的动机。演讲者是否清楚争议性?在演讲过程中是否有意平衡争议性?面对争议,是试图说服还是引导面对?(2)平衡争议性的最好办法是充实信息,有效利用信息。在扎实的信息基础上,比较容易搁置争议,帮助受众获得更多元的视角,建立更完整的认知图式。

2.说明性演讲的叙事策略

第一,确定认知需求。了解受众的认知需求是演讲者完成演讲的起点。就说明性演讲而言,受众的所知、应知、欲知决定了信息的有用性和吸引力。受众的认知需求包括两类:(1)与之相关的常识性内容。针对某一主题,总存在一部分内容是具有较为广泛的认知度的,这是演讲者与受众建立关联的基础。(2)针对特定受众群进行调查分析,掌握受众的兴趣焦点。

第二,建立信任。在信息交流的过程中,普遍存在关系导向。传播关系对于传播效果的影响是直接而深入的。在一次演讲过程中,如果受众对于演讲者缺乏信任,那么,受众对于演讲者所提供的信息将处于疑虑甚至反对的心理状态中。即便演讲的内容从事实上与逻辑上可以得到确证,受众仍可能怀疑信息传播的动机。比如,现实生活中的推销演说,其信息传播的效度低,很重要的原因是受众对于传播关系的质疑。

第三,认知事物而非接受事物。说明性演讲介绍某一事物的相关信息的基本目的,是试图建立受众与事物之间的认知关系而非认同关系。尤其是对于新事物和有争议性的主题,控制演讲动机不导向说服是关键。受众在没有压力的情况下,更容易建立了解新事物的愿望。

第四,建立事物与认知者之间的认知关系,便于识记。对于演讲者而言,提升演讲效果,需要解决三个问题:如何让受众快速地进入事物;如何让受众便于识记事物;如何让受众对事物感兴趣。我们认为,仅从信息安排的角度而言,(1)从"熟悉"的地方建立关联,导向"陌生",有前提地完成信息说明。(2)由浅入深,从常识性的内容建立关联,导向"精深"。(3)从实用的内容建立关联,导向"原理"。(4)从片段性的内容建立关联,导向"结构"。(5)从趣味性足的内容建立关联,导向"严肃"。

第五,信息的搜集、结构与重写。首先,要广泛搜集信息。其次,对于搜集来的信息,演讲者要根据语境和对象进行结构化的处理和信息的重写。信息的重写包括两点,(1)"言之无文,行而不远",演讲者应注意表达的遣词造句,注意修辞的使用。(2)演讲者应注意"换个说法",运用不同的表达策略,注意信息的密度、节奏的控制、幽默的处理。

二、说服性演讲及其叙事策略

1.说服性演讲的特点

说服性演讲顾名思义,旨在改变受众对某一事物的态度,进而引起行为甚至信念层面的改变。就其对信念、行为和态度的影响方式,有学者细分为三类:"建立、增强、改变"[①]。我们认为,与说明性演讲相区别,在涉及意见的时候,说明性演讲力在客观陈述,从动机上并没有强烈的引导受众接受之意;而说服性演讲却旨在说服对方"接受"。因此,论证和批判性思维对于说服性演讲而言尽管是常用手段,但是并非其本质性特征;说服性演讲力在"使接受",最终"使改变"。

可以说,信息式演讲的主要关系是"信息与听众","演讲者与听众"之间的关系则是协助性的。而说服性演讲的主要关系是"演讲者与听众",而"信息与听众"之间的关系则是协助性的。也就是说,在说服性演讲中,一般而言,说服所导向的意见通常为演讲者所认同,因此,演讲主要的作用点在于完成听众对演讲者意见的认同。

---

① 秦俐俐、李佩雯、蔡鸿滨:《口语传播》,复旦大学出版社2011年版,第148页。

需要进一步提出的是,说服性的演讲是演讲者对受众的"强力介入",因此,如何遵守交际伦理规范而达到说服效果,是不可回避的问题。简而言之,演讲者应该避免"强迫、操纵、贿赂、欺骗"[1],而在一定的信息基础上,通过合理的论证,引导受众抵达既定的目的。演讲应当通过思维的交锋和信息的善用达到意见交换,进而达成共识。

2．说服性演讲的叙事策略

前文谈及说明性演讲中,建立信任与遣词造句方面的方法,对于说服性演讲而言同是重要的叙事策略。就说服性演讲而言,还有以下叙事策略:

第一,确定演讲目的。在明确观点的基础上,演讲者要进一步确定演讲的说服导向(赞同、反对、改变、加强或其他)以及说服的程度。在此基础上,才可能形成更有效、更具体的说服方式。

第二,激起。演讲者的观点和态度如何传递给受众,关键在于激起。激起是受众在特别的引导和激发下对演讲者的演讲主题发生兴趣,进入了聆听状态。受众心理状态得到激发,无论最终受众的倾向如何,已是迈向成功的第一步,也是重要的一步。

第三,确定争议性。在意见交换的过程中,如何保证认识的正确、深刻、正义,关键在于面对争议。观点不同,意见相左,是演讲者碰到的常事。尤其是在解决冲突矛盾的时候,演讲者主要是面对不同意见。针对争议性,演讲者要敢于直面,在演讲的说服过程中,主动引入争议性的判断,加以辨析,达到意见的平衡。

第四,说服或者影响。演讲的说服,往往是不具有直接性。尤其是面对理性而具有批判能力的受众,说服的作用是引起思考,改变思路,是潜移默化的。即便鼓动性非常强的演讲,其效果要从态度、观点最后落到行动,仍然需要受众内化的过程。因此,说服无疑是通过交换逻辑和思路而对受众形成影响的过程。

第五,建立价值上的亲近感和逻辑上的冲击力。前文提到,交际关系对于交际效果的影响是直接的,在特殊情境下甚至具有决定性的效果。对于说服性演讲而言,建立高质量的交际关系,有两点可为:(1)建立价值上的亲近感,让受众感到演讲者在立场上并非站在对立面。(2)挖掘逻辑上的冲击力。缜密、连贯、前后呼应的逻辑论证有利于凸显演讲者可信赖的人格品质,即便不能立即改变受众观点,也可以影响其思考问题的方式。

第六,以情感人是以理服人的催化剂,用"感性包裹理性"。说服当然主要是以理服人,也不排除以情感人。之所以交际关系影响交际效果,其中正是情感的力量在起作用。尤其是具有争议性的观点,在熟人传播中更可能通过人际关系的信赖链条得到传递。从演讲的表达策略上来讲,也可采取"感性包裹理性"的方法,使得演讲"既有理

---

[1] 〔美〕约翰·哈斯林:《演讲力:从听众出发》,世界图书出版社2010年版,第167—168页。

的说服力,又有情的感染力"①。

三、娱乐性演讲及其叙事策略

1. 娱乐性演讲的特点

娱乐性演讲不拘于内容,旨在引起幽默效果,融洽关系,活跃氛围。一次演讲过程中的功能是多维度的,娱乐性演讲的功能主要集中于娱乐,所选用的话题一般具有轻松的特点,常用幽默的方式。

具体而言,娱乐性演讲有以下特点:

第一,选用主题一般是社会流行话题。比如,参加超级演说家的选手所选用的"90后受偏见被定义为脑残一族"、"爱运动的女生闹出尴尬从女神变为女神经"等话题,都涉及一段时间内大众话题的兴趣点所在,能在当时引起较好的共鸣,博得注意。

第二,观点演绎的方式充满戏谑与调侃,形成另类的眼光看生活。演讲要达到娱乐性的效果,实有难度。难点在于如何拉开观众与生活现实的距离看世界,以独特的眼光发现日常逻辑荒诞的一面,因之哑然失笑,捧腹不已。娱乐性演讲甚少仅仅是信息分享,多有观点冲击,否则很难形成戏谑、幽默的效果。这是娱乐性演讲的显著特点。

第三,表达过程追求戏剧性的效果,肢体动作较多,表演性明显。同时,演讲者在表达过程中在衣装方面也具有更自由的选择,使用道具也比较普遍。

2. 娱乐性演讲的叙事策略

第一,打破关系惯性。对于某些演讲者而言,如知名的脱口秀或演讲家,有一定的社会名望的积累,虽是陌生人关系,但对于听众来说,在正式开讲前已经比较熟悉。但一般而言,在娱乐性演讲中,演讲者与听众之间的关系是生疏的,通常是陌生人关系,是临时建立的交际关系。陌生人之间的交际,因为关系生疏,因此多遵循礼貌规则。传播关系导向何种定位有待明确。对于娱乐性演讲的演讲者而言,如何打破这种礼貌的陌生人观看关系,解放受众,放松其心理,降低其理性戒备,是引起幽默效果的关键。因此,对于娱乐性演讲而言,演讲者应该有更积极的心理介入策略,主动打破关系惯性。

第二,打破惯性思维。无论是演讲者还是受众,娱乐性演讲的幽默之源往往在于"意料之外,某理之中"(未必是常理、情理,也可能是具有幽默效果的"歪理")。也就是说,如果演讲者让整个演讲的思维过程被置于受众沿着社会惯例或逻辑推导而作的

---

① 赵普、周云:《电视新闻节目主播评论的新态势——以中央电视台〈晚间新闻〉主播评论为例》,《中国广播电视学刊》2014年第6期,第59页。

"思维惯性"之中,往往让整个演讲变成道德性、伦理性或富于思辨性的说服性演讲,而缺少了幽默效果。这就是打破惯性思维的意义所在。整个思维的过程应该导向建构独特的视角,帮助受众进入荒诞的情境。

第三,精选主题。娱乐性演讲常选用社会的流行话题。此类话题有较好的受众基础,且话题所谈论的社会主体具有模糊性,讨论空间较大,不大涉及原则性的问题。娱乐性演讲对主题的处理方向非逻辑深入而是另辟蹊径,直指荒诞。

第四,力求疏泄社会情绪。娱乐性演讲的关键在于打开荒诞的空间。有学者认为,"在西方社会,由于理性和信仰的双重失落,人的存在失去意义,因而产生了'荒诞'这种审美形态。'荒诞'就是人的一切行为变得没有意义。'荒诞'在形态上最显著的标志是平面化、平板化以及意义削平"[①]。从演讲的角度来说,娱乐性的体现并非仅仅是哗众取宠、为博一笑;实际上,优秀的娱乐性演讲建构了与生活世界疏离的距离,形成了一种独特的审视生活的角度,对其中的某些事实、价值观念、社会思潮、人情世相,具有了批判的眼光,运用"四两拨千斤"的幽默手法,起到积极的疏泄社会情绪的作用。

第五,善用语言技巧。除了在内容方面为幽默打下基础之外,还需借鉴语言技巧形成具有趣味性的表达方式。这种趣味性的表达方式常表现为错而有韵。

第六,注意娱乐底线。在娱乐演讲的过程中应注意娱乐不以蔑视社会公德为代价,比如演讲者应避免暗含对弱势群体的嘲笑或者对人的侮辱性的语言。另外,要注意尽可能避免为娱乐而娱乐。缺少批判性的思考,演讲难免肤浅,不能引人入胜,反而陷于尴尬。

阅读与讨论:谈幽默的艺术真谛与表现技巧[②]

周德民

"幽默"一词,是五四新文化运动后由英文 humor 音译而来。幽默要借助想象,机智地运用引人发笑的技巧,使读者在轻松活泼的气氛中领悟到作者宣示的旨趣乃至哲理。这种艺术手法往往以笑为其主要审美特征,表现为审美主体对审美对象所采取的内庄外谐的态度,深得人们的喜爱与青睐。

幽默是一种美好、健康的素质,一种禀赋。现实生活中充满着幽默,所以,作为现实生活反映的文学作品,必然闪烁着幽默的亮点。麦烈蒂斯说过,一国文化的极好的衡量,是看他喜剧及俳调之发达,而真正的喜剧的标准,是看他能否引起含蓄思想的笑。因此笔者认为真正的幽默,决不能停留在那些较为表面化的搞笑手法所构

---

① 叶朗:《美学原理》,北京大学出版社2009年版,第373页。
② 周德民:《谈幽默的艺术真谛与表现技巧》,《南通师范学院学报(哲学社会科学版)》2000年第12期,第39—41页。

成的层面上。上海辞书出版社新版《辞海》在幽默词条下注释道：幽默通常是运用滑稽、双关、反语、谐音、夸张等表现手段，把缺点和优点、缺陷和完善、荒唐和合理、愚笨和机敏等两极对立的属性不动声色地集为一体。在这种对立的统一中，见出深刻的意义或自嘲的智慧风貌。从而揭示了幽默艺术的基本特征应该是内容上的不协调性。真正的幽默不是靠文字游戏，应该是由不协调性的内容渗透出来所引起的含蓄的笑。为什么当今的相声作品，尽管演员在台上忸怩作态，装腔作势，就是出不来幽默？为什么如侯宝林《关公战秦琼》等作品能脍炙人口，耐人寻味，忍俊不禁，令人捧腹？其原因就在于此。

……

能否引起笑，引起什么样的笑，常常是衡量幽默是否的标准。不少人认为，我们当然要选择纯正的幽默。笑话不是幽默，轻浮不是幽默，油滑不是幽默。有趣而无深长意味的也不是幽默。一般化的幽默，因寓意苍白而缺少一些探胜的妙趣。唯有纯正的幽默才是最堪欣赏的幽默。那么什么是"纯正的幽默"、最堪欣赏的幽默？林语堂先生在《幽默杂话》中说："凡善于幽默的人，其谐趣必愈幽隐，而善于鉴赏幽默的人，其欣赏尤在于内心静默的理会。幽默愈幽愈默而愈妙。"

鲁迅先生正是这种善于幽默的人，他的名篇《阿Q正传》也正是谐趣幽隐的范作。……我们读《阿Q正传》，只觉它的语言是严肃、冷峻、质朴、白描的，没有过多的形容，没有绘声绘色，但小说的情节与内容却谐趣盎然，常引起人们嘴边儿轻轻一弯的微笑，但在觉得滑稽、有趣、好笑的同时，又往往催人的两眼中含着痛苦的泪水。鲁迅曾指出过，幽默是要生出结果来的。在鲁迅作品"幽隐"的艺术中，作者由痛苦的沉思转为发笑，而读者则由发笑转入痛苦的沉思。

在长期的文学创作和艺术刻画中，人们创造了众多的幽默技巧，常见的如：

由多义词构成幽默。汉语中有不少具有两个或两个以上意义的多义词，运用起来往往能构成幽默。如一个乞丐向一个小气出名的太太讨饭吃，太太问他吃不吃隔夜饭，乞丐回答说当然吃，谁知这位小气太太说：那么，你明天来吧。因为"隔夜饭"既可指昨天以前的饭，也可指明天以后的饭。

由借代构成幽默。如《邓小平文选》第47—48页有一段话："要珍视劳动，珍视人才，人才难得呵！(四人帮)创造了一个名词叫(臭老九)。(老九)并不坏，《智取威虎山》里的(老九)杨子荣是好人嘛！错就错在那个(臭)字上。毛泽东同志说：(老九)不能走。这就对了，知识分子的名誉要恢复"。这里"老九"代的是知识分子。由于运用了借代，故构成了幽默。

由讽喻构成幽默。讽喻是一种带刺的比喻。它能变抽象为具体，更能在幽默风趣中给对手以有力的还击。如在过去的法国，女性的社会地位很低。在一次教授评议会上,一位保守人士说:"怎么能让女人当讲师呢?如果她做了讲师,以后就要成为教授,甚至进大学评议会。请大家注意,评议会可不是菜市场,难道能允许一个女人在大学最高等的学术机构里说东道西吗"?一位在场的女士听后非常气愤,高声反驳:"先生们,我也请大家注意,大学评议会也不是洗澡堂,性别问题绝对不应该成为反对我们女性当讲师的理由"。以"洗澡堂"之喻来回应"菜市场",有力地反击了保守者竭力突出的性别问题。

由影射构成幽默。借甲而指乙或指桑骂槐,这是用幽默的利剑射向生活中乖讹和不通情理之事。如俄国著名的生物学教授格瓦列夫在一次讲课时超过了下课时间,有人便故意学鸡叫以示抗议,引起哄堂大笑。为了摆脱尴尬,也为教训一下捣蛋者,格瓦列夫教授不动声色地看了一眼自己的怀表说道:"我这只表误时了,没想到现在已是凌晨。现在,请同学们再次复习一下本堂重点'动物本能'。比如公鸡报晓就正是低等动物的一种本能反应。"教室里满堂喝彩。

由双关构成幽默。双关即言在此而意在彼,在一定的语言环境里,能达到幽默机趣的效果。如有一年春暖花开,陈毅和周总理带几位随从到郊外踏青,途经一古式庭院时,只见院内庭台楼榭错落有致,红砖绿瓦交相辉映,白墙上题有"人面桃花"的千古绝句。众人正看得入神,忽然陈毅高声问道:"眼前一簇园林,谁家庄子"?众随从面面相觑之时,总理已接上一句:"壁上几行文字,哪个汉书"?众人这才领悟,原来两位老总是在联句,纷纷叹道:"妙,有趣"。上联中的"庄子"既指眼前庭院,又关古籍《庄子》;下联中的"汉书"既说院墙上题诗,又暗合书名《汉书》。妙在应景,趣在双关。

由仿拟构成幽默。故意仿照他人的文章遣词造句、结构成文,达到幽默讽刺、嘲弄的艺术效果。如善战的鲁迅嬉笑怒骂皆成文章,不时运用此法拟作幽默趣文,以冷嘲热讽。唐人崔颢《题黄鹤楼》一诗脍炙人口:"昔人已乘黄鹤去,此地空余黄鹤楼。黄鹤一去不复返,白云千载空悠悠。晴川历历汉阳树,芳草萋萋鹦鹉洲,日暮乡关何处是?烟波江上使人愁"。鲁迅仿拟写道:"阔人已乘文化去,此地空余文化城。文化一去不复返,古城千载冷清清。专车列队门前站,晦气重重大学生。日薄榆关何处抗,烟花场上没人惊"。强烈讽刺国民党面对日寇入侵却卖国投降,只许达官贵人逃难享乐,不许大学生们作抗日爱国宣传的丑行,幽默而尖锐。

由误会构成幽默。由于误会,人物之间往往会生出不少令人意想不到的矛盾、情状与后果,其理不言而喻。

由夸张构成幽默。夸张是运用丰富的想象,廓大事物的特征,把话说得张皇铺饰,以增强表达效果。《红楼梦》第四十四回写刘姥姥在饭桌上讨众夫人、太太、小姐的欢心,便站起身来,高声说道:"老刘,老刘,食量大如牛。吃个老母猪,不抬头"!

说完,却鼓着腮帮子,两眼直视,一声不语。逗得众人大笑不已,以至于湘云撑不住,一口茶都喷出来。黛玉笑岔了气,伏着桌子只叫嗳哟。宝玉滚到贾母怀里。

生动特殊的形、神描绘也是构成幽默的重要技巧。这里指的是在某种特殊的环境、特定的场合下,对人物的形态、语言、动作、表情、心理的具体而细微的描写。这种典型生动的细节描写,既能将人物刻画得栩栩如生,又往往是笑料自出的幽默亮点。《儒林外史》写严监生临死时,一连三天不能说话,却伸着两个指头不肯咽气,在诸多猜测无效的情况下,爱妾猜出是指灯盏里点了两个灯草太费油,连忙挑掉一根后,他才咽气。逼真、传神,令人笑从中来。

请讨论: 在娱乐性演讲中如何使用幽默技巧?仪式性演讲中使用幽默技巧会显得不够庄重吗?对于各类型演讲,幽默有可能带来负面的效果吗?如何避免?

四、仪式性演讲及其叙事策略

1. 仪式性演讲的特点

仪式性的演讲一般指特殊场合下的致辞、讲话、祝祷、发言等,规格不同,但都是仪式当中重要的环节,有推进仪式进程,升华仪式意义的作用,是使得仪式之所以为仪式的重要部分。仪式性演讲有以下特点:

第一,庄重合宜。庄重合宜是仪式的特点之一,尽管生活中仪式各不相同,但一般而言,即便在民间喜庆的气氛中夹杂轻松调侃的意味,但在整个过程中,仍以庄重为基调。其中,根据仪式的不同,致辞的目的不同,禁忌也不同。演讲应与仪式的基调保持一致。

第二,言近旨远。仪式性的演讲一般所请的演讲者往往是身份相宜,具有号召力的人,比如婚礼致辞,一般请至亲长辈;毕业致辞一般由校长或教授完成。演讲者的讲话目的在于感召听众,寄予希望,所以,此类演讲一般都具有言近旨远的特点。

第三,言之有物。因为仪式性的演讲往往在一系列的程序之中,受到很多礼貌性的原则约束,又比较庄重,所以很多演讲容易失于空泛。优秀的仪式性演讲必得言之有物,情词恳切,才能打动人心,实现演讲的目的。

第四,烘托气氛。仪式本身的最大特征是象征性,通过仪式要实现的是对某种意义的确认与揭示,具有"观看"与"知解"的作用。受此限制,仪式性的演讲一般都是认同取向,侧重烘托气氛。

第五,演讲者与听众之间的关系较为明确。如前所述,仪式演讲的演讲者一般为受众所熟悉,交际关系往往是社会关系的直接延伸。

2.仪式性演讲的叙事策略

第一,从身份与关系出发,选取演讲者可以驾驭的话题和角度。仪式性的演讲一般会刻意选择演讲者的身份。演讲者应该从自身的身份及与仪式参与者之间的关系出发,摸清受众心理,揭示仪式的象征意义。

第二,内容完整,简约为宜。出于庄重性的需要,仪式性的演讲要完整,不能显得仓促应付,同时又不宜长篇大论,否则容易乏味。

第三,仪式性演讲要特别注意礼仪要求,从着装、言行到表情动作都要依例而作,不能失于随意任性,否则就失去了在仪式上发表演讲的功能。况且,在仪式上由特别身份的人讲话是一种常规的安排,本身就构成仪式的一部分。

第三节　演讲案例分析

▶▶说服性演讲示例分析

演 讲 题:我的故事以及背后的中国梦①

演 讲 人:白岩松(中央电视台节目主持人)

演讲地点:美国,耶鲁大学

演讲时间:2009年3月31日

演讲全文如下:

过去的二十年,中国一直在跟美国的三任总统打交道,但是今天到了耶鲁我才知道,其实他只跟一所学校打交道。但是透过这三位总统我也明白了,耶鲁大学的毕业生的水准也并不很平均。

接下来就进入我们这个主题,或许要起个题目的话应该叫《我的故事以及背后的中国梦》。我要讲五个年份,第一要讲的年份是1968年。那一年我出生了。但是那一年世界非常乱,在法国有它的巨大的街头的骚乱,在美国也有,然后美国的总统肯尼迪遇刺了,但是的确这一切的原因都与我无关。但是那一年我们更应该记住的是马丁·路德·金先生遇刺,虽然那一年他倒下了,但是"我有一个梦想"的这句话却真正地站了起来,不仅在美国站起来,在全世界站起来。

但是当时很遗憾,不仅仅是我,几乎很多的中国人并不知道这个梦想,因

---

① 白岩松:《我的故事及背后的中国梦》,新浪网,news.sina.com.cn/c/2009-04-15/193317616532.shtml,2009年4月19日。

为当时中国人,每一个个人很难说拥有自己的梦想。中国与美国的距离非常遥远,不亚于月亮与地球之间的距离。但是我并不关心这一切,我只关心我是否可以吃饱。很显然,我的出生非常不是时候,不仅对于当时的中国来说,对于世界来说,似乎都有些问题。

1978年,十年之后。我十岁,我依然生活在我出生的地方,那个只有二十万人的非常非常小的城市里。它离北京的距离有两千公里,它要想了解北京出的报纸的话,要在三天之后才能看见,所以对于我们来说,是不存在新闻这个说法。那一年我的爷爷去世了,而在两年前的时候我的父亲去世了,所以只剩下我母亲一个人要抚养我们哥俩,她一个月的工资不到十美元。因此即使十岁了,梦想这个词对我来说,依然是一个非常陌生的词汇,我从来不会去想它。我看不到这个家庭的希望,只是会感觉,那个时候的每一个冬天都很寒冷,因为我所生活的那个城市离苏联更近。但是就在我看不到希望的1978年的时候,不管是中国这个国家,还有中国与美国这两个国家之间,发生了非常巨大的变化,那是一个我们在座的所有人,今天都该记住的年份。

1978年的12月16号,中国与美国正式建交,那是一个大事件。而在中美建交两天之后,12月18号,中国的十一届三中全会召开了,那是中国改革开放三十一年的开始。历史,两个伟大的国家,一个非常可怜的家庭,就如此戏剧性地交织在一起,不管是小的家庭,还是大的国家,其实当时谁都没有把握知道未来是什么样的。

1988年,那一年我二十岁。这个时候我已经从边疆的小城市来到了北京,成为一个大学生。虽然我们今天在中国依然有很多的人在抨击中国的高考的制度,认为它有很多很多的缺陷,但是必须承认正是高考的存在,让我们这样一个又一个非常普通的孩子,拥有了改变命运的机会。当然,这个时候美国已经不再是一个很遥远的国家,它变得很具体,它也不再是那个过去口号当中的"美帝国主义",而是变成了生活中很多的细节。这个时候我已经第一次地尝试过可口可乐,而且喝完可口可乐之后会觉得中美两个国家真的是如此接近,因为它几乎就跟中国的中药是一样的。

那个时候我已经开始非常狂热地去喜欢摇滚乐。那个时候正是迈克尔·杰克逊还长得比较漂亮的时候。更重要的是,这个时候的中国,已经开始发生了非常大的变化,因为改革已经进行了十年。那一年中国开始尝试放开很多商品的价格。这在你们觉得是非常不可思议的事情,但是在中国当时是一个很大的迈进,因为过去的价格都是由政府来决定的。但是,就在那一年,因为放开了价格,引起了全国疯狂地抢购,大家都觉得这个时候会有多久,于是要把一辈子都用的食品和用品,买回到家里头。这一年也就标志着中国离市场经济越来越近了。

当然那个时候没有人知道市场经济,也会有次贷危机。当然我知道那一年——1988年对于耶鲁大学来说格外的重要,因为你们耶鲁的校友又一次成为美国的总统。

1998年,那一年我三十岁。我已经成为中央电视台的一个新闻节目主持人。更重要的是,我已经成为一个一岁孩子的父亲。那一年在中美之间发生了一个非常重要的事件,主角就是克林顿。也许在美国你记住的是性丑闻。但是在中国记住的是他那一年访问了中国。在六月份的时候,他访问中国的时候,在人民大会堂和江泽民主席进行了一个开放的记者招待会,然后又在北京大学进行了一个开放的演讲,这两场活动的直播主持人都是我。

在北大的克林顿的演讲当中,由于整个克林顿总统的演讲,用的全是美方所提供的翻译,我猜想有很多的中国观众,是一直知道克林顿的确在说话,但是说的是什么不太清楚。所以我在直播结束的时候,说了这样的一番话,我说看样子美国需要对中国有更多的了解,有的时候要从语言开始,而对于中美这两个国家来说,面对面永远要好过背对背。当然也是在这一年年初,我开上了我人生的第一辆车。这是我在我过去从来不会想到的,中国人有一天也可以开自己的车。个人的喜悦,也会让你印象很久,因为往往第一次才是最难忘的。

2008这一年,我四十岁。很多年大家不再谈论的"我有一个梦想"这句话,在这一年我听到太多的美国人在讲。看样子奥巴马的确不想再接受耶鲁占领美国二十年这样的事实了。他用"改变"以及"梦想"这样的词汇,让耶鲁大学的师生在为他当选总统之后,听说你们举行了游行,甚至庆祝。

而这一年也是中国梦非常明显的一年。它就像全世界所有的伟大的梦想都要注定要遭受很多的挫折一样显现出来。无论是期待了很久的北京奥运会,还是神舟七号中国人第一次在太空当中行走,那都是很多年前我们期待了很久的一个梦想。但是,突如其来的四川大地震,让这一切都变得没有我们期待中的那么美好。八万个生命的离开,让整个2008年中国人度日如年。我猜得到在耶鲁校园里头,在每一个网页、电视以及报纸的前面,也有很多的来自中国的人,以及世界各地的人们,为这些生命流下眼泪。但是就像四十年前马丁·路德·金先生倒下,却让"我有一个梦想"这句话站得更高,站得更久,站得更加让人觉得极其有价值一样,更多的中国人也明白了,梦想很重要,但是生命更重要。

在北京奥运会期间,我度过了自己的四十岁的生日。那一天我感慨万千,因为时间进入到我的生日那一天的时候,我在直播精彩的比赛。二十四小时之后,当这个时间要走出我生日这一天的时候,我也依然在直播。但是这一天我觉得我非常的幸运。因为正是这样一个特殊的,在北京奥运会期间的四十岁,让我意识到了我的故事背后的中国梦。

正是在这样的四十年的时间里头,我从一个根本不可能有梦想的,一个遥远边疆的一个小城市里的孩子,变成了一个可以在全人类欢聚的一个大的节日里头,分享以及传播这种快乐的新闻人,这是一个在中国发生的故事。而在这一年,中国和美国相距并不遥远,你中有我,我中有你,彼此需要。布什总统据说度过了他作为总统以来在国外,一个国家呆得最长的一段时间,就是在北京奥运会期间。菲尔普斯在那儿拿到了八块金牌,而他的家人都陪伴在他的身边,所有的中国人都为这样一个特殊的家庭祝福。当然,任何一个这样的梦想都会转眼过去。在这样的一个年份里头,中美两国历史上几乎是第一次同时发出了"我有一个新的梦想"这样的时候,如此的巧合,如此的应该。

美国面临了一次非常非常艰难的金融危机,当然不仅仅是美国的事情,也对全世界有重大的影响。昨天我到达纽约,刚下了飞机,我去的第一站就是华尔街,我看到了华盛顿总统的雕像,他的视线是那么永久不变地盯着证券交易所上那面巨大的美国国旗。而非常奇妙的是,在这个雕像后面的展览馆里正在举行"林肯总统在纽约"这样的一个展览,因此林肯总统的大幅的画像也挂在那上面,他也在看那面国旗。我读出了一种非常悲壮的一种历史感。在离开那个地方的时候,我对我的同事说了这样一句话。我说,很多很多年前如果美国发生了这样状况的时候,也许中国人会感到很开心,因为你看,美国又糟糕了。但是今天中国人会格外地希望美国尽早地好起来,因为我们有几千亿的钱在美国。我们还有大量的产品等待着装上货船,送到美国来,如果美国的经济进一步好的话,在这些货品的背后,就是一个又一个中国人增长的工资,是他重新拥有的就业岗位,以及家庭的幸福。

在过去的三十年里头,你们是否注意到了,与一个又一个普通的中国人紧密相关的中国梦。我不知道世界上还有哪个国家,在过去这三十年的时间里头,让个人的命运发生了这么大的变化。一个边远小城市里的孩子,一个绝望中的孩子,今天有机会在耶鲁跟各位同学交流。或许该换一个视角,去看十三亿个非常普通的中国人。他们并不宏大的梦想,改变命运的那种冲动,依然善良的性格,和勤奋的那种品质。今天的中国是由刚才的这些词汇构成。

在过去的很多年里头,中国人看美国,似乎在用望远镜看。美国所有的美好的东西,都被这个望远镜放大。经常有人说美国怎么怎么样,美国怎么怎么样,你看我们这儿什么时候能这样。在过去的好多年里头,美国人似乎也在用望远镜看中国,但是我猜测可能拿反了。因为他们看到的是一个缩小了的、错误不断的、有众多问题的一个中国。他们忽视了十三亿非常普通的中国人,改变命运的这种冲动和欲望,使这个国家发生了如此巨大的变化。但是我也一直有一个梦想。为什么要用望远镜来看彼此?

当然我也希望非常多的美国人,有机会去看看中国。而不是在媒体当中去看到中国。你知道我并不太信任我的所有的同行。开一个玩笑。其实美国的同行是我非常尊敬的同行。我只是希望越来越多的美国朋友去看一个真实的中国。因为我起码敢确定一件事情。即使在美国你吃到的被公认为最好的中国菜,在中国都很难卖出好价钱。就像很多很多年之前,在中国所有的城市里流行着一种叫加州牛肉面,加利福尼亚牛肉面。相当多的中国人都认为,美国来的东西一定非常非常好吃。所以他们都去吃了。即使没那么好吃的话,由于觉得这是美国来的,也没有批评。这个连锁的快餐店在中国存在了很多年,直到有越来越多的中国人来到美国,在加州四处寻找加州牛肉面,但是一家都没有找到的时候,越来越多的中国人知道,加州是没有这种牛肉面的。于是这个连锁店在中国,现在处于陆续消失的过程当中。这就是一种差异。但是当人来人往之后,这样的一种误读就会越来越少。

所以最后我只想再说一句。四十年前,当马丁·路德·金先生倒下的时候,他的那句话"我有一个梦想"传遍了全世界。但是,一定要知道,不仅仅有一个英文版的"我有一个梦想"。在遥远的东方,在一个几千年延续下来的中国,也有一个梦想。它不是宏大的口号,并不是在政府那里存在,它是属于每一个非常普通的中国人,而它用中文写成"我有一个梦想"。

简析:白岩松的这次演讲是其"岩松看美国"之行的一段插曲。在白岩松还身处美国时,他在耶鲁大学的演讲就已经在网上传开。这番演讲也成为白岩松美国行中吸引公众眼球的亮点,可见演讲的魅力。

面对耶鲁师生,白岩松讲述了自己的经历,以此传递中国梦的醇厚味道。回国后,接受采访时白岩松谈到:"我在耶鲁大学的演讲不过是一种讲故事的方式,没想到这么快在国内传播并产生反响。这就是一个互联网时代、媒体时代,任何一个地方发生的事情都可能被传播、被放大。我在耶鲁的演讲连稿子都没有,不过是用我的人生经历去讲它背后的东西。因为中国要学会怎样与世界交流,不能到那喊口号,念八股文,自说自话。当你有机会与人聊天或沟通时,一定要用大家都能接受的方式。"[①]幽默的语言,平实的风格,平和的语气,这种处理方式在这样一次跨文化传播中能够颇具效应并

---

① 《梁宏峰、白岩松——与世界对话要讲究方式》,北方网,news. enorth. com. cn/system/2009/05/20/004038681. shtml,2009-5-20。

非偶然。有位网友在看完白岩松的演讲视频后跟帖道:"这是白岩松的一贯风格。话语朴实,没有过多的矫饰和造作……我在英国十个月期间的任务就是教授中文,宣传中国文化。当我正犹豫从哪个角度去展现一个中国面貌的时候,我看到了白岩松的帖子,于是顿然开悟。其实再好不过的例子就是自己……我的苏格兰之行也已接近尾声。曾经面对外国人对中国人的误解时,我热血沸腾、暴跳如雷、极力争辩。现今,我可以从容面对。将自己的故事、发生在自己身边的故事娓娓道来,不卑不亢,不急不躁。我只阐释现象,只讲故事,不做修饰或形容。是好是坏,他们自有论断……这样的阐释方式效果显著,还把中国人宠辱不惊的形象留给了淳朴的苏格兰人民。"白岩松的演讲展示了他作为一个媒体人批判性的眼光和面向世界的胸怀,又不失中国人的立场,富有时代气息。

由此可见,在跨文化传播中,恰切的传播方式关切到交流的成败。在跨文化交流中,极力争辩的"说服"方式未必适宜。相反,说明的方式更有一股"软性"的、"隐性"的力量。尤其是讲自己的故事、讲老百姓的故事,更能打动人心。白岩松传递的是中国的声音,但用的却是"讲故事"的世界通行方式,语言的幽默中甚至还带点儿美式的轻松风格。对于一个来自中国的、黄皮肤的、身份多少带有政治色彩的中央电视台的新闻节目主持人而言,这无疑是与现场美国耶鲁大学学生建立信任、建构对话关系的有效方式。

从演讲词中可以看到,白岩松对现场听众的"认知基础(听众并不太了解中国)、认知前提(听众有可能不接受宣传中国)、认知焦点(听众对中国民众真实的社会生活情况和心态感兴趣)"有独到的把握。鉴于多数美国人对中国的认知有限,白岩松以5个年份串起了整场演讲,简单明了。在整个演讲过程中,总是从现场听众可能熟悉的美国人物(马丁·路德·金、肯尼迪、克林顿)和事物(可口可乐、摇滚乐、汽车、电视、中餐馆)出发,注意建立话题与现场听众心理上的亲近关系,由形象导向抽象、由趣味导向严肃,结构清晰,按时间顺序,通过对比,讲述一个普通中国人的梦想长成之路。现场讲述时,白岩松体态松弛,语气平和,语言和思维富有张力。

说明性演讲重在引导受众认知事物。只有真正认识了事物,受众才有可能接受事物。白岩松的演讲无疑恰切地建构了一个"中国人"有梦和追梦的过程,在跨文化传播与交流中,较大程度上卸下了不同文化的听众接受"中国梦"的心理门槛,让人在平实的讲述和言语幽默所带来的轻松气氛中认识了用中文写成的"我有一个梦想",思考"在遥远的东方,在一个几千年延续下来的中国,也有一个梦想"。

▶▶说服性演讲示例分析

演 讲 题:认识的人 了解的事[①]

---

① 柴静:《认识的人 了解的事》,搜狐视频,my.tv.sohu.com/us/1446326/5049972.shtml,2010-11-30。

演 讲 人：柴静（中央电视台节目主持人）
演讲地点：庆祝共和国六十华诞"为祖国骄傲 为女性喝彩"首都女记者演讲比赛
演讲时间：2009年
演讲全文如下：

　　十年前在从拉萨飞回北京的飞机上，我的身边坐了一个50多岁的女人。她是30年前去援藏的，这是她第一次因为治病要离开拉萨。下了飞机下很大的雨，我把她送到了北京一个旅店里，过了一个星期我去看她，她说她的病已经确诊了，是胃癌晚期，然后她指了一下床头有一个箱子，她说如果我回不去的话，你帮我保存这个。这是她30年当中走遍西藏各地，跟各种人——官员、汉人、喇嘛、三陪女交谈的记录。她没有任何职业身份，也知道这些东西不能发表，她只是说，一百年之后，如果有人看到的话，会知道今天的西藏发生了什么。这个人姓雄，拉萨一中的女教师。

　　五年前，我采访了一个人，这个人在火车上买了一瓶1.5元的水，然后他问列车员要发票，列车员乐了，说我们火车上自古就没有发票。这个人就把铁道部告上了法庭。他说人们在强大的力量面前总是选择服从，但是今天如果我们放弃了1.5元的发票，明天我们就可能被迫放弃我们的土地权、财产权和生命的安全。权利如果不用来争取的话，权利就只是一张纸。他后来赢了一场官司，我以为他会和铁道部结下"梁子"，结果他上了火车之后，在餐车要了一份饭，列车长亲自把这个饭菜端到他面前说，"您是现在要发票呢还是吃完以后我再给您送过来？"我问他，你靠什么赢得尊重？他说我靠为我的权利所做的斗争。这个人叫郝劲松，34岁的律师。

　　去年我认识一个人，我们在一起吃饭，这个60多的男人说起来丰台区一所民工小学被拆迁的事，他说所有的孩子靠在墙上哭。说到这儿的时候，他也动感情了，他从裤兜里面掏出一块皱皱巴巴的蓝布手绢，擦擦眼睛，这个人18岁的时候当大队的出纳，后来当教授，当官员，他说他所有做这些事的目的只是为了想给农民做一点事。他在我的采访中说到，征地问题给农民的不是价格，只是补偿，这个分配机制极不合理，这个问题的根源不仅出在土地管理法，还出在1982年的宪法修正案。在审这个节目的时候，我的领导说了一句话，这个人就说得再尖锐，我们也能播。我说为什么？他说因为他特别真诚。这个人叫陈锡文，中央财经领导小组办公室主任。

　　七年前，我问过一个老人，我说你的一生已经有过很多挫折，你靠什么保持你年轻时候的情怀，他跟我讲有一年他去河北视察，没有走当地安排的路线，在路边发现了一个老农民，旁边放着一副棺材，他下车去看，那个老农民说因为太穷了，没钱治病，就把自己的棺材板拿出来卖，这个老人就给了他

500块钱拿回家。他说我讲这个故事给你听,是要告诉你,中国大地上的事情是无穷无尽的,不要在乎一城一池的得失,要执着。这个人叫温家宝,中华人民共和国总理。

一个国家是由一个个具体的人构成的,它由这些人创造并且决定。只有一个国家能够拥有那些寻求真理的人,能够独立思考的人,能够记录真实的人,能够不计利害为这片土地付出的人,能够捍卫自己宪法权利的人,能够知道世界并不完美,但仍然不言乏力、不言放弃的人,只有一个国家拥有这样的头脑和灵魂,我们才能说我们为祖国骄傲,只有一个国家能够尊重这样的头脑和灵魂,我们才能说,我们有信心让明天更好。

谢谢各位!

简析:在关于说服性演讲的论述中我们提到过,说服在演讲中并不具有直接性。尤其是面对理性而具有批判能力的受众,说服的作用是引起思考,改变思路,产生潜移默化的影响。柴静的这篇演讲到最后才有力地点明观点,让人佩服其说理的"定力"。从说服性演讲策略的角度看,柴静的这篇演讲给我们以三点启发:首先,在演讲方式上,柴静运用感性包裹理性的讲故事方式。在故事结构上,运用"事件——人物——身份"的倒置方式,先详述事件,后简单提及人物及身份。叙事清晰简明,每一个故事收尾干净有力。四个故事的主人翁按其社会地位的重要性从低到高排列。这种方式,在较短时间内设悬念,又抖包袱,节奏紧凑有力,平淡中见奇巧。可见柴静很会讲故事。

其次,在价值观上,对于受众尤其是大众而言,柴静这番演讲中的百姓立场传递着亲和力。过去常提的是"有国才有家,有家才有我",个人价值被置于家国利益之下。而在这篇演讲中,柴静肯定的是每一个个体的价值和社会担当,肯定的是"寻求真理、独立思考、记录真实、不计利害为这片土地付出、能够捍卫自己宪法权利、知道世界并不完美但仍然不言乏力不言放弃"等品质,具有价值观上的批判性,指出了个体不可侵犯,也包括了个人该有所担当,给人以启发。

最后,柴静的演讲整体具有逻辑上的冲击力。无论是各个小故事还是最后一段点题,柴静都有逻辑层面的处理。以故事部分为例,柴静并非为讲而讲,每一个故事都是从一个具体的人折射出一个抽象的具有某种特殊品质的人(如记录真实的人、捍卫宪法权利的人、不计利害为这片土地付出的人、知道世界并不完美但仍然不言乏力不言放弃的人)。柴静叙述中的这种转向,述中藏评,从逻辑上牵动了听众的思考。通篇看来,四个看似相互之间没有太大关系的小故事,最后由一段逻辑缜密的论述穿起。最后的论述落在"只有一个国家拥有这样的头脑和灵魂,我们才能说我们为祖国骄傲,只有一个国家能够尊重这样的头脑和灵魂,我们才能说,我们有信心让明天更好",非长篇大论,简短有力,令人印象深刻,不失为素有"温柔一刀"称号的柴静的风格。

▶▶**仪式性演讲示例分析**

演 讲 题:不流俗 不盲从 不负此生[①]
演 讲 人:沈祖尧(香港中文大学校长)
演讲地点:香港中文大学毕业典礼
演讲时间:2014年7月
演讲全文如下:

今天,你们毕业了。我祈求你们离校后,都能过着不负此生的生活。

首先,我希望你们能俭朴地生活。快乐与金钱和物质并无必然关系。温馨的家、简单的衣着、健康的饮食,就是乐之所在。漫无止境地追求奢华,远不如俭朴生活能带来幸福和快乐。

其次,我希望你们能高尚地生活。务必庄敬自强,公平待人,不可欺侮弱势之人,也不可做损及他人之事。

其三,我希望你们能谦卑地生活。要有服务他人的谦卑胸怀,时刻不忘为社会、国家以至全人类出力。

我相信,一所大学的价值,不能用毕业生的工资来判断,而应以它的学生在毕业后对社会、对人类的影响为依归。

今天,你们毕业了,我送你们钱穆老师的一番话:你们一个人怎么样做人,怎么样做学问,怎么样做事业,我认为应该有一个共同的基本条件,就是我们一定先要认识我们的时代。我们生在今天这个时代,我们就应该在今天的时代中来做人、做学问、做事业。

这是一个怎样的时代?

这是一个个人主义抬头的时代。但海纳百川,有容乃大。我们不应只顾自己的利益,不要过于自以为是,而要学会多听别人意见,考虑各方看法,协力实现梦想。

这是一个资讯爆炸,是非难辨的时代。但事情往往不是表面看来那么简单,是非黑白往往需要仔细分析,深入了解。大学教育的目的,是培养独立思考。

这是一个利益在前、道德在后的时代。金钱、地位、权力,为世人追逐,道德和价值观的培育,却渐渐被人遗忘。壁立千仞,无欲则刚。但愿你们不要让利益掩盖良心,我们所追求的,理应是较名与利更能持久的东西。

我盼望中大毕业生能虚怀若谷,以远大眼光,包容态度,带领我们的时

[①] 沈祖尧:《不流俗 不盲从 不负此生》,人民网,opinion. people. com. cn/n/2014/0715/c1003-25280626. html,2014-7-15。

代。我盼望中大毕业生能恪守道德,做好本分,不要为了个人利益,埋没良知。我盼望中大毕业生能认识时代,引领潮流,不流俗、不盲从,做个对社会有贡献的人。

  各位毕业同学,当我诵念你们的名字时,我默祷你们都能不负此生。

简析:香港中文大学沈祖尧校长在2014年中大毕业典礼上的致辞刊于2014年7月15日《人民日报》第008版,是较为典型的仪式性演讲。在学生即将结束学业走向社会之际,作为一校之长,沈祖尧先生的这番演讲可谓庄重合宜、言近旨远、情词恳切,颇具学者风范,又有长者的殷殷期盼,可谓此类演讲的典范。首先作为仪式性演讲,沈祖尧先生整体的话语风格是庄重典雅的,融入了一个学者在世风渐杂时代的理性思考,是对莘莘学子的殷切勉励。尽管现在网言网语很流行,但我们认为,作为仪式性的演讲,不宜脱离仪式的整体要求。仪式尽管各式各样,但能成为仪式的,都不失庄重底色。演讲的最后一句"各位毕业同学,当我诵念你们的名字时,我默祷你们都能不负此生"令人肃然起敬。其次,从内容上而言,沈祖尧先生的演讲可谓言近旨远。"不负此生",听起来简单朴实,可是背后,却是沈祖尧先生对毕业生未来的生活有三点期待:简朴、高尚、谦卑。在谈到个人主义抬头、资讯爆炸是非难辨、利益在前道德在后的时代困境时,他希望中大毕业生能够虚怀若谷,以远大眼光、包容态度,引领时代。这种超越于功利之上的劝勉,立意高远,对于毕业生而言,不愧是中大学业生涯"最后的洗礼",具有仪式上的升华作用。此外,从语态特点上来讲,沈祖尧先生的演讲以"祈求"开始,以"默祷"结尾,可谓情词恳切,在对人生欲望和时代喧嚣的理性批判中见出真性情,对于年轻学子来说是难得的陶冶。最后,还须提及的是,作为仪式性演讲,沈先生有写"短篇"的凝练,言辞精练,是交流的一道风景。相比较而言,如果空洞无物又洋洋洒洒,对于现场听众来说,无疑是一场交流的灾难。

演 讲 题:无题①
演 讲 人:某父亲
演讲地点:在女儿的婚礼上
演讲时间:不详
演讲全文如下:

  Philip(新郎的名字),我想跟你讲个故事。故事是这样的。从前有个老父亲,猜得没错,就是我。我有一位非常可爱的儿子,我很幸福。

---

① 笔者根据爱奇艺网上的婚礼现场视频摘录,www.iqiyi.com/fun/20130516/d1f60378aaa47c70.html,2014—12—15。

有一天,我发现自己的太太又怀孕了。于是我就祷告:主,如果是你的旨意,就生个女儿吧。上帝答应了我的祷告。我是第一个把她抱在怀里的人。我看着她,说:主啊,让她长得像她妈妈吧!上帝答应了。她是如此可爱大方,善良温柔。但是我忽然发觉我把自己落下了。我又说:主啊,让她像点我吧!上帝也答应了。她会开卡车,开拖拉机,会装草料,也会嚼雪茄。你知道你将要跟什么样的人过日子了吗?不仅如此,她还主意多、性子急、聪明冷静。于是我说,主啊,够了,让她像你(主)吧。上帝答应了。上帝赐给她乐意侍奉人的心愿。她很有爱心。她完全委身成为一名护士,看护垂死的人病愈。她握着将死之人的手,给他们送终。主给了她一颗宣教的心,她的足迹踏遍世界各地。在洪水中推着独木舟,趴在地上躲过枪林弹雨。这样做是要跟人分享耶稣的福音。但好像仍然少了点什么。我对主说,让她幸福快乐吧。于是她就遇见了你。你看到她脸上快乐的样子了吗?我从没看见过,直到她遇见了你。我对此心存感恩。

今天,我要把我最好的给你。不过在这之前我想要你记住,我和上帝花了多少工夫才把她预备好。所以,Philip,既然我都把她交给你了,你也不会介意我再唠叨一句吧。我和上帝费了这么大的工夫,你别搞砸了。

简析:在婚礼上,一般都有新人父母致辞的环节。这是新人一生中隆重的时刻,大多数的婚礼致辞都比较庄重,洋溢着真情的祝福之词。这篇演讲是一位国外的父亲在婚礼上,在把女儿交给新郎之前,面对新郎说的一段儿话。这位父亲通过讲故事,以幽默的表达,逗乐了现场的亲朋,调节了现场的气氛。而幽默的背后,我们也可以感到浓浓深情:"我和上帝费了这么大的工夫,你别搞砸了。"

从策略上看,这位父亲显然是有备而来。作为讲故事的人,这位父亲以"从前有个老父亲"开头,似乎有点"出离事外",站在了"旁观者"的位置,讲述的好像是别人的故事,有种"荒诞"趣味。他以三次向上帝祈祷的方式,在婚礼上赞美了(也包括调侃了)自己的女儿,流露出对女儿的深深的父爱。第四次祈祷的内容,是他对女婿的肯定,也是对这对新人的爱情的肯定。讲话的最后,这位幽默的父亲话锋一转,说"Philip,既然我都把她交给你了,你也不会介意我再唠叨一句吧。我和上帝费了这么大的工夫,你别搞砸了",似一个孩子在叮嘱小伙伴的语气,四两拨千斤,让人忍俊不禁,逗乐全场,让现场气氛为之一变。

这篇演讲与沈祖尧先生的毕业典礼致辞虽都是仪式性演讲,但表达方式和风格完全不同。可能会产生这样的疑问:这篇演讲似乎不具有仪式特征。我们的解释是这篇演讲尽管风格幽默,笑点频出,但完成了婚礼仪式上的父母对新人的祝福、劝勉等功能。另外,仪式各有不同。婚礼喜庆的基调使得它通常都能接受幽默、调侃甚至有些搞怪风格的表达方式。可见,仪式性的演讲与演讲所处的仪式之间有着紧密的关系。

▶▶娱乐性演讲示例分析

演 讲 题:今天 90 后脱口秀①
演 讲 人:刘亚雯
演讲地点:中华女子学院 2011 级播音与主持艺术专业本科班毕业汇演
演讲时间:2014 年 12 月 31 日
演讲全文如下:

(话外音:Now let's welcome 刘亚雯!)

好,谢谢大家!我的体重超乎你想象!欢迎来到《今天 90 后脱口秀》,本节目是由中华女子学院 2011 级播音与主持专业独家冠名赞助播出,我是亚雯,谢谢大家,谢谢!

在接下来的时间里呢,请大家放肆笑,因为我们全靠现场收音,后期是不会加笑声的。

我先给大家一个最简单的互动。我做主,最卖力笑的观众,可以去女院食堂三楼领取热干面一份。你还可以体验女院最特色的叫菜声:"热干面好咯。"(夸张的模仿)每次一模仿她,就觉得自己播音白学了。

作为资深吃货,我始终认为一个学校的食堂是一个学校的精华!所以今天给大家发福利啊!奉上女院特色面包片品尝!(互动:随手发面包片)该面包片,色泽金黄,奶香扑鼻,外酥内软,香甜可口!要价 3 块 5,真是太黑心了啊(表情)。

我想每个人在自己学校的食堂都有最常去的几个窗口吧。比如,我经常去的就是食堂三楼的小餐厅。有天中午,我去买饭,前面的一个姑娘跟食堂小哥说:"您好,我要土豆鸡盖饭。哦!不要鸡!"姑娘,你逗我呢吧。土豆鸡盖饭,不要鸡?我就问她:"同学,你没说错吧?你是不吃肉吗?""不,我吃肉,我就是不吃鸡肉,觉得小鸡特别可爱。"我一下子就不高兴了!怎么的?牛就不可爱?羊就不可爱?猪就不可爱吗?!你们说谁可爱(现场互动)?然后,我就对食堂小哥说:"我也要土豆鸡盖饭,不要土豆,要双份鸡!"

说到小动物啊,女生们都是很善良的,对动物没有什么免疫力,比如,陆虎、悍马、捷豹、天猫。我们学校的女生真的把学校的流浪猫个个都喂得肥肥的。最肥的是一只有故事的公猫,它长得很好看,毛色、花纹,绝对是野猫中的战斗猫!虽然现在它爱趴在一处不动,但之前,它特别活跃的,所有的母猫都愿意和他约会。哎!这个看脸的社会啊!

---

① 文稿由中华女子学院 2011 级播音与主持艺术专业本科生刘亚雯本人提供。

哦，还有，我们学校的猫都特别团结！有一次，从外面进来一只野猫，女院的所有猫一齐出动，把食物围得水泄不通，并且成功赶走了那只外来猫。连猫都如此团结，更何况女院人喽？我看今天有好多外校的同学，注意安全哦。

很多人都问我，亚雯，这些段子你哪儿来的？我觉得学播音的同学，生活处处是段子啊。你看，出去主持一场活动，在台上说错词，是每个主持人都会发生的事。上次我去主持北京市青少年才艺决赛，一群小朋友有个团体舞。我就上去报幕："接下来，请欣赏团体舞《开红门》！"然后我刚下台，音乐就响了(《开门红》的音乐)。还有一次我不是主持人，我和小伙伴们去表演节目，叫《我们都是一家人》。我们在后台准备就绪，就听见主持人报幕："下面，请欣赏刘亚雯等人带来的节目《我们一家都是人》。"真是骂人都不带脏字的啊！

学播音有一个好处，就是我们的专业随时随地都可以练习。有次晚上上厕所，因为宿舍是声控灯，我这人特别怕黑，所以，我就一个劲儿地做横膈膜力度练习："嘿""哈""嘿""哈"，然后隔壁就传来一句："是谁，送你来到我身边。"(唱)

上大学的这几年，我确信女院人被问得最多的一个问题就是："你们学校有男生吗？"拜托！我们又不是尼姑庵！上次打车回学校，师傅开了GPS导航，当导航报出"目的地'中华女子学院'到了"，师傅就低头害羞地笑了(模仿)。试想一下，如果古代也有GPS导航，那唐僧取经也不用那么麻烦。把导航夹在马耳朵上，咯噔咯噔小飞马(表演)。然后GPS就开始报：请沿当前道路前行，300公里处左转。然后又走啊走。GPS又报："前方400米处盘丝洞，请注意绕行"，"前方200米处白骨洞，请注意绕行"，"前方800米处女儿国"，唐僧啪就给他关了。

所以，有时候我就在想，中华女子学院在古代是不是就是女儿国啊。反正，自古至今，我觉得女人成堆的地方都是有无穷的能量的，比如女儿国，比如中华女子学院，再比如任何一个广场(音乐：最美民族风)。以我跟着我妈跳了这么多年广场舞的经验来说，我以后准是前面那个领舞的。这也算是份儿工作了！

好啦，还有不到9个小时的时间，2015年就要来了。我预测，今晚朋友圈又会被某固定语句刷屏——"2015，请对我好一点"。拜托！你长那么丑，2015凭什么对你好一点？2015又不瞎(表情)！

当然，还是要在这里祝福所有的朋友们2015年都能梦想成真！也友情提醒还没毕业的大家多读书，毕竟，像我，体胖还需勤锻炼，人丑就该多读书(指指自己)。实在实现不了的梦想，那就去私人定制吧！

好！我的体重超乎你想象！这就是本场的《今天90后脱口秀》，本节目是由中华女子学院2011级播音与主持专业独家冠名赞助播出的！这一天有你们真好，愿你们这一天过得愉快！谢谢大家！

简析: 这是中华女子学院2011级本科生刘亚雯的脱口秀，是较为典型的娱乐性演讲。从这番演说中，我们可以捕捉到娱乐性演讲的基本特点：其一，在内容层面，有明显的碎片式的特点，包袱一个接着一个，但是总体而言，各个笑点之间并不一定要有密切的关联。结构上接近于笑料集锦。类似的演说比如hold住姐（谢依霖）2011年8月在综艺节目《大学生了没》中的中英文夹杂版"what is fashion"以及安徽卫视《超级演说家》中诸多选手的娱乐talk show。其二，通过无厘头、搞怪等方式，打破现场观众思维、心理的关系，制造出人意料的荒诞情境，让人忍俊不禁。比如"我的体重超乎你的想象"是对自己的调侃，"唐僧啪就给他关了"让人在意外之中突然面对世俗欲望之强大，可谓是充满戏谑和调侃，形成看生活的另类眼光。其三，整个演说过程注意与现场观众之间的互动，加深现场观众在表演中的卷入程度，同时使用道具、体态、动作、手势、表情、眼神等非语言符号较为丰富，语气夸饰，节奏流畅有变化，具有表演性。最后须强调的一点是，娱乐性的演讲虽然强调戏剧性的效果，可以嘲讽、调侃，俗中见趣，但是此"俗"指的是通俗、民间化，而非庸俗、媚俗，更不能有人身歧视。这是娱乐性演讲不能突破的底线。

本章小结

在阐述即兴口语表达独白形态时，我们首先阐述的是演讲。演讲作为公开场合一对多的独立成篇的表达形态，应该是主持人锻炼"口才"的第一步。除了阐释演讲的定义和特点之外，本章第一节还以表格的形式，梳理了西方古典时期和近当代的演讲理论，意在帮助读者能够以历史的眼光看待演讲。在对演讲按功能分类的基础上，本章第二节阐述了说明性演讲、说服性演讲、娱乐性演讲和仪式性演讲的特点和叙事策略。为了便于读者能够更形象具体地认识和了解这四类演讲，本章专设一节，引入了颇具质量的演说案例并就其各自的特点做了较为详细的分析。

进一步阅读

秦琍琍、李佩雯、蔡鸿滨：《口语传播》第六章《公共传播》，复旦大学出版社2011年版。

吕行：《言语沟通学概论》第六章《公共演讲》，清华大学出版社2011年版。

〔美〕约翰·哈斯林：《演讲力——从听众出发》，世界图书出版公司2010年版。

那张军：《演讲艺术研究方法浅谈》，《运城高专学报》1990年第2期。

陈萍:《演讲概念界说探讨》,《长春师范学院学报》(人文社会科学版)2005年第5期。

张玉芳:《演讲语篇中的修辞互动:演讲者与受众之间的权力关系》,《西安外国语大学学报》2007年第3期。

思考题

1. 什么是演讲？即兴口语表达中引入演讲的意义是什么？
2. 演讲有什么特点？
3. 结合你的演讲经验,分析演讲中的受众心理特点。
4. 简述说明性演讲的特点及其叙事策略。
5. 简述说服性演讲的特点及其叙事策略。
6. 简述娱乐性演讲的特点及其叙事策略。
7. 简述仪式性演讲的特点及其叙事策略。
8. 结合实例,分析演讲中如何使用幽默技巧。

第六章　独白式即兴口语表达（二）：报道

现场报道是即兴口语表达在广播电视当中最常见的实践样式。现场报道是对即兴口语表达的应用，但不等于即兴口语表达。即兴口语表达是超越具体的类型形态、语境、对象等的一种语言形式。而现场报道则受到所在的媒介平台、语境、对象、内容等一系列外界因素的制约，要求更为具体、独特。现场报道要求报道者（主持人或出镜记者）在现场面对镜头，按要求和功能完成长短不一的独白，内容来源于现场，语言即时组织。

第一节　报道的语境

报道的语境按照事件发生的特点可以划分为突发现场和可预知现场；按照报道所属的节目类型可分为新闻现场和非新闻现场。

一、突发现场与可预知现场

1. 突发现场及其对报道的要求

突发现场即突发事件的现场，如突发公共事件的现场、突发群体冲突的现场、突发卫生事件的现场等。突发现场的主要特点如下：

其一，事件的发生具有突发性、持续性和动态性。尽管有时事件主体已经结束，但还有很多后续的内容，而且随着媒体的报道，大众的关注才刚刚开始。以爆炸事件或灾难事件为例，爆炸或灾难本身已经结束，但还有很多灾后处置还在继续，完整地来看，事件具有持续性和动态性。中央电视台知名主持人柴静谈到自己对新闻现场的认识时说过，"到了新闻现场才知道什么叫做新闻，新闻是劈头盖脸而来"。"劈头盖脸"非常适合用来形容突发现场。突发现场信息杂多，亟待梳理，哪些是有用的，哪些是没用的？拿来起什么作用？可不可以报道？怎么报道？报道到什么程度？这些都需要报道者及时的判断和梳理。

其二,事件本身通常具有较为严重的破坏性,在舆论上也极易引发巨大的社会影响。突发现场的局面通常比较混乱。类似于冲突、爆炸、自然灾害的现场,报道者在现场还有可能遭遇次生危害,具有一定的危险性。因为事关重大,此类事件的发生势必会引起极大的社会反响。这在无形中提升了报道的社会关注度,当然也增加了报道的难度和报道者的压力。报道中出现的大小问题也往往会被舆论以最快速度传播出去,引发大众的批评和讨论。为此,报道者应该冷静面对现场,避免过度兴奋,以最快的速度找到报道的焦点。

其三,突发现场常常面临责任是否明确、应对是否及时有效等问题。突发现场往往会遇到很多问题,比如责任不明(到底由谁负责处理,怎么配合,负责到什么程度)、应对低效(突然发生而且事情重大,往往一时拿不出有效的办法来应急,很多问题不能马上得到妥当的解决)、应急不快(因为应对措施还不得当,问题又铺天盖地而来,事先没有准备,往往应对的速度不快)。对于报道者来说,在灾民自救、社会救援同时进行的灾难后现场进行报道,要有足够智慧来面对相互交杂的多条现场行动线索。

突发现场对报道有如下要求:

首先,媒体要起到公共服务和信息沟通的作用,以最快的速度准确地传递现场信息。报道者如果不能直接到达最核心的现场位置,应借助采访、观察、转述等手段完成报道,保证报道团队前后方之间的沟通。在严重灾难的报道中,电视尤其是广播能起到信息沟通的关键作用。

其次,媒体应关注应急措施,做好救灾服务和公众解释。突发事件的现场报道是寻找原因、责任批评还是报道事实,要视事情的进展而定。比如,地震发生后出现房屋坍塌,救人是第一位的,批评建筑质量则可以后置。另外,公众往往欠缺专业知识背景,需要报道者提供信息填补知识沟。除了要关注应急措施,报道者应该做好公众解释。

最后,突发事件发生后,报道者要做好新闻报道和公共服务工作,但不能耽误相关组织对事件的现场干预和调查取证,避免发生"地震中记者直升机抢位"等类似事件。置身突发现场,报道者应该认识到相关部门的干预和调查取证是首位的,必要时,新闻报道要让位于灾害救助。报道者须以此为准,找到自己在现场的适当位置,正确处理现场关系,明确自己的报道权限,面临管理方正当干预时不强行报道,遵守职业伦理。

2. 可预知现场及其对报道的要求

可预知现场是在报道者意料之内,可以有所策划的报道现场,比如大型活动、大型赛事的报道现场等。此类现场尽管也具有动态性,但它有很多惯例和常规安排在里面,程序、内容、规则、人员甚至结果和突发事件的处置方案等都比较清楚,因此,可以做较为充分的策划和准备。

可预知现场对报道有如下要求：

首先，报道者应做好任务描述，理清分工，注意计时。可预知现场的报道关键在于要做好策划。现场程序可以预测，但过程和结果未知，只有报道者准备充分，清楚任务描述和分工以及时间限制，才能从容地抓取现场。另外，在多数媒体都做事前功课的情况下，报道者还要找准新闻点，找到新鲜生动的内容，建立报道与现场之间的最佳交集。

其次，报道者要对报道的架构了然于心。可预知现场的报道存在水平联动和垂直联动两种形式。水平联动是指活动可能同时在几个地方展开，为此报道需要水平联动，组合出现场活动的整体面貌。垂直联动则是指报道有次序、有层次地纵向展开，不同的阶段由不同的人负责，相互配合以串成整体。可预知现场的报道要注意总体策划、细节设计、前后衔接。总体策划指报道者尽管据守一点，但应该关心总体安排，弄清楚总体的意图、分工的安排、相互之间怎么配合等蓝图性的内容。遇到突发情况，报道者只有掌握总体策划才能及时准确地判断。细节设计指报道者充分了解所在报道点的现场情况，结合细节设计报道的方式。前后衔接性则是指报道者要关心、预测水平联动或垂直联动的其他点的基本任务和目标，尽力配合，遇到突发情况时注意帮助"找补"。

总体而言，报道要宏观把握，微观入手；面向事实，挖掘背后；纵横比较，做广做新。"宏观把握"指报道者把握宏观的传播目的和总体构思，"微观入手"指报道者抓现场，抓细节，抓生动的瞬间，抓现场的巧妙结构和联系。"面向事实"指报道者通过立体的感知用语言补全受众的信息偏缺，挖掘现场信息背后的联系和意义。"纵横比较"指报道者通过纵向和横向比较，找到新的切入点，令报道具有广度、深度和新鲜感。

二、新闻现场与非新闻现场

1. 新闻现场及其对报道的要求

新闻现场指新闻事件正在发生的动态环境。此处主要指所有动态环境中极具新闻价值的一类。新闻现场有以下特点：

其一，真实性。不到现场就无法确证新闻事件的真实程度。在进入现场之前，报道者只能凭着职业经验判断、揣测、预估。进入新闻现场之后，报道者可以从现场的气氛、细节、变化中看到新闻"真正的面貌"。现场因其真实而激发起报道者的灵感和动力。挂一漏万的新闻线索和事实真相之间的错位，报道者也只有走进现场才能察觉。另外，现场鲜活的动态因素可以激发亲临者的感受和深刻体验。真实是新闻现场的魅力所在。

其二，新闻性。新闻现场和新闻事件结合在一起，是报道者确认事实、获知真实细节之所在，也是受众见证真实、建立真实感之所在，具有重要性、接近性、显著性、时新性、趣味性等新闻价值。新闻性是报道者挖掘、描述、传播新闻现场信息的基础。

其三,公共性。新闻现场所牵涉的话题非生活琐事,往往带有公共性,触及公共价值和公众兴趣,公众的关注度较高。

新闻现场对报道有如下要求:

首先,报道者应通过语言再现真实场景,尤其要注意弥补受众难于感知的现场内容。在新闻现场,很多时候事情已经结束,当事人走了,目击者散了,很多重要的现场元素已经消逝,导致现场是不完整的,是"缺角的现场"。报道者应通过报道补全节目叙事。

其次,报道者须在规定时限内及时完成规定长短的话语。新闻现场有其动态的一面,现场元素会不断发生变化,报道者应及时地抢报现场。另外,报道者要注意控制时间。现场报道有时间限制,虽然不都是三两句话,但绝非越长越好,有较为严格的时间限制。

2. 非新闻现场及其对报道的要求

旅游、美食、生活服务等类型节目也重视现场元素。缺少现场报道,节目难以生动。非新闻现场指非新闻类节目中的事件现场,娱乐节目、旅游节目、美食节目、生活服务类节目中所报道的现场即属于此类。此类现场一般不强调新闻时效,不是稍纵即逝也非不可复制,具有可重复性,报道也可以反复组织。具体而言,非新闻现场具有以下特点:

其一,非新闻现场的场景元素真实存在而非虚构,且具有一定的知识性,强调文化价值。以景观为例,蕴涵地理、风俗、历史等知识;以美食为例,涉及菜式及其制作的知识。

其二,非新闻现场的构成相对稳定、静态,现场元素变化较小,非稍纵即逝,如旅游节目中的美景,一般不会立即消失。

其三,非新闻现场多涉及自然人文景观,具有历史文化涵蕴,场景具有趣味性。非新闻现场通常没有确切的事情发生,只是一些场景而已。这些场景无论是自然景观还是人文景观,一旦进入传播视野,往往具有较为丰富的文化含义。节目在选择现场时也会考虑场景的可欣赏性。因此,那些有"看点"的地方更可能被报道。

非新闻现场对报道有如下要求:

首先,非新闻现场往往需要有策划地挖掘现场的报道价值。报道者进入现场和认识现场的方式需要策划。策划的着力点不在于改变现场,而是通过归入某个主题、归入某种角度或者换个体验的方式等方法发现和表现现场的传播价值。可以说,对于非新闻现场报道而言,没有策划就没有现场。

其次,主持人在非新闻现场报道中应配合镜头展示体验的过程,完成解说,起到点缀画面、烘托气氛、描述亮点等作用,发掘出场景的独特意味,起到活化节目的功能。

整体而言,非新闻现场报道更追求趣味性、人情味儿。

第二节　报道的主体

一、报道者的身份

身份原指一个人的出身、社会地位和声望。报道者的身份指报道者在传播当中的地位。报道者明确自己的身份内涵,有利于获得更贴切的报道位置和叙述视点。尊重报道中的身份限定是报道获得成功的基础。报道不是简单地生产一段话语。失去了对身份的认识和把握,报道者可能无法尽到"自己"的责任。报道者的常见身份标记有记者、出镜记者、主播(主持人)。而按照报道者与现场的关系来划分,报道者常见身份还包括旁观者、目击者、参与者。

1. 按媒介的身份标记划分:记者、出镜记者、主持人

根据报道者在节目中所处的位置、媒体的直接界定和标示以及实际的传播作用,报道者的身份是指在节目传播过程中,报道者作为最直接的现场信息的传播者在整个传播活动中所承担的角色。常见的现场报道的角色有记者、出镜记者、主持人。

从现场报道在节目中所处的位置来说,记者、出镜记者、主持人的报道作用相似。就节目成品中的现场报道环节看,他们都作为报道者而被认识。三者在作为现场报道的报道者上而言,存在身份重合的情况。然而,媒介实际标示不同也说明无论媒体还是受众,都承认三者存在差异。相对于受众的熟识度而言,"主持人≥出镜记者≥记者"。记者与一个具体事件的报道结合得更紧密,而主持人却可以超越具体报道,具有相对独立的识别空间。主持人可以利用自己的知名度来为报道服务,比如CCTV的胡蝶、欧阳夏丹等主持人参与的世博会报道,在整个报道当中她们既完成了报道的功能,又以其个人魅力和荧屏感召力增加了传播附加值。

2. 按现场关系划分:参与者、目击者、旁观者

报道者从旁观者的角度展开叙事最为常见。报道者尽量避免干预现场,以免"污染"现场,失去报道的客观性。

报道者也可能是见证了事件发生的目击者。新闻节目中,为了抢时效,报道者往往追求第一时间赶到事发现场,见证事实。再如法制节目中,报道者有时会随警察一起出动,第一时间见证办案的过程。现场目击本身就是一种新闻元素,报道者作为目击者可以重述见闻,带给受众强烈的真实感、可信度和激动人心的现场感。

报道者还可能是现场事件的参与者,比如突发的重大公共事件的报道者。以地震

中的报道者为例,他们要深入救灾现场,被现场裹挟,成为现场的一部分。次生灾害甚至有可能使得报道者也成为一个"准灾民"。再如2003年SARS报道中深入病房的中央电视台主持人柴静,也是某种意义上的参与者,而不仅仅是目击者和旁观者。作为现场的参与者,报道者的主观体验也变得具有传播价值。很多参与式报道就是利用主体的体验来强化报道的吸引力。

二、报道中面临的关系

1.报道者与受众、现场之间的关系

报道中,报道者需要厘清报道者、受众、现场三者之间的关系。报道者是受众了解现场信息的桥梁,也是现场信息表现为节目信息的中介。报道者缺席,受众和现场信息之间就缺少认识、理解的中介。

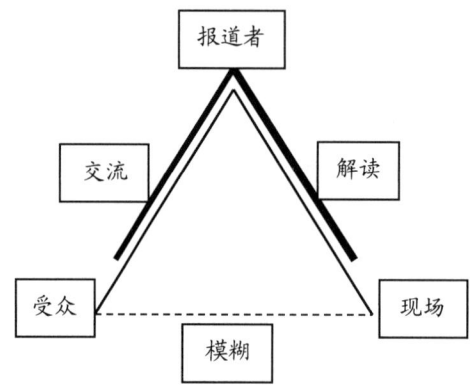

图6-1 报道者与现场、受众之间关系

受语言学家欧哥丹(C. K. Ogden)和理查斯(I. A. Richards)的语义三角关系理论启发,我们将报道者与受众、现场之间的关系标示为上图。图中,受众和现场信息之间的关系由虚线连接,标示关系的不确定性。而受众和报道者之间以及报道者与现场之间的关系,则是实线表示,意味着报道者在建构受众与现场之间的关系方面具有不可替代的作用:(1)现场信息动态变化且杂多,需要报道者的梳理。(2)报道者有报道和传播的经验,更善于组织受众的注意力。报道者通过设置议程可以更有效地引导受众认知信息,且可以将信息搁置在一个结构之中,赋予其多重的意义空间。

受众与现场信息之间存在如下关系:(1)认知。受众期待了解现场信息并评估内容的真实性和完整性。(2)理解。受众尝试理解现场信息,组构动态、碎片的信息。(3)价值思考。受众力图判断现场信息及其报道的性质。

受众与现场信息之间的原初关系是松散的,有待报道者去建构。受众对现场信息的认识以事实(或现实场景)为基础,但还和报道者的内容取舍、报道视角、现场组织、

言语表达等紧密相关。成熟的报道者可以更立体地还原现场,建立受众、报道者与现场信息之间的多维度关系。因为有了报道者的介入,新闻现场被更有效地组织为颇具价值的传播内容。

2. 报道者与受访者的关系

尽管报道只有篇幅不长的几段话,但是,要完成好这几段话,报道者需要深入现场,接洽相关单位,采访相关人士,了解事件概况。在报道现场,报道者需要处理好与受访者之间的关系。在常规报道中,报道者与受访者之间比较容易建立采访关系;但是,在批评性报道中,就比较困难。面对这种阻力,在报道的正当权益之内,报道者及其团队一方面要通过可能的渠道了解事实,尽可能提供信息;另一方面,可以动态地传递报道阻碍,给予受访一方以必要的压力,争取合理的报道权。

3. 报道者与传播团队、节目之间的关系

报道者要高质量地完成报道,须善于处理与节目、传播团队之间的协作关系。无论是广播电视节目还是网络媒体的音视频节目,其中的报道环节通常都是团队创意、个人出镜、融入节目的现场叙事段落。离开团队,报道者难以完成有价值的报道。

要处理好自身与团队之间的关系,报道者首先要了解栏目特征。不同栏目的现场报道有不同的特点。比如,调查性新闻报道节目一般以片子和采访同期为主,现场报道应尽力避免报道者过多地干预受众的判断。对于旅游、美食等类型节目来说,现场报道在片中出现的频率相对较高。而对于消息综合类节目而言,必要时才安排现场出镜报道,现场报道在节目中的出现频率相对较低。

其次,报道者应了解节目意图。节目意图是整个团队在策划时商定的纲目性内容,明确了报道中最不能丢失的价值和最希望达到的效果,对于实际的报道具有指导意义。在新闻现场尤其是突发事件的直播报道中,只有报道者了解了节目意图才能准确地作出判断,也才能配合好团队。不明确节目意图,报道者的话语单拎出来看可能没有言语表达层面的问题,但放在节目整体中却是失当或无效的。

再者,报道者要确定报道的结构。在单条新闻或者小专题的现场报道中,报道者要考虑最后成片的报道的结构,明确有没有必要出镜报道,报道起什么作用,预计成片中用于哪个段落。而在大型的现场报道当中,为了高效率地完成合作,报道者更得了解报道的整体结构。

最后,报道者要重视现场合作。在大型的直播报道中,现场报道者的工作必须考虑多头合作。尽管事先有策划,但是到了现场之后,报道者仍要视情况而动,保持相互沟通和合作的精神,才可能圆满完成任务。

三、报道者的报道资格

1.报道权限

权限是"为了保证职责的有效履行,任职者必须具备的,对某事项进行决策的范围和程度"①。同理,报道权限具体指为了保证广播电视新闻传播的顺利进行,根据我国的宪法和法律,新闻媒体报道者对社会事件进行报道的范围和程度。报道权限是报道资格的基石。

报道权限涉及关于新闻自由的讨论。新闻自由是新闻传播专业人员报道权限的体现,源自宪法和法律所规定的公民基本民主权利。世界各国宪法法律对于公民享有的新闻自由权利大都有明确的规定。例如:

英国著名宪法学者戴雪在《英宪精义》中对英国宪法在保护新闻自由中的作用概括为:英吉利出版事业所有自由,大概言之,共有两个特征:第一目:不受检查……第二目:不受特别法庭审判……

1789年8月26日,法国制宪大会通过《人权宣言》,其中第十六条就是关于保障言论、出版自由的条款:思想和意见的自由传播是人类最宝贵的权利之一,因而每个公民都有言论、著述、出版的自由,但须在法律的范围内对滥用此项自由负有责任。1881年7月29日,法国制定了人类历史上最早的一部新闻法——《出版自由》,对新闻出版的权利作了详细的规定。

美国宪法第一修正案第一条规定,国会不得制定关于下列事项的法律:确立国教或禁止信仰自由;剥夺人民言论或出版的自由。这一条款在以后大量新闻诉讼案例中被法官加以具体的解释,成为美国处理新闻法律与道德问题的最高原则。

我国现行宪法对新闻自由及其相关权利的规定,从总体上来说是比较全面的。如《宪法》第二十二条关于新闻出版广播电视事业为人民服务、为社会主义服务的规定;第三十五条关于公民言论、出版自由的规定;第四十一条关于公民对国家机关及其工作人员有提出批评建议权利的规定;第四十七条关于公民进行科学研究、文艺创作和其他文化活动的自由的规定等等,都是对新闻活动具有法律意义的法律规范。我国《香港特别行政区基本法》和《澳门特别行政区基本法》规定香港、澳门居民"享有言论、新闻、出版的自由"。而且,我国政府已多次宣布我国没有新闻检查制度。由此可见,在宪法和法律

---

① 百度百科,权限,百度网,baike.baidu.com/view/562732.htm,2014-12-15。

上,我国公民享有"新闻自由权",公民的新闻自由权利是得到保护的①。

可见,从宪法和法律所规定的权利上看,新闻报道是新闻从业人员应有的话语权。对于报道者而言,要正视权利,看到自己的话语权;更要珍惜权利,不能被政治经济利益所裹胁,而要看到新闻自由背后的传播职能和社会责任。

> 所有权利都是虚构的,只有权力是真实的。当权力以强力干涉权利的时候,新闻自由可以发挥保证公民的人身安全和切身利益的作用。当发生侵权事件,如拖欠农民工工资、三聚氰胺事件、矿难等,新闻的即时披露,将事实昭告于众,可以避免许多人的权益深埋在事实背后。
>
> 相反,如果新闻自由不够完善,媒体难以关注责任要求它关注的内容或者即便关注了却无法公开发布从而引起社会普遍关注,那么,媒体可能转而报道"安全"的内容,长此以往形成恶性循环——公众丧失了与公共事务得以对话的平台和媒介,出现明显的断层。比如,受商业利益的驱使,媒体的注意力被八卦小道消息吸引,报道内容出现低俗化的情况,就不能很好地承担在社会急速转型时期社会守望者的角色。而完善的新闻自由机制,则可以通过媒体的介入而警示社会危机,进而有利于危机的化解。新闻自由保证不同思想之间的碰撞以探讨真理,保证公民同日常的社会政治实践形成连贯一体的对话②。

前文所谈的是权利,而在实际报道中,报道者也同样面临限制。报道者行使新闻自由权利的同时必须尊重他人的名誉权、隐私权、著作权、肖像权、姓名权以及其他宪法法律规定的权利。在批评性报道(尤其是以暗访、偷拍等方式进行的批评性报道)中,报道者应注意自身报道权利的界限。

另外,报道者须知,在每一次具体的报道当中还会有具体的报道权限控制。报道者应在法律的范围内活动,不轻易放弃报道的权利,也不鲁莽行事。报道者应注意分辨正当限制和不正当限制,在面对"现管权力"时,需有应对的智慧,尊重职业价值。总之,报道权限决定了报道活动是否进行、进行得是否顺利,也决定了报道的边界和策略。

2. 职业心态

职业心态是"在职业当中,根据职业的需求,应该表露出来的心理感情。即对自己职业及其职业能否成功的心理反应。区分个人心态与职业心态,能够更好地胜任职场

---

① 张永恒:《宪法司法化与新闻自由权利的保障》,《新闻记者》2002年第2期,第38—40页。
② 同上。

的要求"①。新闻报道对报道者在心态上有如下要求：

首先，报道者须接受职业要求，消化职业压力。报道者作为新闻从业者要遵守职业道德的要求，建立新闻从业者的价值感和荣誉感，而非自我表现或将职业作为名利跳板，不应藐视公共利益，而应该融"小我"于"大我"，客观公正地报道事实真相。同时，报道者要达到职业能力的要求，不但要具备良好的语言素养和镜头前表现能力，还要不断积累报道经验，履行好传播职责。另外，报道者还要认识和接受职业环境。报道现场往往舒适度较低，为了报道又难免奔波劳顿，工作节奏相对紧张，遇到重大灾难性事件时，现场具有不可重复性，稍纵即逝，播出压力大，报道过程还伴随有一定的危险。批评性报道中很可能遇到权限阻碍，报道者势必面临采编压力和播出压力。大型直播报道中，媒体如果24小时播出就要报道者24小时待命，直播压力大。这些都需要报道者具有较强的适应能力和抗压能力。

其次，报道者应激发职业动力，坚持职业理想。报道者对于传播的愿景应有积极的估计从而激发传播愿望，更好地完成播出。职业理想是职业的恒久动力。

3. 报道能力

报道者须具备基本的新闻敏感，明确新闻报道的基本要求和原则，掌握新闻传播学的基本知识和技能。从事不同专业报道的报道者应有相应的专门素养。同时，报道者的职业经验也很重要。镜头前报道非一两天的功夫，也不是任谁都可以做好，需要经验支撑。经验丰富的报道者更容易抓到现场的"点"，在大型报道中更精于协作，更容易找到与受众交流的策略。一般而言，报道所需能力包括以下方面：

其一，观察力。观察力体现报道者睿智、谨严的品质。观察是认知事物的基本手段。观察的敏锐程度决定了报道者从现场得到信息的多寡。报道者具备敏锐的观察力，可以尽可能多地把握散乱的现场信息，及时抓取和梳理场景，捕捉当事人的状态、眼神表情以及现场局面细节的变化，形成报道的思路。

其二，判断力。报道者应及时通过筛选、重组等手段赋予信息以意义。这是个考验报道者判断能力的过程。报道者的判断力是多项能力的综合，涵盖了感知能力、记忆力、警觉、预知、逻辑演绎和推理等，是长期沉淀的职业敏感。报道者应该注意培养自身专注、自制、估测、感知、推理的习惯，在长期的职业活动中培养高度敏锐的悟性和实用的判断力。

其三，决策力。报道者须善于察觉报道的机遇，能够及时地结合现场信息发展出有效的报道策略，注意时限要求，注意把握报道标准但也不苛求报道完美。在现场发生变动时，报道者能够有效应对现实的限制和可能的结果。报道者的决策力也体现在其不从众上，能够发现现场的独特之处和问题。

---

① 百度百科，职业心态，百度网，baike.baidu.com/view/2337754.htm，2014—12—15。

其四,交流能力。除了报道所要求的叙事、描述、议论等方面的能力,报道者应善于快速地与周围人建立关系,捕捉外界信息,准确判断氛围、情绪、状态等情态信息。对于交流过程中遇到的难题,报道者应善于控制情绪,选择合适途径解决。

第三节　报道的方法

一、认识现场

1.观察

观察是报道的基础。报道者即便已有资料准备,但仍需要深入现场。报道者的现场观察和体验为资料所不可替代。中国人用"道听途说"来喻指中介信源在转述过程中夹杂太多主观因素而导致信息可信度较低的情况,又用"眼见为实,耳听为虚"来说明亲眼所见的重要性。报道者应该独立查看现场,从中捕捉事态痕迹,同时,在接触现场的过程中还要打开所有的感觉通道,通过体验、感知、记忆等建立对现场立体、生动的认知。目击者、旁观者或是当事人对现场和事件的描述往往站在自己的立场,从自己的角度提供信息,难以全面;如果关涉自身利害,也很难保证他们的陈述的客观性。报道者不能通过他人的叙述补充替代自己的现场追踪和体验,只有深入现场后,报道者所建立起来的报道基础才更为扎实。

报道者的现场观察非漫无目的的旁观。首先,报道者观察现场的过程应该是其感知系统接受传播目的引导的过程。落实传播目的,报道者的现场感知才能明确观察的对象、要求、方法,实现有效观察。其次,报道者观察现场需要一定的条理。观察的条理可以按事件发展的时间逻辑、现场空间的顺序、所报道事物的自身结构特点等梳理。报道者有条理地观察现场便于自己梳理信息、组织内容和语言编码,可以提高报道的效率和准确度。再次,报道者观察现场的过程不仅仅是看到,还包括思考,伴随信息的加工。这种思考包括了分类、解析、比较、概括归纳等。报道者伴随思考才可能在不断输入现场信息的情况下,更为完整、敏捷和深刻地把握现场的特点,从整体到细节,建立关于现场的立体印象。最后,报道者现场观察相比于生活中的观察应更为敏锐。一方面,

图片说明:报道者要善于发现容易被忽略的有用信息,关注那些"意外的情况",察觉现场"被遮蔽"的内容,不轻易忽略那些"不寻常的、不符合正规的、复杂多变"的内容。
(图片来源于百度图片)

现场观察要迅捷不拖沓,争取时间;另一方面,报道者要善于发现容易被忽略的有用信息,关注那些"意外的情况",察觉现场"被遮蔽"的内容,不轻易忽略那些"不寻常的、不符合正规的、复杂多变"的内容,避免简单思维和思维惯性。报道者的这种发现力,与其事前准备、个人兴趣等相关。歌德曾说过,我们见到的只是我们知道的。知识和兴趣往往决定了报道者能从现场捕捉到什么。

2. 采访

有的内容,如已经结束的事件、所备资料中需要印证的部分、当事人的主观意见等,不能在现场观察得到,需要借助采访获得。这些采访一般无需记录到节目中,它是报道者完成现场报道前出于了解情况而访问相关人员的资料。报道者采访首要是找准对象,快速地了解情况,提高采访的效率。有时,参与者或目击者比较容易找到,但有时就很难。报道者需要确认采访对象的身份,尽可能向多位对象了解情况,注意了解采访对象的社会身份,确定其信息来源是否可靠和有价值。采访时,报道者应努力创造融洽的氛围,认真倾听,及时反馈,同时注意提问的艺术,根据不同的对象,采用不同的语言表达方式,问题有针对性。

3. 倾听

报道者在认知现场时应注意倾听。毕淑敏说过,倾听就是倾尽全力地去听。它形象地描述了倾听与一般的听的不同。倾听中含有报道者对受访者的尊重,是构建访问关系的方法,可以使受访者在比较宽松和信任的氛围中表达。报道者应积极、专注地听,不带偏见,不做价值评判,不急于下结论,也不对受访者所谈表现出惊讶、厌恶、喜悦、气愤等不适当的情感反应,同时,还要避免轻视受访者的答复以及不适当地介入,如提问过密、概述过多,而是予以尊重和平和的回应。

对于报道者而言,倾听的关键在于以"机警和共情的态度"[①]深入体会受访者的感受,关注受访者如何梳理信息、如何判断信息、如何界定其中的利害关系,注意受访者叙述时的犹豫停顿、语调变化以及伴随言语所呈现出的各种表情、姿势、动作等。总而言之,报道者不但要听懂受访者表达的内容,还要注意捕捉其在交谈中所省略、隐含和无法表达、未曾表达的意思,甚至包括受访者下意识的内容。

4. 比较

现场观察不是肤浅地看到或发现事物,而主要在于发现事物的传播价值。报道者在现场观察中可以通过比较提高观察的锐度。报道者通过比较的方法观察现场可以有三种不同的路径:其一,真假比较。新闻线报可能是局部的、个人化的信息,需要和现场做比对,相互印证,不断接近事实真相。比如接到的线索显示某人不赡养父母,这

---

① 百度百科,倾听,百度网,baike.baidu.com/view/681912.htm,2014-12-15。

很容易被归结为一个不孝子的主题。而到了现场才发现,事情并非如此简单。经过观察、采访、比较多方言论,才真正了解线索所提供的内容言过其实,意在引起媒体注意,让记者介入。其二,价值比较。现场观察和听人描述的最大不同是报道者可以看到生动的细节。报道者通过现场搜集细节、比较细节可以发现事实的多侧面和新闻价值。其三,视角比较。通过比较不同人所提供的不同报道视角,报道者可以更有质量地完成工作。比如关于如何完成现场报道,主持人(包括记者)可以听听摄像等团队成员的建议。他们可能掌握了一些报道者所没有掌握的内容,可以提供有价值的判断。

图片说明:比较的目的是为了更好地发现事物,发现事物的传播价值,提高观察的锐度,激活观察者的问题意识。
(图片来源于百度图片)

二、现场信息的处理

1. 现场时空的处理

(1)报道中的时空重置。时空重置是指将真实世界中新闻事件发生的时间顺序和空间顺序,按照广播电视的规律和言语叙事的线性逻辑,重新整理和安排。在报道中,报道者取用的并非是完整的现场空间,不可能反映现场全部的空间景象。叙事的顺序也不似流水账,需要报道者再做组织。报道的过程是报道者通过符号转化(将生活景象转变为影像和话语)和时空重置,赋予现场内容以符号意义和价值,并将此传递给受众的过程。通过时空重置,报道者可以让平凡的现场呈现出多层次的意义和理解的空间。比如,某地苗农的苗木大棚发生了大面积幼苗干枯。记者在现场发现,村里很多农户的大棚存在同类情况。记者现场报道时如果直接站在某棵枯苗旁边陈述苗木枯萎情况,取景太"小",不能反映幼苗枯萎的严重情况,可是,又无法同时摄入不在一处的多个大棚。最后,记者选择在大棚外取出一盆苗木,通过言语叙述介绍整体情况(苗木在短时间内枯萎,原因不明,无法救活;情况严重,在单个大棚内占到七成,每个大棚有近千株;发生类似情况的大棚全村数十个,涉及苗农有几十人),让观众认识苗木枯萎的情况和严重程度。在这则报道中,大棚苗木枯萎的现时时空被重置,围绕问题的严重性展开,引起受众关注。

(2)叙事的时空逻辑与非时空逻辑。时空逻辑是指报道者按照事情发生的时空顺序做蒙太奇式的处理,择其要点而谈之。时空逻辑在没有图像配合或来不及制作片子做图像配合的突发事件报道中运用较多。叙事的时空逻辑非流水账式的记录,旨在突出事件发展在时空上的次序,挑明脉络。比如通过案发现场的描述来陈述案发过程。

非时空逻辑一般将报道重点放在叙事逻辑的补充、现场气氛的解说、报道价值的再强调等方面,不顺着时空逻辑走。非时空逻辑叙事建立在报道者对事件的重新理解上,前提是报道者找到理解事件及其现场的新路径。

(3)以话语补足场景。在场景不全尤其是关键的现场信息已经流失或不便直接呈现、无法直接呈现的情况下,如事件主体已经结束、采访权限之外的现场、现场看不清的内容、现场不适合用画面表述的内容、关于气味气氛等需要体验去呈现的内容以及画面无法表现的意见性内容等,需要报道者通过言语叙述补足。

2.结构化、动态化、立体化地报道

(1)对报道的结构化处理。报道者将信息根据节目的初步构想和意图,按一定的关系,结构为有主题的内容并诉诸言语。结构化处理的关键是确定报道的主旨。报道者须了解节目采编的意图、形态、功能,才能准确组织具体的报道段落,才能明确取什么信息,用什么形式,如何表达,用多大篇幅。报道者要考虑报道段落在节目中的上下衔接。如果一期节目当中有多次现场,要考虑到内容的分配和安排。

(2)对报道的动态化处理。如果事件还在发展之中,报道者应动态追踪,不马上下定论。动态化的处理要求报道者确定报道的边界和深入程度。

(3)对报道的立体化处理。报道不仅仅是报道者站在镜头前说一段话。作为节目中有意味的传播形式和片段,除了利用言语的形式,报道者也可以利用现场场景、体态语、配合镜头走动等方式。尤其是非新闻类现场报道,报道者有必要利用道具或创造其他有吸引力的、新颖的方式。比如美食节目的现场,报道者在介绍、对话之外通常也伴随品尝美食。

3.报道中多样化地呈现现场信息

(1)报道者独立成段的言语讲述。言语讲述是现场报道的主要形式,常见的有叙述、描写,议论和抒情较为少见。新闻性内容讲求客观,为避免污染信息常用白描的方式,起告知的作用;非新闻性内容重视修辞,通过表达策略形成引导,加深受众印象。报道者应该重视炼字炼句,善用修辞和有声语言表达技巧,让报道语言"既有语言编码的文采又有有声语言的神采"[1]。

(2)报道者伴随镜头与体态语完成解说。电视现场报道中,主持人与镜头的配合、对镜头的利用、主持人的状态和体态等非语言符号也同样传递信息。如果主持人不顾场合地讲究妆容美观,在某些特殊场合(田间地头或者灾难现场)将无法得到采访对象的理解,还会引起大众非议;地震中的新娘穿着婚纱做现场报道,有人称赞其敬业,但也有人质疑其作秀;记者在报道现场落泪,可能会引起共鸣,但也可能会引起报道者是

---

[1] 吴郁:《当代广播电视播音主持》,复旦大学出版社 2008 年版,第 125—131 页。

否客观的质疑。可见非语言符号在信息传递方式上有着不可小觑的影响力。报道者如何使用非语言符号,要视所在栏目的定位、风格和报道者所处现场语境,难以一概而论。比如,突发情况下,主播可能未及上妆而仓促上镜也可以得到受众谅解,甚至让人感到别有一番职业风味;但这不意味着任何情况下主持人都可以没有装饰上镜。在非紧急情况下,镜头前装饰不当,在受众看来可能就是不礼貌和不专业的表现。

(3)报道者有设计地改变受众的注意力方式。紧急情况下,报道者只能简单地梳理现场情况。非紧急情况下,报道者可以通过更有冲击力的信息、更有力的形式让受众感受现场的价值。比如柴静在爆炸事故的废墟现场带着受众辨认遗留物,通过这种方式去发现爆炸身亡者的个体信息,勾勒被笼统地称作受害者的个人特征和生命气息,凸显人的价值,激发受众的感情,激起受众对爆炸后果的认知和对伤亡人员的同情。报道并非报道者随便找个现场背景说上一段话,它需要设计,尽最大可能起到它所能起到的传播作用。

三、报道的言语形态

1. 情景叙事

叙事是现场报道的首要功能,而情景叙事是现场报道的常见形态。报道者依托现场对事件的整体或部分进行叙述,起到告知的作用。关于报道者的情景叙事,我们从叙事功能、叙述者、叙述视点、叙事线索与逻辑、叙事的边界等方面做简要分析。

从叙事功能上看,情景叙事首先要明确传播目的,确定现场报道作为节目段落所需起到的作用。确定这一点,现场报道才更为可控。即便遇到问题,报道者也更容易调整。尤其是面对突发事件时,报道者需要当即对报道作出决策,所以明确目的和功能可以降低传播的盲目性和风险。

从叙述者来看,个人如果明晰自身的社会角色,其言语会更有分寸,更能把握什么可以说、什么不可以说、什么一定要说、什么一定不说,会形成更为自觉有效的言语行为规范。关于语言的分寸感,孔子有云,可与人言而不言,失人;不可言而与之言,失言。知者不失人,亦不失言[①]。这个不失人亦不失言的智者,在情景叙事当中,可以延伸理解为明确自身叙述身份的报道者。情景叙事中,报道者作为叙述者,在叙述过程中是旁观的视角还是全知的视角、是体验者的立场还是批评者的立场、是近似悠闲的中产阶级还是理想化的年轻远游者(主要指美食类、旅游类节目),角色定位的差别会影响到叙事的路径和心理基础。

从叙述视点来看,没有视点或者视点泛化,报道者看到什么说什么,现场报道就成

---

① 《论语》,中华书局 2006 年版,第 235 页。

了缺乏判断的肤浅的陈列。视点是情景叙事中报道者看待事物的角度。报道者可以根据客观事实、受众需求和职业经验建构透视现场的新视点。

从叙事线索与逻辑来看，叙事的线索既是报道者编码的依据，也是受众解码的依据。情景叙事中，既有客观再现的叙事线索，又有在客观再现的背后报道者价值判断的逻辑。这些暗含的线索是报道者和受众形成"真相"印象的逻辑基础。

从叙事的边界来看，报道者的情景叙事需要考虑现有信息能支撑事实证实到什么程度、哪些信息符合传播伦理（比如不可过度展现暴力和残忍的场面）、二手信息表达到什么程度，对于细节、场景与事实真相之间的关系判断到什么程度等。报道者应该有边界意识，避免报道中的非理性。

2. 安排结构

在一次长篇幅报道或者一期节目多次出现现场报道的情况下，报道者需要完成报道的整体设计。结构化的方式是报道者最容易驾驭、把握和调整的方式，也是受众最容易建立印象和有所记忆的方式。报道者在安排结构时，首先要看到报道在整个节目中具有相对的独立性。每一个报道段落要相对完整，能够独立回答受众至少一个未知问题。也就是说，一个报道段落能够起到一个明确的功能。其次，报道者需要大致设计报道段落具体落在片子的头、尾还是中间。尤其是非新闻现场报道，报道到什么程度，表现到什么程度，要根据头、尾、中间的位置不同而有不同的处理。

3. 要点解说

报道者对现场的解说应起到说明和解释关键信息的作用，建立现场细节与报道主题之间的关系，发现现场细节对于受众认识整件事情或整个事物所具有的不可替代的作用。反过来，报道者可以从整体的角度去挖掘要点，从寻常中捕捉不寻常。报道者既要说清关键细节的内容，还要解释其中繁复杂乱的部分并诠释其价值。

4. 细节描述

在现场报道尤其是重大突发事件的报道中，根据现场观察来描述细节是报道者必备之功。报道者事前做足功课，不是为了到现场去"背书"，而是为了增加自己判断现场的能力和知识，激活感知现场的"突触"。现场不能成为摆设，不能仅仅是作为"真实"证明的背景。细节构成了现场。记者的报道要有来自现场的独特价值，势必需要捕捉细节的能力。在描述过程中，报道者要注意语言准确，保持场景与语言之间对称。语言规则是共同的，但言语行为即对语言的表意运用是个性化的行为。所以，所谓准确不是一定之规，而是要求报道者依托语境、对象，使表意具有可理解性，并使表意与受众理解之间基本保持一致，避免歧义、误解。既是个人化的解读，又符合公共领域传播的基本要求。报道者描述现场细节较为常见的方法有：

（1）白描。白描指的是在叙述和描写事物的过程中，朴素、简练又传神的表达手法。在现场报道中,尤其是新闻事件、突发新闻事件的报道中,事情本身的重大性、重要性、紧迫性足以引起观众的关注。报道者要突出事件的主体作用,让事实说话,避免过度介入。报道者的语言应简练,抓准事物的特点,单位语言的信息量要大,表达朴实,避免过多的修辞性内容。

(2)渲染。赋予报道对象以个性化的色彩。在非新闻现场,报道者的报道基础是从现场发现内容并且赋予其以独特的意义。报道主体可以更多地介入和解读报道对象。当然,渲染的基础仍然是事物的客观特征,不能编造事物。而渲染的关键是报道者通过合理的铺张和烘托,以某种特别的联想和情感色彩,强化受众与事物之间的情感联系。

(3)取舍。不淹没于细节,"进得去,出得来"。对于现场信息,报道者要先进行梳理,而非主题先行,不宜先设定什么有用什么没用。同时,报道者也要接受传播价值的限定,有所判断,不被细节淹没。报道者可以设定一次报道中的截点,基于可信度和报道的范畴取舍信息。

最后,需要强调的是现场报道的价值优先原则。报道者要根据现场动态,不断地回到价值原点,思考为什么要做报道。报道者结合现场不断思考报道的价值,避免陷入选择性思维,坚守报道的伦理和底线。同时,价值思考也会不断地激发报道者深入现场,而又不为现场所淹没,保持警醒和敏感。

第四节　报道案例分析

▶▶ 报道案例一

节　　目:中央电视台"抗震救灾　众志成城"滚动直播
报道者:张泉灵
时　　间:2008—5—14
地　　点:汶川
报道内容如下:

【张泉灵在一个临时集合点的外面,配合手势报道】

仍然有一些人觉得在房子里面心有余悸,所以他们在这样一个雨夜,却选择了在屋檐底下来度过他们灾后的一个晚上。【背过身去指示地点】

那刚才呢我就问到了一对姐弟,他们是从北川的职业一中转移出来的,那我请他们回忆一下当时发生地震的时候,他们到底感受到了什么。他们告诉我说呢,其实他们一开始碰到的是非常激烈的摇晃,后来变成了一种剧烈的摇动。然后房子在一分钟的摇动之内就坍掉了,但事实上这样的一种摇动整整持续了5-6分钟,我们在下午大概6:30的时候已经抵达了北川。那到过县城的这个记者告诉我们说呢,现在整个的县城几乎说没有,看不到一栋完整的房子,几乎是夷为平地了。所以在我和一些灾民交谈之后,我觉得既然对于他们来说,那一段回忆像个梦魇,但至少在这里他们是安全的,而且他们现在有水喝、有东西吃。

我们来看一下,在这个底下呢,现在有一个物资的发放点。【张泉灵挪步至边沿,引导观众往地面探看。画面切到物资领取场面】那你看到这个排队的长龙呢,就是去领水、面包、饼干、方便面还有牛奶。现在至少在食品的充足和安全方面,应该说是没有问题的。【画面切回张泉灵,短暂停留后,切回到物资领取场面】但是另外一方面,在这里呢,灾民呢,没有注意到一个情况。现在呢是一个雨夜啊,那么现在呢气温是大概14度到16度之间,那很多人的房子在瞬间被夷为平地,那没有带出任何的财物,所以他们非常缺少保暖的衣物和棉被。那么,有没有注意到呢,现在已经有驻军呢是带来了一整车的棉被,但是我要说的是,你只有到了这儿你才会发现,其实有了物资啊,发放也需要很多的经验,要有足够的耐心和维持秩序的能力。那你能够想象在失去了亲人和所有财产之后的灾民他心理的恐慌和对物资的需求,所以如何发放这一整车的棉被对于今天晚上的当地的这个解放军来说,也是一件非常难的事情。

那同时我们注意到从这个大门口呢现在还停着很多的私家车。【张泉灵以手势做指引】那么这些私家车开到这些地方来呢通常有两种目的。一种目的呢就是寻找他们的亲人。因为灾难发生的时候呢,很多人并不在家里,而是在工作的单位,当他们被送到这儿之后,也有很多人来寻找,是否能看到他们亲人的面孔。那第二种人呢就是来送爱心的,他们通常在这个门口跟那个维持秩序的那个公安民警说一下,说我是来献爱心的,他们就可以进来。那么,他们会带来食品、衣物和水,这对于这儿的人来说都是急需的。呃,而对于寻找亲人的人来说,他们也能得到一些免费的服务,比如说在这个楼下呢就有一个免费的电话处。你知道我们今天一路从成都开往北川的公路上,【画面切出张泉灵,出现成都到北川沿途的场景】大概三分之二的这个线路上没有任何的电话信号。他们可能从昨天到今天都没有办法跟他们的亲人去联络。包括这个在绵阳段落,你看到那个路灯是亮的,这儿是有电的,但是只要过了绵阳,一路开往北川,一路都是停电的,所以固定电话也没有信号。那在这里设立的免费的电话处,应该说对他们说就非常的有用了。[1]

---

[1] 笔者根据2012年5月中央电视台播出的"众志成城 抗震救灾"直播节目中张泉灵的现场报道整理。

简析：在当时的语境下，电视媒体难有时间按常规编配一个片子来说明震后情况。张泉灵的这一大段报道对于社会各界及时了解震后临时安置点的情况显得十分必要。其次，张泉灵在现场所抓的细节很准，触及关键。震后，社会大众所关心的就是"怎么样"了。这既指震区的损失情况，当然也包括幸存民众的救助情况。那么，身处安置点的报道者应该报道什么呢？张泉灵结合现场动态，抓住了三点：安置点民众的状态、安置点的物资发放、前来安置点的寻亲者与爱心人士。这使得这一段报道让人感觉十分"解渴"，是"有用"的报道。而对于所抓的细节，张泉灵除了有非常详细的描写、说明，还有必要的解读。报道安置点民众的状态时，她特别解释了为什么很多人选择呆在屋檐下；报道安置点的物资发放时，她解释了为什么解放军发放棉被也会成为难题；报道前来安置点的寻亲者与爱心人士时，她解释了楼下免费电话处的特别意义。

张泉灵的这段报道可谓一气呵成，在直播报道过程中既有报道的速度又不失报道的质量，让人"如临现场"，也让人"理解现场"。对处于地震带来巨大冲击的大众来说，这是一种基于信息供给的"安抚和慰藉"。

▶▶报道案例二

节　　目：中央电视台"抗震救灾　众志成城"滚动直播
报道者：某男记者（视频未标记记者姓名）
时　　间：2008—5—13
地　　点：通往汶川的震区道路上
报道内容如下：

【画面上出现记者在夜色中的身影，随后切回运送物资的场景。记者在路边报道】

现在是凌晨三点，我们到达了绵阳境内的安县。我现在所处的路呢，是通往北川的一条路。那现在我们（呢）在路上（呢）看到了一大队运送救援物资的车辆，现在他们也正在朝重灾区北川驶去。

【画面持续播放沿路的情况，夜色浓重，只能看到车前灯照到的范围。记者在画面外完成报道】

在前往北川的一路上我们都能看到由于地震从山道上滑下来的这些岩石，那现在路面呢已经被炸断了，现在只剩下单向行驶的。

【记者在另一路段报道】

现在是凌晨四点，我们突然又感觉到一次非常强烈的震动，现在我们能听到远处哗哗哗的声音。

记者："师傅，远处这个声音是咋回事嘞？"
当地群众："这是地震，地震垮塌。"

现在是凌晨四点四十分,那因为前方继续有塌方,那运送……

【突发余震】

现在我们此时感觉非常强烈的震感。

【余震减轻后,记者继续报道】

那这阵强烈的震感之后呢,远处我们又能听到塌方的声音。

【远处塌方的声音。随后,记者在物资车辆旁报道】

那现在由于运送救援物资的车辆,为了安全呢,他们暂时在这里等候,等天明安全之后呢再去,所以现在我们也决定在这里等候。

【大略3小时后,记者在山脚的路边继续报道】

现在是早上的6点,视线也更加清晰了。那么由于余震呢我们也听到我身后的这座大山上仍然有塌方的声音,而且感觉是非常的强烈。那随时呢,也能感觉地面有一些余震。然而就在我们所处的公路旁的房屋呢,【记者伴随手势引导】也是有一些裂痕,然而在这边,像这些砖瓦房就已经是完全地坍塌了。

【画面切出记者。记者继续报道】在我们所处的公路上,随处也都能看到像这样由于地震挤压过后的这个公路变形的状态。现在我们就跟随绵阳消防支队地震灾害救援队赶往北川的地震灾害现场①。

简析:这段报道发生在2008年5月13日凌晨3点至6点,距离地震过去刚刚几个小时。记者跟随运送救援物资的车队沿途做简洁的介绍,向大众报道了救援路上的情况。在报道过程中,记者突遇余震。面临突发性的因素,记者就地取材,抓取这一因素进行现场描写,说明动态,具有不可替代性。这段现场报道看似"简单",实际上对于处于事件动态中的报道者而言,这种边走边报的方式很考验专业能力。报道者需要稳定的心理素质,还需"择机"而言,有话则长,无话则短,把受众珍贵的注意力引到动态变化上,在"动"中认识现场。

▶▶ 报道案例三

节　　目:中央电视台"抗震救灾　众志成城"滚动直播

报道者:张泉灵

时　　间:2008—5—13

地　　点:汶川道路抢险现场

报道内容如下:

---

① 笔者根据2012年5月中央电视台播出的"众志成城 抗震救灾"直播节目中某男性记者的现场报道整理。

第六章 即兴口语表达独白形态（二）：报道

【张泉灵的画面】

在通往汶川的各种交通方式当中呢，大家希望陆路赶紧通，这样可以运送过去更多的人和物资。那么通往汶川有四条陆路，被希望能够快点儿打通的就是成都经都江堰通往汶川的 213 国道。因为更多的人员和物资是聚集在了成都这样一个方向。但事实上你从都江堰出发，车行 20 分钟到第一个山坡，【张泉灵转身指引，画面切出张泉灵】你就看，道路在这儿就完全终止了，就是我身后的这一块儿。那么，事实上呢，它不是我们比如说在通往北川的路上看到的巨大的滚石，而是整个的山体垮塌下来。【画面切回张泉灵】那么根据工程人员告诉我们说呢，这个聚集了大概一万方的土量。而事实上像这样的挖掘机每小时不断地工作只能挖掉三十方，那么你计算一下需要三百多个小时，也就是十几天的时间才能把这一段的土方完全地挖走。

【画面切出张泉灵，出现土方挖掘的作业场景】

而且你可能面对这样的情况你还会有疑问，说现在为什么是看的人多，工作的人少，这其实也是一个相当无奈的事情。因为大家可以注意一下哈，这一个段，路是一个什么样的情况，【画面切回张泉灵。她伴随手势的指引继续报道】它宽也就是七米左右。往这一边，【张泉灵挪步并指引受众观察】下面就是灵江，是一个断崖，你在后面你能看到紫坪铺水库的这个大坝，那往这一边呢，

图片说明：张泉灵在报道现场的画面。
（图片来源于百度图片）

【张泉灵挪步并指引受众观察】它就是山体，它这么宽的一个路面的话，它事实上只允许一辆挖掘机在上面工作。

【张泉灵现场采访】

张泉灵："现在你们的操作方式是要把所有的土都要铲走吗？还是说让出一条道路来让车过去"？

工作人员："只要可以通车就可以了。我们就是达到这个目的。如果全部铲完，这个时间搞不定。"

【张泉灵出现在画面中继续报道】

明天的时候，我们会知道在整个的路还有多少次塌方，需要多长的时间，

我们可以粗略地计算一下,才能真地贯通这条陆路①。

简析:张泉灵的这段报道敏锐地抓住了震区报道的一个关键性内容:213国道的路况。213国道是成都经都江堰通往汶川的重要通道。山体垮塌使得救援物资运送受阻。张泉灵通过详细的现场观察、说明以及中间所穿插的简短采访,介绍了213国道抢通的进度、所遭遇的困难以及目前已有的抢通方案,给了公众一个必要的交代,打消了人们对救灾工作的疑虑和担忧。

▶▶报道案例四

节　　目:中央电视台《远方的家》栏目"江河万里行"《渭河:渭河边的古味儿》节目
报道者:谭文颖
时　　间:2015—1—16
地　　点:咸阳
报道内容如下:

【记者谭文颖在渭河岸边边走边说】

爱美丽中国,看远方的家,我们《江河万里行》摄制组来到了渭河边的咸阳城。渭河之宽阔出乎我的意料。现在我们看到了水面上的一线树木,【面向河对岸,以手势指引】其实并不是它的对岸,仅仅只是河中心所修建的一条大坝。实际上渭河的宽度呢,是镜头中所呈现的两倍。【画面切出谭文颖,出现其他场景】早晨的渭河有许多当地人到这里来锻炼身体,远远地望去呢,仍然是烟波浩渺的水天一色。透过浓重的雾气,让人不禁遥想历史。秦始皇当年统一中国后建都在此,使得这座城成为中国第一帝都。而在汉武帝时期呢,也是由此为起点,开始了开拓到西域的丝绸之路。这座城、这条河见证了华夏文明中太多的蓬勃和繁盛。而这一次,我们也要带着对历史的崇敬之情,来叩访这座古城的今天。

【衔接片子】

【谭文颖边走边说】

山西有个Biángbiáng面谁都知道,但是很少有人知道这个Biángbiáng面真正的发源地呢在咸阳,一说起这个面我就想笑,因为它的发音太可爱了,但是它的字怎么写呢,可能十个人有九个都不知道。瞧,这么复杂。【谭文颖走到某家面馆门外的"Biángbiáng"字边上,边指边说】其实也是来到这儿之后,我才这么仔细地观察这个字。我觉得远远地看它就特别的象形,很像在

---

① 笔者根据2012年5月中央电视台播出的"众志成城 抗震救灾"直播节目中张泉灵的现场报道整理。

车上坐着一个人。然后这个人呢在脑袋下面,心的上面呢,就是吃得鼓鼓胀胀的一个肚子。【手势模拟鼓鼓胀胀的肚子】像不像?让人一看就觉得已经很饱了。说实话,为了今天来吃这个 Biángbiáng 面我可是从昨天下午就没吃饭了,已经留足了空间,希望今天胃口好①。

【衔接片子。中间多次穿插谭文颖与面点师傅关于 Biángbiáng 面制作的采访对话】

【谭文颖体验的画面,在品尝的过程中报道】

马江瑜:味道咋样?

谭文颖:【看着男子回答】好吃,【转而看着镜头肯定地说】真的很好吃。特别的爽口,吃到嘴巴里面特别柔软。然后很有韧性儿。那个韧性儿又不会让你费嚼劲儿。就是可以轻松地吃完,但是又可以享受到那个口腔里面很愉悦的感觉。加上它这个卤打得真的非常的好吃。我觉得要把这一碗吃完的话,对我来说不是什么难事儿。【笑声】

【衔接片子。中间多次穿插谭文颖与马江瑜对话】

【谭文颖吃完一口面后,对着镜头报道】

太好吃了。这个面从一进口的时候就感觉嘴里面满满的。【满足的笑声】然后吃进去了以后觉得心里暖暖的。我很明白这个字为什么要设计得那么大。【配以手势、表情、眼神】真的就是那种感觉,非常满足的感觉。

【衔接片子】

【谭文颖站在马江瑜身边报道。马江瑜准备书写】

今天马老师可不是只来带我吃 Biángbiáng 面的。他其实是当地一位非常知名的年轻的书法家。所以呢今天还专门带了这个笔墨来,要跟我们解释一下这个 biáng 字的来历到底是怎么回事儿。

【衔接片子】

【谭文颖与马江瑜一起举着刚写完的 biáng 字报道】

这个就是 biáng。【自得其乐地发出笑声】以后大家会认识这个字儿了。而且呢也会按照这个口诀写这个字了。咱们一顿面下来哈,可以感觉到 Biángbiáng 面里面包含的是非常丰富的口感和非常丰厚的中国文化,【眼神与马江瑜交流,同时用手势圈指纸上的字】蕴藏在这个复杂的字当中。最关键的是因为记住了它的滋味,记住了这个口诀,这个复杂的字也变得非常的形象,被记住了。【将手中的字纸通过镜头向观众让了一让】

---

① 笔者根据 2015 年 1 月中央电视台《远方的家》栏目播出的"江河万里行"系列节目《渭河:渭河边的古味儿》中记者谭文颖的报道整理。

简析:这是《渭河:渭河边的古味儿》节目当中的一节。整个节目在模式上和这一节相似,都呈现为"现场报道+现场采访+现场体验+片子"。记者(等同于有些节目的"外景主持人")串起了整个节目,是节目不可缺少的叙述者、主导者。这仅从记者报道在节目中所出现的频次就可以看出。这种模式在同类型节目中具有典型性。

从谭文颖的报道中,我们看到,报道者在此类非新闻现场报道中大多需要做到以下几点:"找看点"(如 biáng 字)、"有体验"(如试吃 Biángbiáng 面)、"会解释"(如 biáng 字的解释"它特别的象形,很像在车上坐着一个人。在脑袋下面,心的上面,就是吃得鼓鼓胀胀的一个肚子。")、"提气氛"(通过语气、眼神、表情、动作等表现兴致),让自己的叙述与节目的其他表现元素一起,构成一个连续的体验和交流过程。

▶▶报道案例五

节　　目:中央电视台新闻频道《走进秘鲁馆:不能覆盖的秘鲁印象》
报道者:胡蝶
时　　间:2010—7—28
地　　点:上海世博会秘鲁馆
报道内容如下:

【音乐,画面,镜头切到胡蝶的背影,胡蝶转身说话】
胡蝶:美洲一直是一个被认为缺失古文明的大陆,直到1911年,失落了多个世纪的马丘比丘古城被人们在秘鲁找到,这段古老的历史才终于重见天日。印第安人在南美洲所创造的印加文明丝毫不逊于古罗马文明和古希腊文明。

【接片子,胡蝶配音,内容略】
【胡蝶从一个木板后面轻快闪出,开始说话】
胡蝶:马丘比丘的价值在于它置身于这样一个优美决绝的环境。如此的美丽,引人远道前来膜拜,但是,关于它的居民,却连一丁点儿的线索都没有(手势),让人费劲儿地猜测,考古学家们动用了关于人类历史和印加帝国古代民俗的一切知识储备,对这个迷人的遗址的各个地方进行了命名,比如说广场、太阳神庙、月亮神庙、墓地等等,不过遗憾的是这些恐怕无法得到它真正主人的认可。

【接片子,胡蝶配音,内容略】
胡蝶:同样是古代文明的神奇建筑,埃及的金字塔给我的感觉是苍凉,而秘鲁的马丘比丘更适合神秘这个字眼儿。它的神秘感来自于我们不知道它的历史,不知道它的建造目的、建造方法、建造年代,甚至于它为什么被荒弃、荒弃了多久,这些都无从得知。这一连串的不知道就构成了它的神秘。关于印加古城还有很多的悬案和猜测,而关于马丘比丘,它也是充满了无尽的吸引力,等待着我们去探索。

【接片子,胡蝶逛场馆】

胡蝶:秘鲁西南部纳斯卡附近的戈壁中,在长50公里宽15公里的土地上,有一些异乎寻常的巨画,这些巨画是一个考古队无意间发现的。在一次偶然的机会下,他们扒开了地面上的石子儿,发现下面有一条沟,开始他们以为是废弃的灌渠,但是向四周望去,这些沟构成了一定的图案。出于职业的敏感性,这些考古学家们乘飞机低空观察,于是便发现了这些巨画的真实面貌。

【接片子,胡蝶配音,内容略】

【近景仰拍胡蝶,胡蝶出镜报道】

胡蝶:纳斯卡巨画又叫纳斯卡线条,它到底是做什么用的呢?恐怕考古学家们无法给出答案。但是关于它的猜测有很多(镜头转为远景),有人说它和天文学有关,记录了天上的星座和四季的节气。有人说它是古时灌溉水稻的遗迹,还有人认为它是外星太空船起降的跑道、机场和指引标志。

图片说明:主持人胡蝶在秘鲁馆内报道的节目截图。(图片来源于百度图片)

【接片子,胡蝶体验秘鲁馆的镜头,特写镜头】

胡蝶:没有任何解释,神秘笼罩着这片亘古的荒原,对于考古学家来说,印加古城马丘卡丘、纳斯卡平原都亟待揭开神秘的面纱;对于秘鲁人民来说,这是古代文明留下的智慧宝库;对于那些好奇者来说,这也许是通向另外一个世界的钥匙;而对于我来讲,这是一些古代人留给其他人的巨大的密码。也许未来会揭开它的答案,也许永远都不会[①]。

简析:从整个节目的结构上看,胡蝶的报道起到了衔接的功能。整个节目的内容随胡蝶的报道逐次展开。尽管从创作的角度来看,胡蝶及其报道是其中的一部分,是节目给了胡蝶话语空间和表现可能。但从受众认知的角度看,则更像是胡蝶这个报道

---

① 笔者根据2010年7月28日中央电视台新闻频道播出的《走进秘鲁馆:不能覆盖的秘鲁印象》中胡蝶在秘鲁馆的报道整理。

者有控制地将节目内容释放给受众。从这个意义上说,胡蝶通过报道在节目中起到了驾驭的作用。

因为其中涉及有关马丘比丘和纳斯卡巨画的历史知识,胡蝶的报道如果没有事前的准备恐怕难以完成。而从其报道中,我们可以看到,她在筛选、梳理、解读信息以及对信息作节目化处理上下了功夫。她较多地使用了"转折法",如"美洲被认为缺少古文明但马丘比丘古城颠覆了这种认识""马丘比丘遗址现于今人眼前但居民却无从查找""我们对马丘比丘虽有所知但仍有太多未知有待探索""考古队无意发现沟渠却没想到是一副巨画""考古学家无法考证纳斯卡巨画的作用但却有很多猜测"。这种叙述方式有别于开门见山,通过曲折的表意卖点关子、抖抖包袱,激发听者探索和辨识的兴趣。这种表达上的设计,没有事前的准备,恐怕不能自如。

在结尾处,对于马丘比丘等古文明,胡蝶用对比的方式做了解读。在概括和梳理了考古学家、秘鲁人民、好奇者对这些古文明的态度后,她提出了自己的"密码观",以一种更为中立和开放的姿态看待这一古文明。"我"的判断是胡蝶作为报道者"在场"的证明。这样的报道者才是"有主见"的报道者。而这样的报道也才是有见识的报道。

本章小结

本章分三节从报道的语境、主体谈到报道的方法,讲授了报道作为主持人即兴口语表达常见的独白体形态,在创作上的基本要求和规律性的内容。现场报道是主持人的职业基本功之一,报道的水平与质量反映了主持人即兴口语表达的综合能力。要培养和提高主持人的即兴口语表达能力,势必要加强主持人的现场报道锻炼。在笔者看来,主持人要高质量地完成现场报道,首先要了解报道的语境,看到不同类型现场的不同特点,通过观察、采访、倾听、比较捕获现场的有效信息,夯实报道的信息基础。其次,主持人应明确自身在具体报道中的不同身份,善于处理报道中所遇到的自己与受众、现场、受访者、报道团队成员之间的关系,把握报道权限,调整好职业心态,提升职业能力,从而让自己具有充分的报道资格。本章第三节从认识现场、处理现场信息、报道的口语表达等主要方面讨论了报道的方法。

进一步阅读

吴郁:《当代广播电视播音主持(第二版)》第八章《新闻评论类节目主持艺术(二)》,复旦大学出版社2008年版。

张洁、吴征:《调查〈新闻调查〉》,文化艺术出版社2006年版。

应天常、王婷:《主持人即兴口语训练》第四章《即兴描述》、第五章《即兴解说》,中国传媒大学出版社2009年版。

任贤良:《新形势下如何做一个出色的新闻记者》,《清华新闻传播学前沿讲座录》,

清华大学出版社2012年版。

  郑连凯:《如何当好出镜记者》,《传媒》2013年第4期。

  潘新:《全时化下广播记者的表达方式》,《中国记者》2012年第2期。

  刘佳:《出镜记者的语言表达技巧》,《声屏世界》2008年第10期。

  高晶:《浅析现场报道的口语表达》,《新闻传播》2014年第5期。

思考题

1. 报道的语境如何分类？将报道语境进行分类对于现场报道有何意义？
2. 比较突发现场和可预知现场的异同，并阐述它们对报道的不同要求。
3. 比较新闻现场和非新闻现场的异同，并阐述它们对报道的不同要求。
4. 结合实例，谈谈报道者可能面临的不同身份。
5. 结合实例，谈谈报道者在现场面临哪些主要关系，如何处理？
6. 结合案例，分析报道者报道资格的构成。
7. 结合实例，分析报道者如何认识现场。
8. 简述报道者处理现场信息的主要方法。
9. 结合具体案例，讨论报道者如何有效完成现场的口语表达。

第七章　独白式即兴口语表达（三）：评论

第一节　评论及其价值

一、主持人评论

评论常与言论、新闻评论、议论等相互替用。从体裁上看，评论区别于叙事和抒情，主要运用说理的方式，包括了明确的观点、态度、统一的判断以及充分的阐释。这种体裁被广泛运用到广播电视传播之中，可以是新闻时事评论，也可以是娱乐评论；既可以是三言两语，也可以是独立成篇甚至大篇幅专题；既可以是一个人完成，也可以是几个人通过对话完成。在今天的电视荧屏上，评论既可以是独立的节目类型，也可以是各类节目所使用的节目要素，如《中国好声音》独特的导师现场评论。

从传播内容的性质上看，人们常以"评论"一词代指新闻时事评论，原因是新闻时事评论是最常见且容易引发较大社会反响的评论节目。评论者通过对时事见微知著的解读和判断，强化了新闻传播的议程设置效力，集中了一定时间内社会的注意力。因为所谈的话题具有公共性，所以，评论所产生的社会影响力会改变舆论的发展趋势，有的甚至直接作用于公共决策。可见，以时评为排头兵的评论，是信息市场上专司意见输出的一端，是"当代声音"中不可缺少的"当下声音"，是及时性、公共性、深刻性相统一的"公共声音"。

主持人评论作为广播电视评论之一类，是主持人应当承担的职业创作任务。主持人作为"在广播电视节目中，以个体行为出现，代表群体观念，以有声语言为主干或主线驾驭节目进程，直接面向受众，平等地进行传播的人"[1]，需要回答这一问题：除了驾驭节目之外，作为当代社会文化中的明星人物，主持人如何通过自身与群体相糅合的

---

[1] 赵玉明、王福顺：《广播电视辞典》，中国传媒大学出版社1999年版，第212页。

方式,在信息泛滥的社会中,有力地引导社会舆论的导向？我们认为,评论是途径之一。主持人的业务范畴已经"突破了有声语言创作及传播最后一环的传统分工,与节目内容生产的整体关系更加密切和深入"①,这种突破就包含了主持人通过时事点评,行使其引导舆论导向的社会责任。而随着观点时代的到来,主持人作为媒介传播中信息生产和传播之一员,应该争取在意见市场上占得一席之地。

主持人评论常见的有消息点评、独立短评、专题言论。三者之间存在着篇幅长短、分量轻重、作为传播单元是否具有独立性与稳定性等差异。但无论是哪一种,即便是三言两语的消息点评,对于主持人而言也非易事。因事说理还能有所依靠,离事说理容易陷入空泛,一不留神就让人无所着落。这种建立在思辨与推理之上,力求逻辑严密的言说方式,相对于叙事来说有其难度。更何况,相对于写评论来说,主持人评论诉诸口语,即兴为之,难度就更大;借由广播电视传播,评论中的差错所引起的负面影响也就更大。这给主持人的压力当然很大。如何"以个人代表群体",如何平衡事实判断和价值判断,如何让论证明白如话又予人启发,又如何用口语的形式在短时间内准确表达,一系列问题让评论成为主持人即兴口语表达的难点。

二、评论的主体

1. 评论主体的比较

主体	角色特点	角色特点	创作功能
主持人	驾驭评论节目进程,组织意见与讨论,可发表观点,也可不发表观点而是融入节目中的"内隐判断"。是媒体的常态角色。	组织者的角色	节目的线索把握与进程推进。
评论员	主要以大篇幅地独立发表意见为主。是媒体的常态角色。	评判者的角色	节目的意见提供与解析、判断。
专家	主要以大篇幅地独立发表意见为主。不是媒体的常态角色,往往是特邀嘉宾。	评判者的角色	专门的节目的意见提供与解析、判断。

2. 从主持人到评论员的职业发展路径

媒体实践中存在着"记者——主持人——评论员"的职业发展路径。首先,评论员从记者做起,强调了评论员创作绝不是闭门造车做道德文章,而须以对事实的深入了解为基础。评论员应当具有记者的新闻敏感,了解新闻现场和事实真相,具备相应领域的采访经验,有事实判断的经验和能力。以此为基础,评论员对新闻的"新"、时评的"时"、专业领域评论的"专业"才能有更深刻的把握。其次,无论是主持人还是评论员,

---

① 吴郁:《当代广播电视播音主持》,复旦大学出版社 2008 年版,第 8 页。

应是传媒行业精英,与高信度的媒介形象相符。最后,三种职业角色各有不同,但以从业者个体来讲,并没有绝对的界限。以白岩松为例,在现场报道中,他是记者;在常态节目中,他也承担主持人与评论员的职业角色。

我们提出这样一条路径,旨在反映广播电视"传播者"的角色之间存在着内在的关联。套用当下时髦的表述,这对于培养评论员而言是一条"可持续"的道路,也反映了主持人职业发展的一种前景。

三、主持人评论的价值

1. 从主持人的媒介传播功能角度看,评论是主持人的主要职责之一

主持人作为媒介角色类型,是具有高认知度的"魅力符号",在媒介中所起的作用也具有统一性。吴郁教授将主持人的功能概括为"衔接、叙事、沟通、评论、控场"[①]。以目前的中国电视荧屏实际播出来看,媒体的评论功能主要不由主持人完成。大家更为熟悉的评论者是评论员、观察员、特约评论员等,还有大量的专家学者、知名人士。即便如此,主持人的评论功能也绝非可有可无的荧屏点缀。

播音员、主持人参与评论创作历来有之。在未出现主持人角色的传播时代,播音员的"评论播音"是媒体颇具分量的传播内容。著名播音员夏青就以评论播音取胜,为大众所认可。尽管评论播音存在着评论内容与评论播出者之间在创作时的剥离,在播出时力图合一但也容易出现"错位",在今天的电视荧屏上已经少见;但是,优秀的评论播音员的确通过二度创作强化了意见的说服力量,而且也充分移用了播音员作为最熟悉的传播者与受众之间所建立的信任链条。当下,这种信任转移,仍然是主持人评论功能的基石,强化了主持人评论的特殊效力。

随着主持人节目的发展,主持人的准入门槛和业务范畴在发生变化,职业化程度进一步提升。以新闻评论类节目为例,一方面,不乏经验资深的评论类节目主持人。他们具备基于大量信息和访谈的深度解读能力,意见的竞争力在提高。另一方面,精于某业的专业评论节目主持人也在成长,如体育、娱乐、新闻时事、政治评论、文化评论等不同类型评论节目主持人。评论员与主持人的传播角色在他们身上融洽合一。

未来公共领域内的意见交换可能演变为由媒介提供平台,社会各界尤其是知识分子群体纷纷发声,是群言形态。但是,新闻节目主持人作为职业的新闻评论人员是不可忽视的主角。在信息渠道丰富、膨胀,独家新闻难有的情况下,在重复、谎言、猜疑、片面、夸张的信息集合中,如何梳理、判断并及时有效地形成可靠的观点,对于未来的主持人而言,是不可缺失的职业能力。主持人如果放弃了评论的功能或对自身应该承

---

① 吴郁:《当代广播电视播音主持》,复旦大学出版社 2008 年版,第 88—91 页。

担的评论功能估量不足,必然会消减其在社会舆论场上参与竞争的能力。

2. 从媒介传播产品的角度看,主持人评论是一种独立的节目类型

主持人评论节目是独立的广播电视节目类型。新闻时事评论节目自不赘言,大家熟悉的就有央视的《新闻1+1》《焦点访谈》《今日关注》,各地方卫视及地面的新闻频道也有自己的品牌评论节目。这些节目的主持人及节目的创作团队,因为能够持续提供有质量的意见判断而得到观众的关注和喜爱。另外,娱乐评论、音乐评论、体育评论、法律评论、道德伦理等内容的评论节目也有很多,其中有的是典型的议论体裁,有的则是以议论为主的多形态方式;有的是主持人一言堂,有的是主持人对嘉宾访谈。主持人评论已经成为一种成熟的媒介传播产品。

未来,随着节目类型化的发展,不同类型的评论节目发展得会越来越成熟。比如音乐节目,在分化出更多的音乐类型、音乐传播方式、音乐创作和传播理念风格的情况下,就可能会出现同类信息的爆炸性发展,必然会走出仅仅是音乐表演的单一境地,而发展出专门的高水平的音乐评论节目。再如,此前火热的舞蹈选秀类节目,一大看点就是评委的点评和议论。人们从中不仅得到了观赏之美,也得到了知解之趣。

3. 从媒介传播效果的角度看,主持人评论是媒介品牌和影响力的重要基石

媒介品牌与主持人品牌之间、主持人个人品牌与主持人职业的社会声誉之间存在着美誉度互惠的关系。广播电视媒体承担了多样化的功能,比如娱乐、公共服务、教育等,但是新闻传播仍然是其主要功能。在受众的一般认知中,广播电视媒体的第一属性仍是新闻媒体。而作为一个新闻媒体,广播电视的主要职责必然是新闻报道,其传播的灵魂与旗帜则是评论。

新世纪以来,相关统计的数据并不让人乐观。"从2002年起,中国观众每天消费电视节目时间稳定在173—179分钟,2006年,观众平均每天花22.8分钟收看新闻节目,占其总收视时长的12.95%,其中最受欢迎的是综合新闻,占据58%新闻节目收视时间。22.8分钟当然无法与观众每天收看52分钟电视剧同日而语。央视—索福瑞副总经理郑维东接受记者采访时透露,从2001年起,新闻节目的收视份额及收视率一直在下降,其中既有节目本身的问题(如新闻节目模式相对固定,短期内难有创新突破,新闻内容同质化太高),也有来自网络新媒体兴起的影响"①。对这一事实的解读,知名媒体人刘春认为,"新闻节目收视率下降的同时,观众对新闻的需求并没有减少,反而又有上升,新闻节目是供不应求。这其实不矛盾,因为市场缺乏的是高质量的新闻节目,受众对新闻需求由'知其然到知其所以然',这就导致了传统媒体因为'时效

---

① 潘昕:《新闻节目收视率下降 〈深度的魅力〉聚焦报道》,搜狐娱乐。原载新闻午报,yule.sohu.com/20070614/n250570029.shtml,2007-6-14。

性'而输给新媒体,却因为'深度性'而成为众多媒体类型中的佼佼者。在获取方式上,由'你播我看'到'你播我选'再到'我选你播';对新闻形式的需求则拓展到了很多视角及前因后续等。因此,丰富电视新闻表现形式和内容,以此为吸引力来吸引更多的观众,提高影响力。这一切都指向了'深度访问'"[①]。我们认为,广播电视节目传播的这种深度取向,在新闻类节目中,有相当一部分任务会落在评论的肩上。在事实报道的节目流中需要设有新闻评论的峰段。

总之,主持人评论强化了受众与主持人之间的信任关系、认同关系,有助于树立主持人的个人品牌、媒介的品牌。在信息爆炸的时代,这一点会尤为突出。

4. 从社会舆论交锋的角度看,主持人评论是社会舆论场上的主角之一,是舆论导向的重要风向标

大众会给社会舆论中各类不同的意见主体贴上标签,以标识其区别性的特征。社会舆论场的"声音"主要源自民众、以专家学者为代表的知识分子、媒介。在意见交锋中,群言喧哗的结果是,通过比较、沉淀而出现主导的声音。主持人作为媒介中身份显著的传播者、代言人,由其身份的稳定性、权威性和亲和力,能起到引领舆论的作用。

具体而言,主持人评论代表着"群体的观念",具有媒体的视野,是集体智慧的结晶,保证了意见的品质和可信度。其次,主持人居于"上情""下情"的沟通中介位置,融合了官方和民间的立场。其评论具有"官方的声音"、"群体的智慧"、"通俗的风格"(有人称为第三种话语方式[②])、"较为牢固的信任关系"等基础。因而,受众往往从主持人的评论中捕捉社会舆论发展的端倪。

四、主持人评论的准备

1. 知识的准备

知识可以指称人类关于世界的一切认识。但这么宽泛的表述显然不适合用来指代主持人从事评论工作所要求准备的"知识"。此处"知识"指的是具有一定广度和深度的结构化的专门知识,而不是零碎的知识点集合。

专门的知识学习是主持人对理解事物的思维方式和理解力的锻炼,为认知和解读世界提供了专门的视角和路径。经济评论、体育评论、音乐评论、健康评论、法律评论等都需要专业知识的支撑,否则难以提供深刻的视角和判断,甚至可能含有偏误。要提升评论能力,主持人应该具备一定的专门知识。

[①] 潘昕:《新闻节目收视率下降 〈深度的魅力〉聚焦报道》,搜狐娱乐。原载新闻午报,yule.sohu.com/20070614/n250570029.shtml,2007-6-14。

[②] 郑伟、卢迪迪:《论央视评论员的"第三种话语方式"——以〈新闻1+1〉为例》,《北华大学学报》(社会科学版)2011年第6期,第25—28页。

2. 信息的准备

除了结构化的知识,评论工作也需要及时的专门的信息处理。主持人掌握大量有效信息,有利于建立对评论对象更为完整、可靠的印象,把握舆论潮流。主持人评论的信息准备要善用媒介,及时整合过去的报道、相关的信息。对于时事评论,主持人不能满足于做"键盘手"。以笔者在 2008 年所调研的北京广播电台《新闻天天谈》节目中的主持人来看,为了更为准确和全面地了解事实真相,主持人会有选择地连线原报道记者、通过原报道记者联系当事人或在节目前采访专家学者,从而获得更准确的信息和判断。

3. 能力的准备

这里的"能力"主要包括思维、文采、表达。思维是评论的利器。"看到人所看不到的一面",是评论的价值所在。《中国青年报》评论部副主任曹林在其著作《时评写作十讲》中专列章节论述评论的思维,提到了批判性思维、经验思维、求新思维、开放性思维、跳跃思维、逆向思维、联系思维等,否定了刻板思维、二元对立思维、愤青思维、极端思维,尤其对于公共政策批评,警示评论工作者不可迈入制度洁癖、根治预期、立竿见影的苛求等思维误区[①]。曹林的评论思维解读深入浅出,对于主持人评论同样有实践上的指导意义。

就思维而言,评论思维无定法,贵在有效地解读事物。首先,依照前文第四章的论述,具有较强理解力的主持人更容易发现事物中存在的问题,能更为敏捷、深刻地观察和理解新事物。其次,主持人思维方式多样,打破思维惯性,才能形成新的思维路径。还需一提的是,没有绝对脱离经验的抽象思维,也没有完全沉溺于事实而无概括的经验思维。主持人的评论思维,始终是基于事实的延展与判断,要求恰当地把握思维的清晰度与边界感。

除了思维,评论工作者也需具有较好的文采,善用修辞,语言表达准确,既有"论"的力量,又不失"说"的交流,所谓"略高一等,换个说法",才能击中要害,直指人心。

4. 经验的准备

评论的实践性很强。节目中累积的评论经验对于主持人评论的创作是直接的养分。美学理论家叶朗教授在论及如何提高美学的理论思维能力时说:"这种理论思维能力,表现为一种'理论感'。这种'理论感'也就是爱因斯坦所说的'方向感',即'想着某种具体的东西一往直前的感觉'。当你在研究、写作的时候,这种理论感会帮助你把握自己思想中出现的最有价值的东西(有的是朦胧的、转瞬即逝的萌芽),它会指引你

---

① 曹林:《时评写作十讲》,复旦大学出版社 2011 年版,第 122—142 页。

朝着某个方向深入,做出新的理论发现和理论概括。"①这是一位理论家对理论研究中"通感"的说明。这种由专业经验所得的通感在评论创作中也同样存在。专业经验塑造的"评论感"有利于在主持人评论时拿住"七寸"。

评论的经验准备包括了采访的经验、直播的经验、议论的经验。职业的评论人员应该有相关领域的采访经验(对于嘉宾评论员而言,很多虽不具有采访经验,但具有直接的专业领域实践和研究经验),如新闻时评节目主持人白岩松、体育评论节目主持人张斌、娱乐评论节目主持人何东等在各自专业评论领域所做出的成就与其采访经验之间不无关系,皆是例证。其次,从事广播电视评论工作要适应广播电视传播规律,主持人要适应镜头前、话筒前完成创作的语境要求,适应"说"而非"写",并且适应是"交流中说服",而非"阅读中说服",要认识到表情、体态及语调语气等本身也会传递信息,影响评论的质量。当然,在所有经验中,评论的经验当然是最直接的。主持人不间断地从事评论创作,从实践中累积经验,才能对创作过程、传播影响、受众心理有更精到的把握。

第二节　评论的方法

一、评论的选题

1.选题的类型

根据评论规格和分量的不同,主持人评论常见的选题类型有两类。

在综合类消息节目的评论版块儿中,如 CCTV《晚间新闻》的主播评论,评论的选题通常源自当期节目的某则消息。主持人评论的功能主要是对某条或某几条消息进行点评,更深入地揭示新闻价值和社会意义,引发思考,强化议程设置的效力。除了节假日或有特殊意义的话题,一般此类节目的选题很少选择节目外的新闻事实进行评论。

如果是专司评论的栏目则不同。消息类节目或杂志类节目中的主持人评论版块儿,独立成篇,但容量较小。选题一般偏软性,内容处理的弹性大,以角度取胜,但整体而言以"小"为特点。专门的新闻评论节目,评论独立成篇,且容量较大。相对而言,它们的选题选择的面较宽,可以根据节目定位、容量大小、团队能力,引入分量较重、具有较强延伸性的话题,也敢于触碰"硬"话题。

我们以中央电视台的《焦点访谈》《新闻1+1》《今日关注》为例。中央电视台综合

---

① 叶朗:《美学原理》,北京大学出版社 2009 年版,第 25 页。

频道的《焦点访谈》对自身节目定位的相关陈述是:"时事追踪报道,新闻背景分析,社会热点透视,大众话题评说。自开播以来,受到党和国家领导人、各界观众的广泛关注和重视。它以深度报道为主,以舆论监督见长,是中央电视台收视率最高的栏目之一,多次获中国新闻界最高奖项。"①中央电视台新闻频道的《新闻1+1》对自身节目定位的表述为:"从时事政策、公共话题、突发事件等大型选题中选取当天最新、最热、最快的新闻话题,还原新闻全貌、解读事件真相,力求以精度、纯度和锐度为新闻导向,呈现最质朴的新闻。"②中央电视台中文国际频道的《今日关注》对自身节目定位则表达为:"中文国际频道的时事述评栏目,紧密跟踪国内外重大新闻事件、新闻话题,邀请国内外一流的专家和高级官员,梳理新闻来龙去脉,分析新闻背后的新闻,评论新闻事件的影响和发展趋势。"③从定位中可以看出,这三档节目的相似度很高,在受众认知中都属于大时段的高端新闻评论类节目,都具有题材的重大性和严肃的节目风格取向。当然,因为平台不同,使命不一,它们在选题上也各有侧重。《焦点访谈》强调舆论监督的功能,强调事实基础,选题当中对社会价值观具有一定冲击力和矫正意义的话题较多。《新闻1+1》节目一般选取关注度高的新闻或近日话题,也可以是不直接表现为新闻事实的社会思潮热点,话题来源较为广泛,强调评论的精度、纯度和锐度,第一时间跟进新闻事实展开评论。《今日关注》在中文国际频道播出,承担着对外传播的主要责任,从收视的常态看,国际时事选题相比较而言更多些。

  2.选题的标准:基于传播价值的考量

  (1)新闻价值。在一天播出的新闻之中,按照时效性、重要性、趣味性等标准来衡量,比较不同新闻事实在新闻价值层面的差异。一般而言,新闻价值较小的新闻,其受关注的程度较低,反之则较高。从选题的角度看,新闻价值的比较还要受到栏目定位、核心受众群的关注点和创作团队的操作能力的影响。比如,《凤凰全球连线》以高端访谈评论为主,定位全球传播,取用世界各大新闻媒体的头条,未必遵循本土优先的原则;但国内地方电视台播出的选题则多侧重地域性的重要新闻。

  (2)社会价值。社会价值是指评论的播出契合当下的社会热点、焦点、难点,讨论的是具有普遍社会关注度和社会意义的话题。在一天的信息传播中,有的信息会成为主要电视媒体、广播媒体、报纸、网络等不同形态媒体传播的共同内容。在考虑操作可能性的基础上,以此为评论选题,关注度相对更高。

  (3)竞争价值。不同的播出平台可能存在着选题重复。当处于重大事件(比如举世瞩目的奥运会)发生期间,媒体的选题重复率更高。这时候,主持人要考虑选题的视

---

① 《焦点访谈栏目定位》,焦点访谈官网首页,cctv.cntv.cn/lm/jiaodianfangtan/,2014-12-15。
② 《新闻1+1栏目介绍》,新闻1+1官网首页,cctv.cntv.cn/lm/xinwenyijiayi/,2014-12-15。
③ 《今日关注栏目介绍》,今日关注官网首页,cctv.cntv.cn/lm/jinriguanzhu/,2014-12-15。

角出新,提升选题在同一播出时段的竞争性。

3. 选题的来源与方法

(1) 媒体拣选。在网络检索高度发达的今天,借用互联网检索新闻从而确定选题是主持人日常评论选题操作的重要途径。媒体拣选除了从互联网获得选题之外,还需扩大媒体拣选的品种,尤其要善于利用所在媒体平台的信息储备和信息搜索渠道。

(2) 专门采访。在已有的新闻报道基础上,为了确定评论选题,主持人可以做更进一步的采访。评论前的专门采访既起到核实媒体报道和补充信息缺漏的作用,同时也丰富了评论者对评论对象的直接经验,对确定选题有帮助。

(3) 社会观察。重大的社会问题,比如医改、教育等话题,经常是评论的焦点。这些问题具有持续性,是老生常谈,问题也非一两天内所能解决,社会舆论上有长期的累积。把此类选题引入评论节目,评论者需要长期的社会观察和专题追踪。

二、评论的角度

1. 谁的视角

评论的视角或者说角度类似于叙事学中所提到的观察点(point of view)、叙述透视(narrative perspective)、叙述焦点(focus of narration)、叙述视点或叙述视角(narrative point of view),存在一个"聚焦"的问题,换言之,也就是存在"谁在作为视觉、心理或精神感受的核心"的问题[1]。就评论的角度而言,我们应该追问对事实和对象的意见受到了谁的"眼光"的过滤。

一般而言,评论作品的聚焦没有叙事作品的聚焦那么复杂。在个人言论得到尊重、限制较少的语境下,评论作品中会出现明确的个人的聚焦;而如果是在更崇尚集体智慧的语境下,集体式的聚焦则更普遍,也更具说服力。聚焦的背后是人的身份。相对于具体的人物叙事而言,评论作品的聚焦具有无聚焦和零聚焦的特点,表现为身份的概念化[2]。

角度是评论者处理评论选题非常重要的着力点。角度决定了评论是否能切中要害,可否从老话题引发新思考,是处理话题的关键。角度和个人的知识结构、个性特点、价值观念有关。一方面,古人有云,横看成岭侧成峰,远近高低各不同。主持人应该尽可能以多样化的思维方式思考问题,打破认知的惯性。另一方面,知识结构、个性特点、价值观念又决定了评论者对世界的认知视角具有相对稳定性。它大致决定了评

---

[1] 谭君强:《叙事学导论——从经典叙事学到后经典叙事学》,高等教育出版社 2008 年版,第 83 页。
[2] 这里的身份概念化是指在评论作品中,对应于其无聚焦和零聚焦的特点,评论者的叙述身份有时会超出其个体范畴,不是"我",而是"我们",是一种概念化的集群身份,而不是具体的某一个个体身份。评论者的言论经常表现为不是评论者自己"一个人的看法",而是代表"大多数人的观点"。

论者在多个视角中会确定哪一种,以及在确定的视角上所能获得的认知深度。

比如,关于"我国不少人大代表只会鼓掌和举手而不会提反对意见和投反对票"的现象,中青报评论员曹林认为可以阐述的角度有四个:"笼统地呼吁代表不辜负公众的期待而认真履职;通过赞美某个敢说不的人大代表来倡导以其为榜样;以某个从来没有投过反对票的委员为反面典型展开批评;通过国外议会反对声不断的场景来批评我们的人大代表。"①从上述四个角度任一角度发表的评论在每年人大会议期间各大媒体的报道中皆可看到,这说明评论的角度客观上存在多样性。而具体到一家媒体和某个评论员,他们会择一而论,比如曹林在写作两会评论时选择的是"介于第三种和第四种之间的角度"。这体现其个人判断的独到性。在这个角度上,评论完成到什么程度与其个人的职业能力有关。

还需一提的是,缺少深入选题的角度或者无法确定最佳的评论角度固然是问题,但评论者更需要避免的是"对于某种事件解释的不合理强调或是对某些故事、某些意见和利益的边缘化或忽视"②而造成带有偏见色彩和导向的评论视角。新闻评论本有激浊扬清的社会批判功能,如果陷于偏激或价值观混乱,不但失去了评论的意见竞争力,而且也与评论该有的社会担当背道而驰。

2. 主持人在多视角情境下的融合功能

视角融合是评论者在发散思维的基础上完成综合判断的思考过程。面对评论话题,评论者通过思维的发散可获得多个角度。这是评论者依据逻辑和经验完成的"初断"。但是,随着信息掌握得更全面以及对评论选题的深入分析,关于评论选题的社会意义和传播价值会更清晰,评论者的传播目的也会更加明确、集中,初断的某几个角度可能会产生折中与融合,集中为一个更新颖的视角。在处理评论选题角度的过程中,这常常是评论者不可缺少的思考过程。由此形成的角度避免了简单粗陋的选题处理,更具评论价值,具有提纲挈领的作用。

3. 价值导向与"拟态讨论"

主持人评论势必要注意价值导向。一方面,主持人应当从道德、伦理、政治、文化及习俗等层面了解当代社会文化,拉开思考的距离,发挥批判性思维的作用,对于各种社会现象和潮流不盲目地赞同或批评。

另一方面,主持人须妥善处理评论中遇到的价值判断争议。不同的发布平台和言论身份对言论的锐度、力度、宽容度有不同的要求。面对批评性或社会争议比较大的话题,评论者要有基本的对方意识,了解相左的观点,注意舆论的发展路径和趋势,在

---

① 曹林:《时评写作十讲》,复旦大学出版社 2011 年版,第 72 页。
② 鲍勃·富兰克林等:《新闻学关键概念》,北京大学出版社 2008 年版,第 31—33 页。

提出独立的观点时,注意处理好自身观点可能面临的争议,赢取最大的传播效果。这种对不同观点的组织,可视为一种拟态的讨论。通过这种拟态讨论,扩大了选题的处理空间,引入了不同的认知视角,可以引发受众更深的思考。

三、判断、观点与阐释

1. 不同判断及其比较

中青报评论员曹林在他的著作《时评写作十讲》中提到,"在哲学和逻辑学中,判断是一种很复杂的概念,有许多种判断……新闻中用得最多的两种判断是事实判断和价值判断"①。在此基础上,曹林对价值判断又细论及是非判断,对事实判断又细论及利害判断、法律判断。受此启发,关于主持人评论中的判断,我们也采用这一思路。价值判断中我们简述两种最主要的类别:是非判断、伦理判断。事实判断中我们简述两种最主要的类别:利益判断、法律判断。

价值判断是指从道德、伦理、情感、审美、风俗等不同层面出发,以社会大众普遍认同的标准对事实、现象、思潮或个人的言行所做的论定。事实判断是指对事实本身进行判断,是可由事实发生的实际情况加以检验的判断,涉及事实的真假、总体真实与细节真实、事情的前因后果、事实中的人物情节、事件发生的时间顺序、事件前后关系等内容。比如,在辟谣的过程中,评论会较多地用到事实判断。我们认为,事实判断是价值判断的基础。缺少最基本的事实判断,难以形成有效的价值判断。比如网上的某些网民言论,简单明了,快速扩展;但经过一段时间的沉淀,我们会发现不少言论肯定或批评所依据的是传言、误解而非事实本身。如此评论当然无甚价值。同时,事实判断的深入即伴有价值判断。评论者要理清评论中所持的价值观念在逻辑层面是否具有合理性,避免以逻辑不畅、立场可疑的价值标准论断事实。

(1) 是非判断和利益判断。是非判断是指关于行为的对错判断。它是评论中最基本也最简单的判断,是典型的价值判断。对于评论者而言,不陷入到简单的是非判断中去的有效办法是充分占有素材并消化材料,运用价值思维的方式,对判断所依据的价值标准作批判性的思考。利益判断是指关于行为的利弊判断。利益判断着眼于关系状况和利益状况,区分利弊,所依托的是社会事实,是较为典型的事实判断。利益判断容易引起争议,因此,评论者应该视事实的情形再做判断,避免简单的道德同情。就同一个事实而言,利益判断的关键是对事实的重新梳理,确认是否发生利益的不公与侵占,理清具体情形如何,而是非判断关键在于所设定的价值标准是否合理。

(2) 伦理判断和法律判断。"伦理关系是体现社会交往关系与交往主体的价值特

---

① 曹林:《时评写作十讲》,复旦大学出版社 2011 年版,第 96 页。

性的一类社会关系,是社会交往关系体系内的一个子结构或亚结构"①。伦理关系可作原生性、派生性之区分。"所谓原生性的伦理关系是指在人类社会实践活动中,产生、发展于实践主体间的伦理关系。所谓派生性的伦理关系是指从主体间的伦理关系衍生而来的人与自然的关系"②。伦理规则是对伦理关系的约束、规范和指导原则,通常表现为一个社会的礼俗和针对社会交往的规范性解释。这些风俗、规范是构成伦理判断的基础标准。评论中的伦理判断是评论者依据伦理规则判断新闻事实中出现的行为方式和社会关系。它不带有法律的强制性,是软性的、阐释性的;但具有极强的社会感召力。深刻的伦理判断能获得广泛的民众响应。法律判断则是指评论者依据所在国的宪法法律条文及其释义对新闻事实中出现的行为方式和社会关系进行判断。法律所断的是事实,评论者必须确保事件的真实和准确并熟悉相关的法律条文及司法解释。评论者个体浸润在某种社会文化环境中,耳濡目染,比较熟悉其中的伦理规则,因此,伦理判断相对比较容易达成。而法律判断须依据确定的法律条文和司法解释,需要专门的学习。在评论的判断中,两者不可相互替代,确保思考和判断的准确、理性。

2. 观点

从内容层面来看,评论的观点应注意:其一,观点应避免武断,注意把握争议性。其二,评论者须避免观点的同质化。评论者可以此前的媒体报道和社会舆论为基础,运用新的素材,创新评论视角,多角度组织观点或对某些共识提供新的阐释。其三,评论者应避免观点成为不节制的个人看法。为此,评论者须注意区别传播身份与个体身份,区别传播平台和私人领域,区别传播愿望与传播价值,不在公开的传播平台上传播个人情绪和隐私性内容,尊重传播平台和传播身份的规定性,在不同意见交互的过程中确定观点。

从形式层面来看,应注意:其一,评论者应用语言清晰地概括观点。观点是从某种视角或立场出发对事物所形成的判断,可视为判断的语词化。在实际的评论创作中,有的评论者并非对事物完全没有判断,但诉诸言语后却让人感到语焉不详,似乎"没有观点"。比如,在即兴口语表达教学中,某些学生表示,面对评议的新闻事实,"想到很多,但说的往往和想的不同"。这是思维和语言的脱节。一则因为他们并没有形成"确切"的意见,所谓的"想到很多"不过是一种心理错觉,把模糊而"杂乱"的感受当做"详尽"的思路;二则因为他们无法有效地将判断语词化。观点不明,加之广播电视评论是诉诸言语的听觉文本,稍纵即逝,受众难免听得很糊涂。判断语词化的常见方法是"一句话概括观点"。具体而言,首先,观点的概括要容纳构成判断的关键词、判断有效的限定词。其次,观点的概括要简约,是一句话,而非洋洋洒洒一段话。初学者尽可能用

---

① 鲍勃·富兰克林等:《新闻学关键概念》,北京大学出版社2008年版,第30页。
② 龚群:《社会伦理十讲》,中国人民大学出版社2008年版,第11页。

简单句,慎用复杂句,便于把握。最后,注意遣词造句,避免粗陋、琐碎,便于快速地短时记忆,听起来要上口、入耳、入心。其二,主持人评论应诉诸口语,"好的观点"也需要"好的表达"。俗语说,听话听音儿,锣鼓听声儿。有研究表明,人在交际过程中,80%以上的信息都通过非语言符号传递。观点的表达可通过强调而获得适度的鼓动性,激发受众思考,但要把握语气的分寸,避免情绪化。

3. 阐释

阐释是就观点的内涵、做出判断的条件与原因等对其进行的说明,是通过对观点的逻辑演绎、调整话语结构和细节安排完成说服的过程。阐释聚焦于说明判断的合理性,为说服受众打下"理"的基础。

(1)阐释的原则

阐释的基本原则是:情理交融,以理驭情。评论以新闻事实为基础,追求逻辑说服的力量。同时,情感在主持人评论的理性说服过程中也有独特的用武之地。主持人评论应该以感性包裹理性,以理性驾驭感性。主持人在意见信息的传播过程中表现出态度、"温度",是对观点最好的"包装"。主持人应该善用情感手段充实个人魅力,引导受众在短时间之内建立对主持人的印象,在第一时间建立积极的传播关系。评论中,主持人通过创造与受众之间的默契关系、信任关系、权威关系,通过自身的情感干预受众的心理,创建一种融通的情感纽带,可以有效引导受众对主持人意见传播的动机产生更正面的理解,从而更好地完成意见沟通①。需指出的是,主持人评论过程中的情感表露有别于文艺作品中的情感表露,表现的是新闻人有节制、有出处、有分寸的感受。主持人评论中流露的情感应当接受理性的节制,受到情境、位置、关系、规范、身份的约束,不是个人情感的泛滥,而是公理心和公共情感取向的具体表现,背后是"大写的社会人"。

(2)阐释的策略

首先,主持人要善于勾勒和布局。一方面,通过关键词的方式简单明了地勾勒评论的思路和层次;另一方面,有序"布局",明确从什么地方开始说起、如何使用素材、按怎样的顺序完成等。其次,以案例引述来重置事实,巧用事实说理。主持人案例引述需注意对材料进行详略的处理和角度化的处理,陈述简明,便于把握和记忆;所用案例与所论主题之间要明确受众可以第一时间把握到的逻辑关系;所引述的案例有其必要性,案例不淹没判断。最后,阐释的言辞应有文采。孔子说言之无文,行而不远,说的是表达没有文采就不可能传播久远。恰切的修辞会让评论更有力地影响受众。主持人评论所需要的权威性和影响力不是"硬权力"而是"软权力",是一种社会舆论感召力。广播电视评论节目本身也不可能完全脱离"看""听"而存在,是在受众的观看(收

---

① 〔法〕阿莱克斯·穆奇艾利:《传通影响力——操控、说服机制研究》,中国传媒大学出版社2009年版,第61—92页。

听)、知解的过程中得到受众认可的。如果语言粗陋,缺乏文采,就难以帮助受众进入适宜的心境,很难引发认同和共鸣。

(3)阐释的评价

阐释是否充分可从以下方面考量:阐释是否针对评论者观点;所依托的事实基础是否可靠,所提供事实性的信息是否充分;阐释是否补充了相关信息,有效地弥补了受众的知识沟;阐释是否有逻辑地完成了推导并照顾到不同的立场和意见。

四、评论的理性

1. 内部批评与外部批评

英国的社会学学者帕特里克·贝尔特将"就理论家自己提出的理论目标评价其理论的得失叫做内在的批评,而将理论家未提出的任务去要求该理论家称之为外在批评"[①]。俗话说,公说公有理,婆说婆有理。将批评根据其预期目标分为内部批评和外部批评,让批评更具理性,也更有说服力。对于评论的评价,也应分为内部批评和外部批评。而评论者在发表评论时,应根据时长、语境确定评论的分量及预设的评论目标。

(1)外部批评:对多种意见的深度考量。结合事实本身和资料,比较不同意见的锐度、力度、契合度,比较阐释的力度,审视自己的评论思路。

(2)内部批评:对自我结论的多次考量。重新确认事实,确认问题,考量结论的依据、观点的表达方式,确定传递的是"自己要传递的意思",且是"自己确定的传递方式"。

在评论的自检中,除了要注意真假问题(是不是存在这个问题,有没有事实基础)之外,还需要格外关注利害之辨。评论者应从社会责任、当事人的处境、社会公理出发,考虑观点立场的社会影响力,出于公心而利用话语权,提升话语资格。

2. 打破思维惯性,综合运用多种思维方式

思维惯性是指陷入习惯性的思维模式,人云亦云,主要表现为以下问题:立场偏激(缺乏基础地坚持自己的价值判断而导致武断)、推导有误(从前提到结论之间存在逻辑脱节)、条件不足、概念不一(关键名词在论证中使用的意义前后不一致)、纸上谈兵(批评的问题根本不存在或者现实条件下根本不会发生、没有发生,而是臆测的可能性)、数字迷信(迷信数字、指标而没有接触多信源的资料、考量信源的权威性,缺乏结合更多背景资料进行考察)、事实基础不可靠(没有通过采访、调查亲自确认事实而导致出现真实性的问题)。批判性思维拒绝思维惯性,强调理据意识和独立意识,是评论者应有的思维方式。

在充分掌握信息的基础上,评论者应该发挥多种思维方式的合力。以前文所提的

---

① 瞿铁鹏:《译者的话》,〔英〕帕特里克·贝尔特:《二十世纪的社会理论》,上海译文出版社 2005 年版。

最常见的思维方式为例,发散思维具有求异本质,有利于评论者打开思路;聚敛思维具有求同本质,有利于评论者在纷繁的思考中集中自己的观点。再以批判思维和价值思维为例,批判思维强调"独到"。通过内部批评和外部批评,评论者可以发表更有冲击力的观点和阐述。价值思维则更为"慎重"。它不断地督促评论者回到思考的起点和评判标准本身。评论者运用类比思维可以更好地把握评论对象的特点。须注意的是,类比要注意比较的层次和要素之间相对称。而急智思维或者称应变思维,强调思维的爆发力。总之,评论的典型的说服过程,充斥着思维的交锋。评论者应该善用思维方式打开局面。

阅读与讨论:应警惕的时评病[①]

曹 林

警惕拔高和过度阐释。升华得符合事实和贴近本源还好,拔得过高,升华得过火,离事物本真、朴素、原始的意义越来越远,将不属于事物本身而纯粹属于个人立场的观念生硬地套到事件上,就容易闹笑话了,也会让人厌烦。

警惕大词、俗词和套话。评论引用流行语可以活泼评论语言,充满时代感。但是用多用烂得不贴切让人生厌。要警惕语言的轻浮和庸俗,拒绝陷入一种被浮躁的网言网语所裹挟的流俗之中。评论作为讲理的文体,应该善用严肃、纯正、不会引起歧义和让人感觉是正经讲理的语言。慎用学术名词、概念和理论,要用得贴切,不能丢弃通俗易懂。另外,评论人也要警惕自己的语言形成某种套路,警惕自己的语言僵化成某种套话。

警惕自我设限。评论人写作,思考不应有限制,也不应为自己设置过多的条条框框,我欣赏一位媒体人所言:没有不能说的话,没有不可以评论的话题,只是看你怎么说。言说的方式,言说的时机,这都是技巧。

警惕自己的期待。评论人如果有了过多的期待,而又不对这种期待保持警惕,判断时就很难保持客观,就会误把"自己所期待看到的事实"当成"客观的事实",从而造成判断上的失败。

警惕道德优越感。评论展现人的逻辑、思想、智慧、理性和判断力的问题,应尽可能地用逻辑力量说服人,用理性征服人,用智慧去感召人,用思想去启蒙人,而不是用道德优势去压人,用道德大棒去打人,用道德语言去训人。

警惕修辞与比喻。比喻、抒情、铺陈、联想之类的修辞手法能让文章更形象也更有感染力,但往往会制造一些逻辑谬误,以辞害意,以喻代证,以情感代替理性,影响到评论的说理。

---

① 曹林:《时评写作十讲》,复旦大学出版社2011年版,第206—216页。

警惕野鸡数据,学会咀嚼数据。要考察数据的来源,考察统计是否科学,样本是否足够有代表性。

警惕表达冲动。时事评论需要有勇气在热点公共事务上运用理性,不过在缺乏做出准确判断的基本信息时,克制表达的冲动,可能也是一种美德。

请讨论:当前主持人评论中存在上述时评病吗?如何界定"拔高和过度阐释"?能否举一个恰当地使用了修辞与比喻的主持人评论的例子?能否举一个不恰当地使用了修辞与比喻的主持人评论的例子?对于文中所提到的问题,在主持人评论的创作过程中如何避免?

五、评论的表达

1. 态度:敢于表露但注意分寸的把握

态度包括对人、对事的态度,是交流中重要的识别征兆,直观地显示传播者对待事物的立场,影响着受众的判断。态度有方向、强度、深度等不同。有资料对此做了分析:

  方向:态度指向,包括是与否、赞同与反对、接纳与拒绝、喜欢与厌恶。
  强度:态度方向的强度。
  深度:个体对态度对象的卷入程度。
  向中度:某种态度在其整个态度价值体系中的核心程度。
  外显度:某种态度在其行为方式和行为方向上的外露程度[①]。

不当的态度会引起受众的误解与反感。评论者对态度的把握可以参考上述维度,注意分寸,避免情绪的泛滥。

2. 语气:持肯定的基调

语气由具体的情感态度和声音形式组成。评论者的语态要平和,语气要肯定,不能模棱两可。在评论内容扎实的基础上,评论表达的声音形式应镇定稳健,多用中声区,语势起伏不夸张,气息、吐字均有力度。迟疑的语气容易激发受众形成"评论者稚嫩、意见不确定"的印象。相反,肯定的语气更能激发受众形成可信的印象,形成可信任的传播关系。

---

① 态度,360doc个人图书馆网,www.360doc.com/content/11/0417/21/1002631_110364572.shtml,2014—12—15。

在表达的声音形式处理上,评论者须避免两点:其一,声音形式过于高亢或严肃,姿态过高,缺乏平等的关系和善意,令受众作反向理解;其二,声音形式优美,过分在意气息、声音、吐字美不美,以至于忽视了内容本身,变成了"意见朗诵""评论表演"。

3. 体态、表情、装扮:避免无所修饰与过度修饰

评论尤其是电视评论,体态、表情、装扮等非语言符号也传递信息,评论者应有所修饰,庄重大方。但评论者应避免过度修饰,不可过分注意外在的形式。根据前面语言的三角关系可知,符号的能指与所指之间并不存在着绝对的关系。在评论节目中,是评论内容雕刻形式,而不是形式决定内容。评论者在非语言符号的运用上,应该避免变成单纯的符号形式生产者,将更多的注意力放在意见的输出上。

个案分析:CCTV《晚间新闻》主播评论①

《2013中国视听新媒体发展报告》中透露,"电视开机率呈继续下滑态势,越来越多的电视观众将媒体接触时间贡献给了新媒体"②。尽管中国电视观众数量庞大,已经超过12亿,电视衰微目前来看只是忧虑未成现实,但是,仍有学者提出要主动迎接挑战,着力点在于"经营电视文化内涵,坚守文化自觉,维护主流视听媒体的权威性"③。而对于电视消息类新闻节目而言,理当一如既往担此"立台"重担,坐稳舆论领跑者的位置。这种引领作用,在信息渠道不断扩张的今天,除了做好消息传播外,也当借势"观点传播"以制胜。简而言之,除了事实报道,电视消息类节目也应该是有态度的节目。推而言之,消息类节目的主播应是有温度的人格化界面,既强调有"播"的信息传播效率,也强调有"主"的意见引导姿态。下文以中央电视台《晚间新闻》主播评论为案例,通过分析其传播特色透视电视消息类新闻节目主播评论的内在特质和规律。

一、主播评论界定及其沿革

始见于1952年的主播(anchor)一词,既区别于同类节目的播音员(announcer),又不同于其他类型节目的主持人(host),专指电视消息类节目的主持人。按西方的电视实践,主播的工作内容实际上包含了播报、即席评论、直播报道以及节目编辑撰稿等。因此,有学者认为,主播的精神内涵在"主"④,应该是在整个节目的报道团队中居于主导地位的传播者。可见,评论是主播工作的应有内容。"评论"与"主播"之间的密切关系早已在西方的电视新闻主播实践中被建构,并成为电视业界和广大受

---

① 赵普、周云:《电视新闻节目主播评论的新态势——以中央电视台〈晚间新闻〉主播评论为例》,《中国广播电视学刊》2014年第6期,第58—60页。
② 张庆、贾爽:《新闻节目主持人评论语言传播特色探析》,《新闻知识》2013年第10期,第75—80页。
③ 黄会林:《迎接挑战 经营内涵》,《当代电视》2013年第9期,第1页。
④ 高贵武:《新闻主播的"主"与"播"》,《电视研究》2012年第2期,第35—37页。

众认可的界定主播内涵的标准之一。失去了"评论"的主播,其传播主导者的色彩势必弱化。

主播在国内电视界的流行始于21世纪初①。目前看来,在国内荧屏上被冠以"主播"称谓的,相当一部分更符合播音员的角色特质。或者说,主播作为一种职业称谓,在国内电视界常常被等同于"主要播音员"的缩略。不过,值得注意的是,主播一词的流行,预示着从行业内部到社会大众都在呼唤更多名副其实的"主播",期待电视上的"主人"不但是个"知道分子",也是个"有识之士",望其对于当下的社会事件、现象、思潮、情绪有动于衷,有言、敢言、善言。简而言之,评论是未来国内电视新闻主播发挥职业功能的手段之一。

1. 国内主播评论之沿革

国内电视播音员、主持人播发评论历来有之。上世纪90年代之前主要是播报型,比如央视《新闻联播》节目的评论,不论其言论来源是否在本台,言论体式如何,语言样式何种,屏幕上的播出者(一般是播音员)与评论之间主要是二度创作的关系,即如何将后者转化为有声语言。屏幕上的播出者与内容之间的关系较为松散。这种方式尽管有其现实的必要性,但短处也较明显,评论的权威性与播音员的权威性之间貌似叠加,实则很难真正融合,在实际的传播过程中容易解体。这类评论,仅就播音员而言,仍不是"论"的艺术,而是"播"的艺术,强调的是朗读技巧的运用。

上世纪90年代电视新闻改革浪潮之后,电视荧屏上出现了《面对面》《一丹话题》《焦点访谈》等栏目,多了"主持人言论"的形式。与播报型不同的是,此类言论大概三五分钟,短小精悍,除了语态差异,关键在于言论来源于主持人本人。无论在节目形式上,还是言论空间上,这都是巨大的突破,预示着主持人与其言论不再是两张皮了。随着电视改革和创新的推进,出现了《新闻周刊》等评论色彩较重的新闻节目,至《央视论坛》《新闻1+1》,电视新闻评论的发展脚步已渐趋稳健。后续的发展,除了出现真正意义上的电视评论节目之外,对于主持人而言,其意义还在于①言论冲破了"小"的特征,预示着主持人需要更大的语言结构,信息输入和输出的量都空前变大;②言论以说话者本人创作为主,团队完成,有了更为成熟和稳定的生产机制;③白岩松等人从"主持人"到"评论员"的角色转型,给了播音员、主持人更多的职业生涯展望;④言论方式掺入更多的讨论和分析,难分述评,信息储备丰富,姿态平和,言论空间富有弹性,给主持人提供了更多的机会和挑战。

伴随电视节目的细分趋势,新世纪以来,主播评论在实践中脱身于二者,越来越显现出独立的品格,如央视《晚间新闻》主播评论及早前的北京台《第七日》、江苏电视台《南京零距离》等。就目前国内节目现状而言,此类评论容身于电视消息类节目

---

① 吴郁:《当代广播电视播音主持》,复旦大学出版社2008年版,第147页。

中,关切时下舆论动态,虽然其规格不比新闻联播的大社论、评论员文章,其影响力也不比专门的评论节目,但是,评论与整个消息节目捆绑在一起,加重节目的整体分量和传播影响力,借力主播的人格化传播魅力,形成了更有市场吸引力的新闻栏目品牌。

2. 主播评论的界定

承上可见,主播评论的出现有电视传播发展的内在逻辑和线索。主播作为一种新的传播角色,必然不同于"播音员"、"主持人(指 Host)"、"评论员"等,其角色内涵容纳了业界、学界和社会大众的新内容、新期待。就其在西方的源起和当前国内主播群体的努力来看,说主播与言论之间有天然联系实不为过。失去言论的功能,缺乏言论的能力,难称主播。我国大陆的电视新闻体制虽不同于境外,但主播应该担起舆论引导和意见表达的作用。

作为电视评论的一类,主播评论虽具有一般电视评论的内涵,但作为一个新品类、新样态、新方式,又具有自身特质。一方面,主播虽然担任播报任务,但是与播音员的二度创作相比,主播因其评论,具有明显的一度创作特征。另一方面,与专职的评论员相比,虽然二者都是一度创作,但主播评论是新闻主播在播报的基础上对已播报新闻内容的观察、思考和言论表达,而以评论员议论为主的节目形态,除了必要的背景叙事,基本不需要评论员播发消息。

鉴于此,考虑节目语境、传播主体、内容取材、形态样式、功能效果等,本文对电视新闻主播评论作如下界定:在我国现行的新闻传播体制下,电视消息类节目中以节目播出的具体消息为由头,秉承政府、媒体、个人立场三位一体的原则,由主播编撰和播发,以"新闻解读、舆论导向"为责任,以阐述观点、意见和表达态度为主的电视评论节目形态。

3. 主播评论的构成

主播评论虽非长篇大论,但也不是一个单薄的议论文本,而是一个有机的系统。这一系统包含了以下几种要素:

①信源:其一是消息由头,即评论所指向的具体社会事实对象或者说消息对象。其二,包括了评论牵涉的相关信息,如政策、法规、相关相似报道、相关意见观点等。

②主体:主播而非记者、编辑、评论员成为创作的主体。评论主体从创意、编撰到播出均由主播完成。主播具有一定的话语空间和言论决策权。

③创作:整个创作过程由主播或者由以主播为首的小团队担当,包括策划、创意、编撰、审定、播出等环节。主播与创作团队之间达成高度默契,形成相互信任的体系。

④平台:电视消息类节目是主播评论的平台。主播评论以版块儿的形式出现,可以是随消息后的"中评",也可以是悬于整个节目尾部的"尾评"。评论结合消息而谈,非无源之水,不空发议论。

⑤反馈:受众反馈和政府反馈是主播评论的两大反馈源。主播评论的生命力除了主播本身的创作创新能力之外,关键在于言论空间的获得(政府层面)以及言论对社会影响的力度和持续性(受众层面)。

二、《晚间新闻》主播评论的特点分析

中央电视台《晚间新闻》已近30年历史,历经5次改版,是国脸名嘴奋斗的高地。在30年的播出经验和改革历程中,2012年8月开始的主播评论是其又一新亮点。从偶一为之到稳定的小版块,《晚间新闻》主播评论已经成为播出常态。每期200字左右的微型言论对于电视消息类节目的主播评论而言,在认识和评价主播评论等方面带来新的思路。

1.从评论本身来看,主播评论的内容选择时效性与深刻性并举,融合话题的热度与高度,具有点睛之笔的效用。

从《晚间新闻》主播评论的评论本身来看,有以下特点:①在话题选择上,《晚间新闻》主播评论"软硬兼施"。尽管相对于评论员评论,主播评论整体而言仍重"务虚",但从具体的内容选择上,其评论对象涉及了重大政治事件(如两会提案)、重大社会案件(如毒枭糯康)、国计民生话题(如环境保护)等"硬骨头"。②在评论形态上,评论一般200字左右,短小精悍,凝练有力,主播赵普本人戏称其为"最短的电视新闻短评"。同时,评论跟在节目广告之后,因广告隔断,点评具有总览性的特点。这一点在"国庆"、"五四青年节"、"中秋"、"3·15"、"世界水日"等重大节日的评论中表现得尤为明显。③在主播评论方式上,主播本人独立执笔,有感而发。主播在这儿是一个"入得厨房(编撰),上得厅堂(播发)"的角色;此外,评论时"感性包裹理性",既有"理"的说服力,又有"情"的感染力。④在评论效果上,评论与晚间播出的具体消息相关联,第一时间表态,时效性强;同时,其评论视角较为独特,"把脉"较准,如赵普点评浙江温岭"神水"闹剧,将矛头指向当地卫生管理部门,"在公共卫生问题上,公权力不能是反应滞后的旁观者,而应是快捷有力的介入者"①,矛头之向,身份之辨,可见主播评论不是萝卜快了不洗泥,而有其深刻性所在。

2.从节目创作来看,主播评论的发展以团队默契和节目平台的支持为基石。

《晚间新闻》在央视综合频道播出。在受众覆盖率非常高的综合频道,《晚间新闻》时段不做成新闻超市,已经是栏目组的共识。主播评论缘起于2012年8月的反日大游行,当日节目中笔者(指赵普,下同)"说了两句"。栏目组认可这次评论,就提出让笔者在后续的节目中"再说两句"。从偶然一次,到时间、体式、名称(主播评论)都较为稳定,再到上台里的月评,评论的背后已经是整个团队"节目去超市化"的默契

---

① 《晚间新闻》,中央电视台,2012—10—10。

和自觉。节目作为主播评论创作的平台,其团队的自觉是主播评论生命力的重要支撑。

另外,团队的"主播话语意识"也值得一提。所谓主播话语意识是指节目创作团队对主播的角色内涵、创作空间、创作规律、传播功用的理性认识。换言之,是指敢不敢让主播评论,该不该让主播评论,主播评论什么及怎么评论,如何限定主播言论的边界,怎么持续发挥主播的言论功能等认识观念。需指出的是,主播言论前已有之,但是因为外在言论空间的限制和主播自身的言论能力问题,让主播主动表述从来都充满播出风险。以此为背景看《晚间新闻》栏目组对主播评论的支持,可见这一平台在主播话语意识层面有其先进性。

3. 就创作主体而言,主播的职业能力与职业价值追求自觉一致,创作能力与节目要求相匹配,具有内在的创新动力。

主播是主播评论创作的核心因素。笔者作为《晚间新闻》的主播之一,在主播创作方面有三点认识:①职业追求是主播评论的内在驱动力。从《朝闻天下》、汶川地震直播报道到《晚间新闻》,笔者一直追求有社会责任意识的荧屏形象,关注社会动态,真诚表达态度。主播评论可以说是职业追求驱动所得,是本人对新闻主播这一职业角色的自觉践行。②职业操守是主播评论的准绳。对于评论创作本身,笔者认为,选材要吻合媒体标准与个人立场;重大问题不失语;角度避免一般化。这种创作中的理性和坚持是主播作为一个媒体人职业操守的表现,也成为其评论创作质量的保证。③职业能力是主播评论的核心创造力:从2012年8月到2014年初,播出500多片次,连续日播,内容覆盖了社会生活的方方面面。这种工作压力对两位主播的评论能力是不小的考验。在节目转向(消息综合类节目融入评论元素)的同时,笔者认为,主播实现了身份转型(从播音员到具有即席评论功能的主播)。另外,由于《晚间新闻》主播评论主要是评论,评论发生在节目报尾阶段,这就意味着评论要适应节目时长的弹性需求。总体而言,《晚间新闻》主播评论以其品质赢得受众,与主播的言论能力之间有着直接的关联。

三、结语

优秀的新闻主播成为所在节目的灵魂人物,既是主播个体成熟的标志,也是所在新闻节目成熟的标志。《晚间新闻》的两位主播集播报(二度创作)与评论(一度创作)的功能于一身,兼具"工具客体"与"责任主体"的内涵①,在团队协作中发挥了自己的独特作用。有学者指出,当前中国电视"要有能够在电视传媒市场竞争中立于不败之地的核心竞争力,而电视节目主持人作为电视生产力中最为活跃、最为关键的生产要素,就是重要抓手之一"②。新闻主播作为电视新闻生产中的活跃因子,需要

---

① 胡智锋:《电视的观念——胡智锋自选集》,北京广播学院出版社2004年版,第45页。
② 胡智锋、周建新:《如何看待电视节目主持人的"跳槽"》,《光明日报》2013-4-27(7)。

与电视新闻节目建立血肉关系,在传播功能上实现"归位",寻找成为传媒精英实践空间。

当前,主播作为区别于播音员、评论员、主持人(host,多指非新闻类节目)的荧屏新角色,在国内还有待成熟。评论作为主播的专业工作之一,其特点、规律也亟待探索,尤其需要电视实践的开拓和检验。《晚间新闻》主播评论是一次引人瞩目的努力。从对这一案例的分析可知,主播评论的有效传播须建立在高度信任的传受关系上,应追求与观众在认识上的高度共鸣。这是在多重真实(真理、真事、真情)下的建构。主播及其所在媒体都应该珍惜这种信任关系和心灵共鸣,用心回答在什么层面、用什么标准、以何种方式去影响和引导观众,让发挥舆论影响力的好钢都用到刀刃儿上。

本章小结

对于主持人而言,即兴评论广播电视新闻事实颇具挑战。而从当前的业务需求来看,主持人开展业务又不可能完全绕过评论。且不论广播电视大型直播往往要求主持人做即兴点评,就一般节目的需求而言,在我们看来,主持人要在职业的道路上走得更远,就应该努力在节目中做个有"主心骨"的人。而评论能力可以算得上这样一根有支撑力的骨头。善于评论的主持人更善于驾驭节目,因为他们对传播内容有更深的判断,因而更易控纵自如。除了上述原因外,评论是典型的议论体裁,主持人评论无论是独立成篇还是三言两语,都是较为典型的独白形态。因此,我们将它列入主持人即兴口语表达的范围之中。本章分两节,第一节从评论的主体、价值和准备等方面说明主持人评论。第二节则侧重于方法,涉及选题、把握视角、评论思维与理性、完成判断、形成观点、分层阐释、口头表达等内容。

进一步阅读

曹林:《时评写作十讲》,复旦大学出版社2011年版。

白岩松:《我看电视评论节目》,《中国广播电视学刊》2001年第11期。

吴庚振、何其聪:《电视主持人评论论辩》,《现代传播》2003年第5期。

廖声武:《做一个有评论能力的主持人》,《中国广播电视学刊》2006年第12期。

张庆胜:《论消息的评析》,《江西社会科学》2003年第6期。

田大宪:《电视新闻评论影响力解构》,《社会科学评论》2004年第1期。

张丁:《敬一丹电视新闻评论主持语言表达特点——以〈焦点访谈〉为例》,《语言文字应用》2012年第3期。

思考题

1. 比较广播电视评论中,主持人、评论员、专家在其中的角色与功能的异同。
2. 阐述主持人评论的价值。
3. 结合实例,阐述主持人评论该如何准备。
4. 结合实例,阐述主持人评论选题的标准。
5. 结合实例,阐述主持人如何处理评论的角度。
6. 你如何理解拟态讨论?拟态讨论对于主持人评论有何意义?
7. 主持人评论该如何处理观点?
8. 主持人评论该如何完成阐释?
9. 结合实例,从方向、强度、深度、向中度、外显度等层面分析主持人评论对态度的处理。

第八章 会话式即兴口语表达：访谈、讨论与群言

第一节 访 谈

一、访谈及其价值

1. 访谈

访谈是"两个当事人之间的一种相互交流的过程。至少是其中一方拥有预先设定的、严肃的目标。访谈涉及询问和回答各种问题"①。这是基于一般的社会现实语境，就访谈作为一种口头交流方式而作的界定。访谈在人际传播、公共传播、广播电视大众传播等不同类型的传播实践中运用广泛。

在人际传播中，日常闲谈的目的比较泛化，主题往往不甚明确，随意性较大，常是交际双方在消费社会关系或维持社会关系。相比较而言，日常生活中带有咨询、说服等任务的访谈，目的性则较强，主题也较明确。

在公共传播中或者说在公共领域的对话中，官民之间的公共政策咨询磋商、企事业单位的招聘面试、医患之间的健康传播与沟通、学校里的师生对话等都涉及访谈。公共传播的主动方通常是公共权力的拥有者，是强势的一方，交流双方的关系通常呈现不对称的特点。从解决问题的角度看，访谈比告知有效，更强于命令，有利于融洽沟通双方的传播关系，促进问题的澄清和解决。不足的是，访谈的交际成本较高，比较适合用来解决复杂的问题和深度沟通。对于当前的公共传播而言，公共管理机构的工作人员应该重视访谈的作用，提升访谈能力，建立访谈的网络和渠道，塑造以访谈为重要手段的公共传播文化。

在广播电视大众传播中，访谈是广播电视媒体信息采集的常见手段。常规采访中

---

① 〔美〕查尔斯·J.斯图尔特、〔美〕威廉·B.凯什、〔中〕龙耘：《访谈的艺术》，复旦大学出版社2007年版，第5页。

记者通过谈话所获知的内容是新闻写作的基本依据。调查性和谈话性的采访除了具备上述功能外,其采访过程往往就是节目片段。一般而言,广播电视采访尤其是涉及重大或敏感题材的调查性、谈话性采访,须一气呵成,忌讳"再来一遍"。中断重来难免使采访对象进入表演状态,有违客观真实。

无论是哪一类型,访谈通常即兴完成。人们可以设计访谈的话题界限,也可以设计整体的访谈路径,甚至可以细化到开头、结尾和主要的问题,但不可能去预置每一个来回的话轮。访谈的即时性特征很强,需要在谈话方的互动中完成。为此,我们将访谈作为即兴口语表达典型的对话形态列入本章阐述。

随着传媒技术的发展,大众传播、公共传播和人际传播之间的融合越来越明显,相互吸纳的程度越来越深。大众传播和公共传播中越来越多地引入人际传播的内容和方法,而人际传播也日益媒介化。那么,对于主持人访谈而言,虽居于广播电视大众传播之中,但如何从公共传播的访谈和人际对话中得到更多的启发,是激活专业思维的重要端口。基于这样的思路,就广播电视主持人访谈,我们强调以下几点:(1)目标。访问者也就是对话的主动方需要掌握对话和提问的目的。即便访问的结果往往超出甚至打破预设,但这种预设在访问中仍不可缺少。(2)提问。不一定每个话轮都有问题,但访谈总体以问题为向导。(3)交流存在双方或多方,各方参与谈话的主动性可以不同。

2. 访谈的价值

(1)沟通信息。访谈激发信息高效流动,减少沟通中的不确定性。生活中,很多人通过"打听"获取信息。这种"打听"问及一方或多方,通常着眼于个人的信息需求。而大众传播、公共传播中的专门访谈,通常是为了采集更为丰富和准确的传播内容,服务于社会大众。

(2)认识问题。访谈可以帮助人们确定问题的关键或者整个事件的关注点。我们可能以为很明确自己的困惑,其实问题并不容易确定和认识。对于"什么才是自己的问题",答案会随着我们谈话和思考的深入而发生改变。在提问、回答和对谈中,双方不断增加信息量和意见交流,从而有利于澄清问题。

(3)发展关系。访谈有助于发展传播关系。人际传播中,通过谈话和提问,人与人之间会形成更丰富的关系。而在广播电视传播中,访谈也拉近了访问对象与节目、受众之间的距离,有助于建立受众与节目之间的认同关系和信任关系。反过来,真诚的关系又可以激发谈话双方的交谈愿望。

(4)劝服受众。访谈有助于人们达到劝服对方的目的。如果沟通双方的关系比较微妙或者双方所谈的是原因复杂、情况难解的问题,访谈往往比说理更具沟通效果。说理往往在逻辑上发力,访谈则有所不同。访谈时,提问者不断地提出问题可以帮助对方澄清思路,而当提问者接收到回答者更多回复的时候,也就有了新的信息起点来重新思考问题。双方在有问有答的平和状态下激发各自的同理心，更可能建立理性的交流关系，自然更可能达成态度或观点上的互通。

二、访谈的准备

1. 资料

在广播电视大众传播中，主持人是访谈的主动方。主持人在访谈前应做好资料的准备。在节目中，除了事实性的内容（比如当事人看见的、听到的、感受到的内容）主持人无法获知之外，与主题相关的其他内容，主持人是可以准备的。做充分的资料准备有利于主持人把握提问和对话的进程。主持人提问毕竟不同于一个无知的孩子向老师提问。假如主持人在对话中一概无知，事无巨细均需要对方回答，就比较被动。

主持人及其团队在访谈前搜集到的相关信息，需要去伪存真、去粗取精，形成简明的访谈框架，明确访谈的主旨是什么、访问哪些人、大概的方向是什么、可能会涉及哪些问题、哪些问题是可以调整的、哪些问题是必须提问的、有没有关键性的概念和细节需要注意的、边界在哪里、时间的分配和控制等问题。

主持人对访谈资料的处理得注意"全""简""记"等要求。所谓"全"指资料搜集要全面，渠道要多，信息要达到一定的体量并确定内容可信。然而，主持人不可能拿着搜集到的数万字甚至更多的资料去和嘉宾谈话。而"简"就是要求主持人要消化资料，将资料简化为相互关联的数据集合。"记"是识记的简称。主持人需要记忆整理过的数据框架，记住访谈程序性的内容以及重要的观点和数据，以备谈话中提及。

主持人访谈资料的准备是较为繁琐的搜集和解析过程，跟个人的学养和职业的经验有很大的关系。主持人要带着研究的精神做好准备工作，务必在短时间内最大限度地占有信息，成为某一主题的"知道"分子、"知识"分子。主持人毫无准备，在访谈中像小学生请教老师一样，一则问不出有价值的问题，无法驾驭节目进程，二则没有办法呼应对方的作答，难以引导谈话的深入。这是主持人访谈应该避免的。

2. 问题

主持人访谈的基本诉求是打开对方的话匣子，让对方"知无不言，言无不尽"。主持人是访谈的主动方，掌握着一次访谈的方向，也掌握着发问的话语权。其中，发问是主持人的利器，是主持人发起谈话、延续谈话、深化谈话的基本手段。

主持人首先要准备足够"多"的问题。成熟的访谈者总有问不完的问题——这既指他们的提问能力之强，也指他们每次准备的问题之多。足够的问题可以降低现场谈话的风险，避免卡壳、冷场。

其次，主持人准备的问题要"准"。主持人简要准确的提问更能击中访谈对象的兴奋点。问题太复杂，访谈对象不易把握到底该回答什么。简明的问题则能清晰地传递谈话的焦点,并引导对方将谈话的重心放在焦点上。

再者,主持人准备的问题要"细"。笼统的问题很难让谈话深入。问题的设计应具体,以求对对方形成具体的干预。触及细节更能打开对方的心扉,可以激发谈话的欲望,激活谈话场。

还有,主持人准备的问题要自成"结构"。主持人访谈中的提问虽然是一次次完成的,但前后问题应有内在的关联。访谈者通过提问编织一个交流的网络,在这个网络内完成对谈话对象的信息求索。

最后,主持人须注意提问的"方式"。遇到谈话意愿不足的对象,主持人要尽力激发;而对于不顾主题擅自说开的对象,主持人则需要通过问题来限制他们。

3. 状态

状态关乎访谈者的主体自觉。就访谈者的状态而言,应注意以下几点:

(1)心态平等。新闻从业者有采访的权利,而且一般情况下也都会得到采访对象的配合。但是,这种预设不应该使访谈节目主持人产生居高临下的心态,错误地认为"我是新闻从业者,我来采访你,你有义务配合"。主持人不应在职业角色上拔高自己,应避免问话呈现强硬的格调。

(2)视角平和。遇到批评性内容时,主持人的视角客观、平和,才能主动接触不同的观点,达到意见的平衡。访谈对象的社会地位、道德水准、知识水平、表述水平、表述意愿各不相同,但在访谈中,主持人应该赋予访谈对象应有的话语权利。主持人应避免带着仰视或俯视的眼光看待访谈对象。

(3)语态平实。主持人在访谈中应尽可能避免大段独白以及与嘉宾之间无节制的辩论,适当克制自己的表达愿望,尽量把话语空间留给访谈对象。遇到不善表达的对象、不合作的对象或者承受着道德压力的访谈对象,主持人要避免语气的冲撞。主持人应该清楚,访谈与道德训诫的目的不同,访谈重在通过对话了解信息,不应陷入道德训诫。

总体而言,从收视来看,访谈节目主持人应该是节目的"驾驭者"而非信息源(信息源是访谈的对象)。主持人应匡正职业心态,明确自己什么该做、什么不该做,怎么做更合乎节目的尺度。主持人状态合宜,真诚地倾听,适度让位于访谈对象,有利于建立良好的谈话关系。

三、架构访谈

1. 引入

如何引入话题是主持人首先面临的问题。在一次时间较长的访谈中,引入的段落可能较为明显;如果访谈时间较短,引入的段落通常不太明显。在广播电视节目中,引入部分在最后的成片中甚至可能会被删除,但在访谈现场,引入部分的作用不容小觑。首先,引入的着眼点是双方关系。引入的部分未必有实质性的内容,可能不直接关乎访谈的目的和主旨,但主持人可以借此激发对方的谈话愿望,引导对方进入谈话的状态,搭建谈话关系,预热现场。其次,有效的引入有利于框定主题。好的开头可以为访谈定调,让对方了解节目意图和基本情况,也让对方明白将要开始的谈话的格调。

常见的引入方式有:

(1)开门见山,说清来由。主持人直接向对方说清访谈的来由。双方直面信息沟通的任务。交流符合一般的礼貌原则和合作原则即可。这种开场方式比较常见,尤其适合严肃题材。比如在批评性报道中,被批评或受质疑的一方通常不愿接受访问。这个时候,主持人兜兜转转反而不解决问题,不如开门见山、说清来由。

(2)营造基础,铺垫发问。在受访者谈话意愿不足、表达能力有限、心理紧张等情况下,主持人可以提一些非正式的方便对方回答的问题,帮助对方打开话匣子。对于受访者有意回避而节目又确实需要呈现的内容,主持人要照顾到受访者的谈话起点,可以通过迂回的提问,避免突兀,渐进地切换到谈话的正题。

(3)提及其他,岔开话题,缓和气氛。主持人和受访者在社会生活中通常是陌生人关系。大多数受访者不经常面对摄像机镜头,有的甚至是平生第一次。他们因此会感到拘束,羞于表达。另外,对于受访者而言,当访谈涉及敏感话题,比如回忆痛苦的往事、重提内心的伤痛、提及隐私性的内容、公开为某方提供证据等,往往面临很大的心理压力。更何况,受访者要面对一个陌生人(即主持人)而谈,且谈话内容会经广播电视公之于众。这些情况下,主持人可以通过聊天、幽默等方式暂时岔开话题,缓和受访者对环境的陌生感,松弛对方的情绪,减小受访者的心理负担。

2.展开

进入访谈的主体部分,主持人应充分把握现场和谈话机会,尽可能避免现场重复录制和后期较大的剪辑,争取一气呵成,高效率地完成访问。主持人访谈要深入问题的核心;谈话应有可听性、可看性,不能变成仅仅是获取信息的"审问",问题和回答应该自然生发,有一定的兴味;整个过程需要有层次感、段落感。

展开访谈主体部分有以下建议:

(1)活用脚本。主持人要把脚本变为鲜活的对话过程,可以根据现场情况调整问题,灵活应变,不必刻板地依照脚本去提问和谈话,要敢于独立发问和说话。

(2)放开话题。放开话题要求主持人引导访谈触及不同方面,丰富谈论的"触角",营造更立体的沟通空间,避免一条线索走到交流的死角。

(3)收束主题。在"放"的基础上,主持人访谈要注意根据目的收拢主题。访谈通常都会超出节目前的设计、预期和容量。这主要是因为多数访谈对象的表达带有自发性,与节目的传播目的并不完全合拍。主持人可以通过话语进行干预,激发与打断、延续与转变并用,拢合主题。这其中,主持人的驾驭能力和目的的清晰性决定访谈主题的归拢效果。尽管访谈总的目的会随着访谈的深入而发生调整,但是,主持人的即时判断仍需要一个明确的指向,不能漫无目的。

(4)驾驭节奏。谈话的节奏好比行动的节奏、生活的节奏、生命的节奏一样,它们有别于艺术形式的节奏概念,仅在于强调谈话中某些元素的对比和变化。谈话的对比元素主要包括:①提问还是交谈——是连环套问还是夹杂双方的非提问对谈。②追问还是顺延——是不断沿着一个话题追问造成紧张感还是顺着对方,让他完成陈述。③质疑还是肯定——针对对方的观点提出不同的观点还是肯定对方的判断或不予置评。④话轮转换较快还是较慢——连续的封闭式提问和开放式的提问在单位时间的话轮交替频率上不同。

(5)适度设计:介于无设计与精细设计之间。主持人的访问通常都有事前设计,即便突发情况下也会有粗略的安排。但主持人访谈的确做不到实验调查一样的精密设计。它不可能对问题、问话的方式、问话的频度、问话的时间和顺序都做好设计。访问者必须根据对象、气氛、场景而改变提问的内容和方式。主持人应该尊重访谈的现场生成特征,可以通过事前设计给现场留下参考和必要的提醒,但不必具体到每一个问题,更不可能严密地设计提问顺序和现场追问。

3. 收尾

从内容上看,收尾通常是对访谈内容的总结、升华。从关系上看,不恰当地结束访谈不但突兀,也会影响受访者对整个交流过程及主持人的印象,认为自己没有得到尊重。因此,主持人不可随意处理访谈的收尾。

主持人访谈收尾的方式可以有以下选择:(1)人际性的结尾:在访问的最后通过表达谢意、发出时间截止信号、预约再见等方式来结束访谈。(2)总结性的收尾。结尾时,请访谈对象再就一个开放性的具有总结意义的问题发表看法,或者主持人自己完成一段陈述。对于受众而言,这种方式在前后内容上起到了呼应、归拢的作用。(3)倚重性的提问。结尾时,主持人提出一个具有挑战性的问题。比如在批评性的报道中,访问者可以把握最后的机会提出具有挑战性的问题。相比较而言,如果一开始就提出,缺乏关系基础,容易导致现场气氛紧张,还可能会干扰后续的谈话。结尾的时候,主持人则没有这种顾虑。(4)非语言的结束符号。在某些情况下,主持人可以使用体态、表情、眼神等信息传递结束的意愿。在受访者谈兴正浓的时候,此类方式也不失为礼貌的选择。

四、访谈中的不对称关系

1. 不对称关系

交流关系不对称是指在交际过程中,对于建立和维持交流关系,谈话双方从意愿、信息、权力和社会地位上都存在不对等的情况,且双方对交流关系的影响能力也存在差异。主持人的访谈关系常见不对称的情况。但在某些情况下,谈话双方对于交流关系具有相当的影响力。比如很多明星主持人,本身具有较高的社会声望和话语能力,所在的媒体平台又可以转移较大的话语权力,在遇到所谓的"重量级嘉宾"时,更容易建立较对称的话语关系。再比如专家型的主持人在访问同领域专家时,在认知能力和专业信息上也较为对称。

关系是否对称对主持人访谈有直接的影响。对称关系的访谈可视为熟人访谈。在对称的关系下,双方谈话的匹配度较高,需要花在关系维系上的精力较少。而在不对称关系下的访谈恰似陌生人访谈。在关系不对称的情况下,对于主持人而言,如何建立和维系关系是一个焦点。缺乏关系基础,谈话会困难很多。

如前所言,主持人访谈关系常见不对称的情况。因此,不对称关系的处理是主持人访谈的基本功。我们认为,处理不对称关系的基本原则在于主持人在通过访谈获知信息的同时,还要关注关系的质量,以关系为导向来调整对话。

2. 不对称的常见情况

(1)社会地位不对称。尽管访谈双方在交流中表现出"平等的姿态",但在社会生活中,人们通常不会把一个主持人和拾荒者、高层官员、亿万富豪都归入同一阶层。社会地位和声望的差异在社会中客观存在。这种差异多少会延伸进访谈之中,造成交流关系的不对称。如何在谈话中平衡社会地位不对称所带来的负面影响,主持人杨澜提到过,当遇到某个有分量的人物根本不在乎访谈("可说可不说,为什么要告诉你")时,她的策略是"逆毛"而抚。这种"逆毛"而抚的策略,在某些情境下的确可以激发对方,有效避免社会地位对交际关系的覆盖。

(2)话语权不对称。这表现为在具体的谈话场中,谈话双方的话语权大小不等。话语权通常来自两方面:社会生活中的话语权力的移用;社会身份所决定的话语信度、话语能力。比如普通记者与高层官员之间在社会话语权力方面存在差异,与权威专家之间往往在话语信度和话语能力方面存在差异。交谈中,主持人和受访者都有可能用自己的话语权力来影响对方和谈话进程。比如掌握关键信息的当事人拒绝采访,可视为强势使用话语权力的一种表现。因此,对于主持人而言,如何认识并在访谈中平衡这种权力差异,体现其交流的智慧。

(3)信息量不对称。这表现为主持人掌握更多信息或者受访者掌握更多信息。常见的是受访者掌握更多的关乎主题的信息。当主持人的信息量与受访者之间悬殊太大时,就无法有效地对话。主持人作为访问者在节目中的主要动作是提问,但这并不意味着主持人可以什么都不用知道。主持人应尽可能地减小与受访者之间的信息差距。

(4)谈话意愿不对称。访谈中,不见得主持人正好想问,而受访者正好想说。通常情况下,如果受访者有面对公众的热情,那大多会足量提供信息;而受访者如果存在面对公众的压力(如负面形象的人物或者卷入纷争的旁观者),则会尽可能回避提问。这种情况下就需要主持人调整提问的策略。

主题分析:如何有效提问[①]

为了采访成功,记者一般都会预先做策划,包括设置问题、选择对象和时机、安排场合以及其他技术上的考虑等等,其中设置问题是非常关键的一环。但是现场是动态的,加上很多事实处于隐蔽状态,因此再完美的策划也难以涵盖所有具体情况。况且,采访中的对话本身具有即兴色彩,不可能完全依赖于事前的准备。我们强调提问策略的动力和意义正源于这一点。下面辅以案例说明的方式,力图对提问的策略做一番分析。

一、用心倾听,准确推导

我们常强调倾听在记者提问中的作用。可如何倾听呢?笔者以为,记者不能限于听懂字面意思,重要的是听到言外之意,这是记者把握话脉,引导交谈的关键。那如何推导言外之意呢?这里有两种途径:

1.从预设和语境中推导。

记者可以结合自己掌握的资料和谈话的上下文进行判断。以下面的对话为例。

记者:还有一份稿签。在那份稿签上,当事人说也看到了你的签字。你写得也很明确,要用内参的形式报温家宝总理。

……

蔡群:没写过,也没有这样一篇稿子需要送温家宝总理。

记者:为什么?

蔡群:这个你只要跟黄冈地方讲一下就可以了。

记者:那为什么在另外的稿签上,你要以内参报中央政法委呢?

蔡群:因为他属于公安队伍,公安队伍对这个事情不是抓得特别严嘛?

记者:那教育部对乱收费的事也抓得很厉害?

蔡群:那个事情我认为是比较普遍的,比较普遍的问题。

记者:看样子报内参的级别,就看你个人的判断是吧?

蔡群:这个事有没有什么严格的规定我不知道。[②]

在这段对话中,记者以"教育部对乱收费的事也抓得很厉害"为参照,指出了采访对象逻辑上的矛盾——如果抓得严就上报,那为什么没有"以内参形式报温总理"?进而质疑对方"看样子报内参的级别,就看你个人的判断是吧"?我们从这样

---

① 周云:《浅谈如何有效提问》,《社会科学论坛(学术研究卷)》2007年第10期下,第114—117页。
② 笔者根据中央电视台《新闻调查》2005年2月播出的《失衡的媒介》节目摘录。

第八章
会话式即兴口语表达：访谈、讨论与群言

的对比中明白了事件另有隐情。

2. 从违背各种会话原则的情况中推导。

下面这则例子中，记者关于领取发票的事情采访了某单位负责人。

记者：如果是个人行为的话，记者怎么会在出发前，能够领到空白发票呢？

蔡群：那个我们不知道，一般的我们不允许带发票。

记者：但是今天上午，我在采访会计的时候，像＊＊＊这样领空白发票的行为，是必须要经过一把手也就是您的允许。

蔡群：我不知道。也许会计她自己记错了，真的不知道。①

该对话中，负责人的答复与事实有出入，第一问实际隐含了预设——记者在出发前已经领到了空白发票。但是，负责人却说"一般我们不允许带发票"。那这是出于什么特殊情况呢？对于第二个问提到的"领空白发票须经一把手允许"，负责人表示"不知道"，并将责任推到会计身上。我们不禁要问，一个负责人怎能不清楚单位的基本财务制度呢？追问之下，当事人难以圆场。

二、深挖细节，以小见大

访谈时，要想让观众知晓你做到看到听到的，就得借用恰当的途径加以说明——说细节是方法之一。

1. 细节常是挖掘真相的关节点。

记者借助细节的刺激更容易打开采访对象的话匣子，继而让事实浮出水面。在《梁锥村调查》这期节目中，当事人通过在当地农村实施创业方案，开办了企业，客观上也使当地一些农民受益。当事人在采访中认为自己办了好事，但也另有人对他的动机和做法持疑。那么，真相如何？记者和当事人有这样一段对话：

记者：但是我们眼瞅着已经被推倒的那些土地上养了六千多头牛，这不是你获得的利益吗？

梁希森：我这个企业是股份制，你说老百姓他以什么入股，我叫他拿钱入股，他没有。就以他的宅基地每家每户入股，我给他们出钱叫他们发财去……

记者：但是至少到现在你的这些解释、这些说法，打消不了人们的疑虑。

梁希森：这没问题，我跟老百姓都有合同。②

记者借助"六千头牛"这一细节发问，进一步从对方口中得到了"股份制"、"宅基地入股"、"签订合同"等相关事实，采访对象和当地农民的合作方式及采用该方式的原因渐趋明了。

---

① 笔者根据中央电视台《新闻调查》2005年2月播出的《失衡的媒介》节目摘录。
② 笔者根据中央电视台《新闻调查》2005年3月播出的《梁锥村调查》节目摘录。

2.细节有利于展现真切的情境。

在对自杀的患抑郁症女学生的采访中,记者为了解她生前如何掩饰自己的抑郁症患者身份,向死者的母亲提出了这样一组问题:

记者:她在一个寝室里,五六点钟她起来,她跟同学怎么解释?

记者:同在一个宿舍近距离接触的同学都不知道她在做什么?

记者:为什么要用化名呢?

记者:为什么?你觉得如果说了的话,在学校说了的话怎么样?

记者:那如果在亲友中说了呢?①

这些问题涉及:死者如何掩饰身份?若不掩饰会有何后果?但是,记者将这两方面细化到起床时间、如何跟同学解释、化名、病症可能在学校和亲友中造成的影响等方面,这有利于引导对方准确回忆,也让观众更深刻地了解抑郁症给患者造成的巨大困境。

3.细节有利于深化主题。

每部片子都有主题,但如何表达往往仁者见仁,智者见智。笔者认为,在采访中将主题化约在细节上是一条路径。我们以下面的对话为例:

记者:你觉得他跟你有感情吗?

小波养母郭爱凡:咱琢磨着跟人家实心实意那个,那人家跟咱们没那个心,那咱说不来。

记者:家里有孩子的照片吗?

小波养母郭爱凡:没有他的照片。

记者:有他以前用的东西吗?

小波养母郭爱凡:没。

记者:你知道他今年多大吗?

小波养母郭爱凡:他今年,今年十三四了。

记者:他过了年就是十六了。

小波养母郭爱凡:十六了啊?谁知道,成天我想着他还是十三四岁呢。②

该段落中,记者通过询问细节,了解到谈论对象——十六岁的流浪少年——与家庭和家庭成员之间的关系。其中,"他过了年就十六了"——内在语可理解为——"你弄错了。作为母亲,怎么连孩子的年龄都不知道呢"?前后的对比和反问意味,展现了家庭与孩子的隔膜,让人对孩子成为流浪小偷的家庭原因加深了理解。

---

① 笔者根据中央电视台《新闻调查》2004年12月播出的《远去的生命》节目摘录。
② 笔者根据中央电视台《新闻调查》2005年6月播出的《流浪少年》节目摘录。

三、随机应变,灵活提问

1.根据采访对象的不同特点发问。不同采访对象各有不同的生活处境、教育背景、职业身份和表达能力,提问应有的放矢。

我们发现,一般情况下,记者向普通的当事人或非专业工作者提问时,更趋向选择口语化的措辞和结构简单的句子。如采访一位村民时,记者问了下面的问题:

记者:都说你们东北这个地方的地非常肥,这个地插一根筷子都可以发芽(是吗?)①

而采访专家时,则可以使用更严整的句式和更专业的措辞,如:

记者:听说这黑土的形成非常慢,一厘米要两百到四百年,那为什么现在它一厘米的流失却只要一年的时间?到底是什么样的一种方式,自然的还是人为的因素会导致这么快的流失?②

面对一伙流浪少年,记者采用封闭式的问题、日常的口吻,以便得到有针对性的答案。

记者:多的时候一天能去几次?

记者:你打个比方说吧,那一个月里头,你们有多少个手机,拿了。③

与上例不同,面对主动爆料旅游黑幕并善于表达的导游,记者开放式地发问,反倒为对方提供了一定的谈论空间,如:

记者:……他们到底怎么赚钱,能不能告诉我?

记者:你说说购物。④

值得注意的是,遇到身份特殊的采访对象,记者尤其要注意措辞。下面是记者和一位少年小偷的对话:

记者:你那时候拿过别人家东西吗?

D:没有去登封之前,在家里没有拿过东西。⑤

记者在这里用的是"拿",而没用"偷"。这种调整并不妨碍观众判断——我们当然知道孩子的行为是偷窃。但是,此中的让步意味,照顾到了对方的心理。同类情况下,这不失为一种策略。

2.根据语境,在提问中适当穿插叙述、议论,有助于理顺逻辑,增值信息,如:

记者:很难想象内心这么煎熬的一个人,能那么顺利地考上研究生,足见她天资非常好,非常会读书,非常会考试。按说她考上研究生以后,药物又能帮她稳定病情,她就应该很顺了?

---

① 笔者根据中央电视台《新闻调查》2004年12月播出的《流失的黑土地》节目摘录。
② 同上。
③ 同上。
④ 笔者根据中央电视台《面对面》2006年5月播出的《叫我如何不宰你》节目摘录。
⑤ 同上。

记者：你女儿沉浸在幸福当中，我们好像都能看到她的样子。这时候你感觉到，你们俩关于生死的谈话已经离得很遥远了？①

很明显，这两问中，记者穿插了叙述性、评价性的内容。这让后面的疑问有了由头，起到铺垫作用。如"天资聪慧、顺利通过考试、有药物辅助"让人疑惑"为什么仍受煎熬"（隐含的问题）。而"幸福"则让人不禁想问"死亡是否变得遥远"。

综上所述，好问题有利于主题有序展开，得以深化，并使节目浑然一体。然而精彩的提问不是一拍脑袋就能做到的，它既需要丰实的知识和经验，又需要根据实际情况灵活生发和转换的能力。

个案分析：CNR《新闻观潮》主持人谈话②

近些年，广播谈话节目以互动性强的特点和优势为众多听众所喜爱。2004年，中国之声进行了改版，之后在每晚九点推出了互动谈话节目《新闻观潮》。该节目开播不到四个月，已经吸引了不少人的耳朵，如笔者这般的忠实听众也不在少数。

中国之声是中央人民广播电台的新闻频率。"通常，一个专业的新闻频率，优势和劣势都非常明显，在国内外有重大新闻的时间里，它为万众瞩目，但在不产生新闻的时间里，它就有可能被听众冷落。然而，在现实世界里重大新闻总是少的，因此，如何经营常态节目，保证新闻频道的可持续发展就成为新闻专业频率必须面对的问题"③。在众多节目类型中，广播谈话节目最有可能成为名牌节目，也最有可能展示频道个性，保证频道的可持续发展。广播新闻频率的谈话节目是"主持人与嘉宾或者观众围绕新闻事件或者热点问题展开分析和讨论的节目类型"④，通常被认为是广播媒体传播意见和观点的渠道。听过《新闻观潮》的听众，都可能记得其中的主持人、嘉宾和听众的一些精彩评论。甚至，主持人和嘉宾因为在节目中的精彩表现而成了节目的招牌，使观众念念不忘，对节目产生期待。这无疑显示了新闻谈话节目极强的约会能力。

一般情况下，谈话节目良好的约会能力都直接实现于主持人与嘉宾、听众的谈话过程中。可以说，谈话节目的传播效果受制于主持人的谈话水平，也即主持人的言语沟通能力。下文着重观照广播互动谈话节目《新闻观潮》，分析其主持人在语言方面有何高招和妙处。

---

① 笔者根据中央电视台《面对面》2006年5月播出的《叫我如何不宰你》节目摘录。
② 于舸、周云：《浅析广播谈话节目〈新闻观潮〉的主持人语言》，《浙江传媒学院学报》2005年第3期，第65—67页。
③ 何晋文：《"中国之声"改版观察与思考》，《中华新闻报》2004-4-14。
④ 同上。

第八章 会话式即兴口语表达：访谈、讨论与群言

一、贴合互动的形式

为了方便听众参与节目，《新闻观潮》开通了以手机短信为主的互动渠道，听众主要以发送手机短信的方式同步参与节目。其实，互动的形式在广播传播中并不是近几年的新鲜产物，以往，听众就可以通过信笺和热线电话进行反馈。目前，广播谈话节目越来越指向群言的特点，而短信互动方式因为能最大限度地集纳听众的意见并且使主持人易于对这些意见进行传播和控制，所以更能满足当下广播谈话节目的传播需要。一方是随身的手机，一方是可以同时接收和容纳大量短信的电脑平台，这非常符合信息反馈在数量和质量上的双重要求。这种方式带给《新闻观潮》热烈的谈话氛围，主持人借此集纳各种观点，嘉宾借此阐发意见，听众借此听到"自己的声音"。其结果是节目在听众中的认同感不断上升，参与节目的积极性被调动起来，互动的形式得以强化。对于节目来说，这是良性循环的开始。

下面是在《新闻观潮》中播出的听众言论，我们看主持人是怎么对这些言论进行处理的。

主持人甲：两位嘉宾是争得一塌糊涂啊，我们看手机平台上也是打的一场乱仗，说什么都有，赶快来看几条，手机尾号是＊＊＊的北京听众发来短信说，这是一个新鲜的事啊，作者是不是借机炒作呢，就像前几年的QQ小说，我认为文学价值不高。

主持人乙：那手机尾号是＊＊＊的听众说呢，我不看好短信小说，首先它的内容不充实，文学性不足，商业性太浓，其次呢成本太高，不会像网络小说那样普及地传播。

主持人甲：这手机尾号是＊＊＊的咸阳听众发来短信说，70个字，没搞错吧，大不了是一部连续剧的内容提要，它绝不会有那种意境和那种深度吧。

主持人乙：嗯。

主持人甲：但是呢，像这个手机尾号为＊＊＊的常州听众就说了，短信小说好啊，短信能写好，有思想、有创意的东西不在字数多寡，现在这个时代谁有大块时间看那些大部头的小说呢，我是要去看那个短信小说的。[1]

以上听众言论，有别于在电视谈话节目中观众直接发表意见的形式，在播出时，是由主持人"替"听众说的。但是，听众的言论并不一定都适合当时的谈话需要，因此选择具有代表性和针对性的言论是必然的。并且，在播出时，主持人进行了语气上的处理，集中和强化了它们的含义和态度。这绝不是主持人的歪曲和主观臆断，而是主持人把握现场气氛、理解听众意图和节目宗旨的结果。言论播出后，在节目的

---

[1] 笔者根据2003年9月3日中央人民广播电台中国之声的《新闻观潮》节目整理，本案例分析中所有涉及《新闻观潮》的内容均同一出处，不再另行标注。

串接、谈话的深入、主题的展示上起到了潜在的作用。这样说来,这些言论已经不单纯是听众的语言,更是主持人的语言,是主持人在谈话过程中的重要环节。这样的形式有利于节目贴近观众,一方面听众感觉到自己的意见得到重视,另一方面也使听众更加认同他们的"代言人"——主持人,对主持人产生"自己人"的心理。

另外,在《新闻观潮》中,主持人不仅要为听众"代言",也常常借听众的口说自己的话。我们来看下面这段话:

主持人甲:刚才,也有听众朋友在短信中提到,说这个东西在日本早就有了。的确,日本的短信小说一族已经达到200万人以上,而且,运营短信小说的网站,也有几万个了……那有人就说了,手机业务的拓展,使手机短信小说有了发展的空间。黄教授,在这,我特别想问您一个问题,作为一个小说创作来说,它是应该在这个社会的发展中保持自己固有的样式呢,还是说需要随着这个社会的发展融进一些新的元素呢?

我们不难看出,这段话里,主持人并不是直接提问,而是以观众提供的资料为依托,让问题有了"出处",以此向嘉宾提问。主持人的"借话"并不是无迹可寻,其中提到的"那有人就说了,手机业务的拓展,使手机短信小说有了发展的空间",其实就是主持人借听众的名义为自己的提问铺垫。这样做的益处在于,听众提供的资料给嘉宾的回答提供了背景,也给听众思考提供了背景,实现了提问的"软着陆"。这样做,主持人降低了在节目中的姿态,节目也更接近"群言堂",增添了平民色彩,增强了亲和力。

《新闻观潮》开播短短百余天,就有了十分固定的听众群,与它"替听众说话"的亲和理念密不可分。主持人在播出听众言论的时候,总能恰当地处理语气。这样不但使这些意见得以很好地传播,也使得节目增添了一些趣味。听众听到"自己"和"自己人"的声音,自然对节目多了一份认同。

二、展露语言的智慧

《新闻观潮》所请的嘉宾大多是各领域的专家学者,参与的听众也来自各行各业,五湖四海。嘉宾给节目提供了专业中肯的意见,听众则提供了大众的意见,两者都为探讨问题、达到谈话目的提供了重要内容。

但是,嘉宾和听众跟节目的接触是有限的,对具体的策划意图的了解也是有限的。这就使得主持人在节目中的引导控制作用显得非常重要。主持人若不加引导和限制,节目很有可能沦为日常争论,不符合节目在时间上的要求和限制,也不符合大众传播的规律。由此,主持人一方面需要进行有效的提问,激发嘉宾与听众的谈话欲望,让他们表达真实的意见;另一方面也需要控制这种表达,使其恰到好处,控制好整个谈话的走向,营造好节目氛围。这些都要通过主持人的语言得以实现。

第八章 会话式即兴口语表达:访谈、讨论与群言

在2004年9月3日播出的《新闻观潮》中,主持人围绕话题《短信小说——黑马还是异类》主要提出了下列问题:

有人说短信小说称不上小说,二位怎么看?

短信小说能不能成为一种新的文学样式?

手机短信能真正承载起小说吗?

短信小说的土壤是什么呢?

短信小说能有很强的文学内涵和文学张力吗?

短信小说会不会让文学失去原有的严肃性和纯洁性?

短信小说要想发展好的话,最关键的因素是什么?

短信小说既不属于图书网络出版物,又不属于音像作品和电子出版物,会不会带来管理上的真空呢?

以上所列问题,构成了该期《新闻观潮》的整体框架。这些问题对话题《短信小说——黑马还是异类》进行了很好的分解,发挥了"篱笆"作用,让嘉宾和听众的发言有了落脚点,使主持人、嘉宾和听众的讨论和对话都在节目既定的场域之内。

然而,对话时,言语过程是一个运动变化的过程,因此,在框架之内,主持人仍然要就具体的问题和观点进行激发、引导和约制。下面是主持人就具体问题对嘉宾意见的一次质疑:

主持人:刚才董博士说的,我有不同意见,说到吃麦当劳、肯德基的时候,您说,因为是快餐,大家先填巴填巴,待会儿在吃正餐的时候再多吃点,我不一样,我要是去吃,我是要吃饱的(笑)。再一个,您说到长篇小说连播,长篇小说连播虽然是一天一回、一天一回这样说,但是,它毕竟是说半个小时,几十分钟,内容应该是比较充实的,你想短信小说它就那么七十个字……(语气中表示很疑惑)

这段话中,主持人语言紧紧依随谈话内容进行衔接转换,对问题的理解加入了自己的感受。这段话对嘉宾接下去的发言起到一定的引导和限制作用,一方面,它引导嘉宾就"短信小说阅读不便"的问题继续发言;另一方面,它又限制了嘉宾仅就这个问题进行发言;同时,这番质疑也衔接了前后的谈话,让谈话从"短信字数限制是否方便阅读"的探讨转入"字数限制是否影响内容表达"的讨论。这番质疑,让各方谈话节奏保持一致,有助节目深入。

与此同时,和听众交流时,主持人同样要做一个控制器。在节目进行中,听众发来的短信数量众多,主持人往往选择播出具有典型性和普遍性的意见。这些意见与节目的策划意图和当时的谈话内容相契,主持人可以借此展开问题,推进节目。前面提到,《新闻观潮》主持人会在节目进行当中不断播出听众发来的意见和言论。笔者统计了一下,在2004年9月3日这一期中,就有7个短信播出环节,一共27条短

信言论在节目中播出。然而,播出的27条短信仍只是众多短信中的一部分,这恰好印证了主持人有选择播出听众短信的事实。

主持人在交谈中要做好"把关人",但是,怎样做好"把关人"呢?笔者认为,这需要建立在主持人充分理解和把握策划意图的基础之上。策划是广播谈话节目很重要的一个环节。策划意图是每期节目的灵魂和宗旨,是主持人在节目中去实现的最终目的。一个称职的主持人必然能通过语言对节目意图作出独特诠释。《新闻观潮》的主持人,通常参与该栏目的策划。主持人借此更容易确立整体的节目意识,更快更准地找到自己在节目中的位置、情绪、节奏和兴奋点。从《新闻观潮》中我们听到了观点,看到了人物,感受到了热点之热,体味到了时尚的精彩,也记住了节目。可以说,主持人在《新闻观潮》中从容的表现展露了智慧,也使节目有了"个性"。

今天的听众选择的是媒体的说话方式,节目意识形态的表达要越来越靠潜移默化的方式来实现。《新闻观潮》作为一档新闻谈话栏目,在信息满天飞的时候,要想提高自己与听众的约会能力,其主持人要成为有吸引力的信息发布者,用自己的语言来表达观点。信息带给每一个人的思维都不一样,如果我们用脑子在说话,其特点就会是显而易见的。

三、营造愉快的氛围

《新闻观潮》的核心理念是贴近听众。该节目选用流行音乐作为背景音乐,主持人在节目中笑声不断,这些非语言信息都在影响听众、嘉宾的情绪,同时也暗示他们——可以在节目中放松交谈。在这种氛围中,参与节目的嘉宾、听众常有精彩的表现,他们或犀利,或诚恳,或风趣,或警醒,给节目增光添色。整个节目很有"炉边谈话"的趣味。

下面是主持人与嘉宾的一段对话:

嘉宾:我非常愿意回答这个问题……因为有一种群体,我觉得他肯定特喜欢短信小说,是谁呢?就是有一些被中国的家长们紧紧禁锢的小朋友,尤其是高中生,你看啊,电视不让看,网络不让看……

主持人:可是,董博士我想插句嘴啊,要是照您这么说,家长什么都禁止的话,将来有了短信小说,那好,手机也不许用了。(众笑)那不更惨了吗?!

这段对话中,没等嘉宾说完,主持人便接过了话柄,一派"你说我说大家说"的热闹景象。既然是"大家说",那么,主持人所说一定要符合大家听的需要,任何故作玄虚、矫揉造作,都将使节目失色。这里,主持人和嘉宾的对话,语言平实,语气中肯。对话中,或"接"或"抢",都轻松自然,良好的谈话氛围可见一斑。

《新闻观潮》选择的话题都是时下的热点新闻事件,邀请的嘉宾也是权威的专家学者,可它并没有把自己定位在高级论坛上,而是普通百姓发言的阵地。在节目中,主持人、嘉宾和听众各抒己见。主持人不但提问,同时也发表自己的看法。其语言从容中有调侃,有趣却不低俗,平实中可见幽默。听众可以通过语言感受到主持人与节目的情趣和魅力。

我们来看一段从该节目中摘录的对话:

主持人甲:我们来看听众朋友是怎么说的,手机尾号为＊＊＊的朋友说,我觉得不错啊,瞧人家日本早就流行了(改用略显夸张的上扬的语调)。

主持人乙:手机尾号为＊＊＊的朋友说,短信小说看着太累。

主持人甲:这个比较贴近我的想法。刚才董博士说到,这属于快餐文化。快餐快餐,应该突出一个快字,可我就想,拿那么小的一个和邮票差不多大小的屏幕,一行一行地翻,就算把那七十多个字翻完,我……(语气中透出一种为难的情绪)

上面这段话如果变成下面的表达势必失去兴味:

主持人甲:有一位手机尾号为＊＊＊的朋友认为不错,他说日本早就流行了(语气平淡,不深入)。

主持人乙:手机尾号为＊＊＊的朋友认为看短信小说太累。

主持人甲:(沿用客观的语气)董博士,这位朋友认为看短信小说很累,请谈谈您的意见?

上例中,主持人就"短信小说翻看不便"向嘉宾寻求意见。主持人的提问以观众的意见和自己的体会作为引子,表示了对短信小说在阅读速度方面的质疑。比较前后两段话,我们发现主持人本来的表达并不如我们假设的简洁规整,但是收听效果却好于我们的假设。我们能从中听到他们的细致感受,以及言语间流露的诚挚之情。应天常老师在《论废话的功能》中说,"语言的本质是正确地利用冗余的信息。不会说'废话'其实是不会说话。'简洁精练,言简意丰'不是最高明的智慧语言。应该摆脱用书面规范口头语言的藩篱。当今广播电视媒介的语言应用更需要适度的冗余,它是修辞手段,更是有效传播的保证"。[①] 这说明,聪明的表达必会利用一定的冗余信息,让观众获得"有绿叶相衬的红花",如果信息量呈满负荷状态,观众接受到的总是"没有绿叶陪衬的光秃秃的红花",此"红花"也就不那么吸引人了。主持人语言变化的语气和节奏,让对话轻松自然,与节目平实幽默的基调相契。听众在节目中不仅得到了思想的交流,也得到了一次全新的听觉享受。这样的语言,不但本身内容丰富,同时也强化了受众对主持人的认同感。听众一旦认同主持人,那么对节目的认同也就会随之上升。另外,主持人在节目中说一些可有可无的"废话",除了能营造节目氛围以外,也能在节目中反映出一种民族风情和社会情绪。

---

① 应天常:《论"废话"的语用功能》,《现代传播》2002年第4期。

综上,除了主持人自身素质以外,节目的风格、定位,节目选择的话题、嘉宾,节目的听众等各个因素也都影响着主持人在节目中说什么样的话。《新闻观潮》节目以举重若轻的形式开辟了中央台另眼看新闻的新鲜节目样式,好评如潮,也收到很好的社会效果。现在,广播谈话栏目遍地开花,很多节目经常改版,主持人换了很多茬,结果节目的改版仍然是换汤不换药。如果我们从节目形式和话题内容等方面加以研究,在此基础上调整主持人的工作,那才不会舍本求末。如果能用心做到这一点,那么有个性、受欢迎的广播谈话节目就会越来越多。

第二节 讨 论

一、讨论及其价值

1. 讨论

讨论指的是持不同意见者相互间展开的对话与论辩,常见的有群言讨论、头脑风暴。讨论常用于各种会议、团队策划、小组工作等,通过发言来沟通信息,激活想法,形成决策。讨论的结果忌事前预设,但讨论的参与者需事前做好充分准备。讨论中,参与者的口语表达带有明显的即兴特征。

在讨论的方法中,头脑风暴法一直负有盛名。"美国学者阿历克斯·奥斯本于1938年首次提出头脑风暴法。Brainstorming 原指精神病患者头脑中短时间出现的思维紊乱现象,病人会产生大量的胡思乱想。奥斯本借用这个概念来比喻思维高度活跃,打破常规的思维方式而产生大量创造性设想的状况"[①]。

辩论也是讨论的一种。辩论已经成为各类院校、各行各业训练口才或开展活动的常见方式。通过辩论,人们可以相互间达成共识或者深化对人情物理的认识。在辩论中,参与者一方面要用严密的逻辑和充足的理由证明自己的合理性,另一方面要有理有据地指出对方的错漏。辩论中,唇枪舌剑以及密集的话轮交替都展现了辩者知识储备、逻辑思维、言语修辞和语言表达等方面的能力,是个人口才的表现。

讨论被广泛地运用于社会生活,也为广播电视节目创作所用。在社会生活中,有的讨论形态较为正式,比如会议;有的讨论形态显得非正式,比如生活中的结群而论。而在广播电视节目创作中,讨论也可以是一种节目形态或节目元素,如中央电视台的谈话节目《实话实说》、凤凰卫视的公共辩论节目《一虎一席谈》、宁夏卫视的演播室谈

---

① "头脑风暴",百度网,baike. baidu. com/subview/30014/10198656. htm,2014—12—15。

话节目《头脑风暴》。多数谈话节目都会用到一对多和多对多的讨论方式。

2.讨论类型

根据讨论中话语权大小、话语权分配情况等具体情形,我们将讨论分为三类:集权式讨论、分权式讨论、告解式讨论。

(1)集权式讨论。集权式讨论中,讨论者的角色可作主导者、参与者之分,较为明确。讨论中,主导者提出问

图片说明:讨论包括各种形态的对话与论辩。讨论中,参与者的口语表达带有明显的即兴特征。
(图片来源于百度图片)

题,参与者开始讨论,最后交由主导者决策。集权式讨论的参与者往往只是献计献策,而主导者对于是否讨论、如何讨论、讨论过程的驾驭以及讨论结果的有效性拥有更多的话语权。谁是集权式讨论中的主导者要视情况而定。日常生活中,与讨论主题相关的利益群体的意见领袖往往会成为讨论的主导者;在社会组织的讨论场域中(如各单位的会议),社会权力的拥有者往往是主导者。简言之,集权式讨论通常是对讨论主导者所提问题出谋划策,批判性较弱。

(2)分权式讨论。分权式讨论没有明确的主导者,所有参与者平等参与讨论,讨论结果由小组内部或其他小组评定。头脑风暴就是典型的分权式讨论。在分权式讨论中,可能设有主持人。但主持人角色不同于主导者角色,只是起到现场记录、说明环节的作用,没有驾驭过程和导引话题的功能预设。在分权式讨论中,参与者之间基本平等,自由阐述,过程中不提倡批评和自我批评。这种方式有利于引发更多元的思考,碰出"智慧的火花"。社会生活中,在不涉及强烈的利益关切情况下,人们自发地聚集在一起讨论某一主题,没有明确的组织者,讨论的过程也并不受到特别的限制。这也是分权式讨论之一种。相比较而言,分权式讨论的框框较少,批判性较强。

(3)告解式讨论。告解式讨论与集权式讨论相似,有较为明确的主导者。所不同的是,在这种讨论方式中,参与者各司一个子话题,分别是不同讨论板块的主导者。各板块之间具有相对的独立性,相互组合而成总体的主张。某些学术性的研讨会就带有告解式讨论的特点。此类讨论目的主要不在于观点碰撞,而是为了丰富子话题的思考以及完善子话题之间的衔接。此类讨论要求子话题的主导者有独立工作的能力。

3.讨论的价值

第一,信息沟通。虽然有时讨论并不能达成意见一致,甚至可能会引起冲突,但这并不能否定讨论有信息沟通的价值。讨论激励参与者释放信息和内心想法,让人们相互了解得更多更深。

第二，激发智慧。讨论中，参与者相互激发，打开个人思考习惯所造成的封闭，相互提供新的思考起点和思维路径，集纳众人的智慧。

第三，解决问题。参与者通过讨论改变原有的信息结构、观念，明确问题并找到解决问题的方法。

二、讨论者介入讨论场的方式

参与：讨论者作为小组成员就主题和话题展开思考和表述。

主导：讨论者参与讨论且承担小组讨论的组织和主导功能，提出问题并驾驭过程。

旁观：不参与但见证讨论，以中立的公众立场给讨论以"公正的注视"。如就电视讨论而言，观众就是"旁观者"。

裁决：某些情况下讨论有专人担任裁判，比如辩论赛。裁判者根据一定的标准判定讨论过程和结果的合理性。

协同：讨论的参与者与讨论的主导者在立场和思路上基本一致，为其提供尽可能多的建设性意见。

批判：讨论的参与者起到批判性的功能，提供相左的观点，激起更深层次的意见交换。

三、讨论中常见的问题

走神：参与者不能及时跟上讨论的节奏，注意力不能集中在讨论上。

争吵：意见相左时，参与者出现心理对抗，失去理性，引发争吵。

退避：讨论的参与者处处给别人让路，极力保持置身局外的消极状态，除非被"点"到，否则不主动参与；一旦遇到相左的观点，拒绝交锋，哪怕不同意对方观点也不再继续发表意见。

从众：讨论中遇到相左的意见，从众者会很快偃旗息鼓，无心坚持。被他人意见左右，无论他人的观点如何，只要多数人同意，从众的参与者就跟着附和。所谓的表态也只是将别人的话再说一遍。这些都是从众的表现。

偏颇：讨论的参与者所引述的事实及所下的判断，无关本质，以偏概全，缺乏说服力。

专断：讨论的参与者无视他人的意见，一味自我坚持。在总结阶段，只肯定自己的意见或者相同相似意见，对于不同意见，拒绝阐述。专断的本质是无论如何，只有"我的"才是"对的"。

四、讨论的起点、驾驭与落点

1. 讨论的起点

(1)确定值得讨论的问题。没有明确的问题,讨论无处发力。好的问题应该是事件或者矛盾的核心内容,既具有讨论的话语空间,又是团队可以驾驭的。以辩论为例,如果辩题失当,不能形成对称的正反两方观点或者正反两方的论证难度不对等(一方的论点明显没有合理性或者整个问题根本就不需要论证),辩论就失去了基础。

(2)确定讨论的规则。以辩论为例,规则很明确,角色分正反方,每方辩手有不同的位次,承担不同的陈述环节和论辩功能。在一般的讨论中,尽管没有这么严格的角色设置,但仍应有不同的分工。讨论者可以按子话题分工,又可以按介入场域的方式不同进行分工。明确的分工有利于展开讨论,避免混乱。总之,讨论者应结合具体情况事先确定规则并相互间达成规则共识。

(3)做好讨论前的准备。没有准备的讨论很难取得深入。讨论的参与者应充分占有信息,必要时做调研访谈,做足功课,做到各有各的理路。

(4)控制人选和数量。讨论尽可能选择更有发言权和发言能力的人选。同时,在一次讨论当中,要控制讨论者的数量,发言者在十人左右为宜,多则会导致发言机会无法均等,总体时间过长。

(5)所在组织的"讨论文化"影响讨论水平。如果组织文化强调权力的集中,那么不同层级的人共同参加小组讨论,容易出现讨论意愿不足的问题。处于权力下端的成员极有可能会回避发言,避免引起不必要的误解和纷争。多数国人从小被"点名"才发言,习惯于"不得已而发言"的交流角色,对于直接的意见表达方式较难接受,也担心开诚布公的谈话会让对方感到攻击性,并因此降低双方关系的舒适度。在这种文化背景下,各类组织需要花时间建设平等对话的讨论文化,帮助员工建设在讨论中畅所欲言的心理基础。

2. 过程的驾驭

(1)把握讨论的程序与发言的顺序。主导者或参与者需注意讨论的程序和发言的顺序。一般的讨论可以先按顺序请参与者轮番陈述,然后进入自由讨论阶段。自由讨论阶段,参与者凭意愿和需要发言。过程中,如果有明显处于话语弱势的参与者,主导者或其他参与者要及时邀请,让渡话柄。

(2)把握话语权,分配话语空间。讨论的参与者有谈话意愿、表达习惯和表述能力上的差异。为避免讨论中出现失衡的情况,主导者或参与者须注意话语权的把控和话语空间的分配,保证每个成员的参与水平,避免出现意见一边倒和话语权空置的情况。尤其在广播电视谈话节目中,每个参与者都有其自身的独特作用,主持人要相应地赋予其话语权和话语空间。

（3）鼓励冲破常规，提倡思维的多样性。从形态上看，讨论与会议通报、多人闲谈相似，但实际上它们存在着区别。相比较而言，讨论的主题更明确且话语权相对平衡。讨论中，主导者或参与者应提倡思维的多样性，鼓励各个成员从不同角度思考问题。

（4）控制否定性的表达，在量的产出上再做质的遴选。讨论总有一个观点陈列和意见交锋的过程，不该是"公布正确答案"的过程。讨论中，参与者灵光一闪的想法也许较为粗糙，甚至存有破绽，但可以激发他人思考。讨论中的否定则会导致参与者为了保有面子而放弃思考和分享。因此，为避免讨论受限，讨论中要控制相互否定。当然，对否定性表达的控制还要看讨论的类型、环节和目的，在辩论的自由辩论阶段，必然有否定的表达；在一般的电视谈话节目中，也可以有观点的对立冲突。因此，控制否定性表达的初衷无非是先鼓励讨论成员做意见的积累；然后在量的产出上，有效地完成质的遴选。

（5）避免融入个人成见而造成不必要的冲突。讨论依托的是理据和逻辑。讨论可能会出现完全相左的意见。这种情况下，参与者应极力避免夹杂个人情绪的争执和冲突。

（6）控制时间。主导者或参与者的时间控制涉及整个讨论的时长、每个环节的时长、每个人的发言时长。过长的讨论让参与者感到乏味。打断是控制时间的常见手段。

3.讨论的落点

（1）形成团队决策。讨论的主导者或参与者梳理讨论的过程，总结讨论的结论，就某方面意见达成一致。讨论集合众人的力量，为组织决策或创意文本贡献智慧，实现决策和方案的最优化。

（2）增加团队凝聚力。有的讨论并不关心结论，而更在意团队成员在讨论中相互间关系的发展。讨论让参与者彼此间深入了解，也有机会重新审视相互间关系，增加团队的凝聚力。

（3）培养团队成员。讨论也是对团队成员培养的重要方式，有利于团队成员养成专业思维。比如让主持人参与策划会，就是不错的培养方式。主持人通过参与策划讨论可以更好地吸收导演的节目构想，明确团队意图。

（4）建设团队文化。有的组织将讨论作为一种团队活动的形式，通过讨论来凝聚团队成员，塑造团队的内部沟通文化。

阅读与讨论：面试中的无主题领导小组讨论[1]

这次"复试"原来是"无领导小组讨论面试法"，有点始料未及。但庆幸的是，我研究过这种面试方法，清楚整个流程，而且懂得一些应对技巧。

说实话，还是有点紧张，毕竟是第一次实战这种面试方法。我们小组一共7人，4个西装革履，精神气十足。开始后，面试官让我们按编号入座。她简单介绍了整个流程，无领导小组讨论就这样开始了。

面试题目是要推销一种名叫"夏果"的饮料，绿色、健康、环保、有利于肠胃等是它的基本特点，但不巧的是，竞争对手（比如娃哈哈、农夫果园等）已经先一步推出了类似的饮料，问我们该如何推销"夏果"，要求制作出宣传画。每人5分钟阅读时间并准备发言。有俩男生占了上风，一看他们俩就对领导者和协调者两个角色垂涎已久了。除了他们，其余表现都差不多，讨论半天没能统一"卖点"。有人建议照搬一个饮料品牌的广告创意。我一听就反对他。但过一会，他还是想用这个创意，估计是想争取最后作总结发言。我只好无语。

其实，按我的想法："夏果"要想与竞争对手区别开来，就必须走差异化路线，跳出常规思维，重新定位。脑白金是保健品，但它却被当作礼品来卖，结果引爆市场；王老吉是凉茶，但却被定位为"防上火的饮料"，结果同样一炮打响。同样，"夏果"有利于肠胃，为什么不把它当成保健品或礼品来卖，从而与竞争对手区别开来呢？只可惜剩下的时间已经不多了，我没能表达出自己的观点，即使表达出来，那么，我们也没有时间去想创意和表现了，结果只好任由那仁兄照搬上面的创意了。要是面试官看出来你在忽悠他的话，那可就麻烦了。

面试官一开始就说明了，她是客户，最后要向她提案。但是，这仁兄最后提案时犯了个大错，竟然向小组成员提案，而且是坐在自己座位上提案。结果，面试官严厉地批评了他，吓得他语不成声，我们也不敢作声。

这是我第一次参加无领导小组讨论，表现一般，发言的次数不多，大概只有4次，而且没能踊跃拿出自己的观点。不过，这次实战却让我有种想继续接受挑战的冲动。有了这一次，说实话，我很期待下一次了。因为，我相信下一次会比这次表现得更好。

请讨论：如何设置讨论的议题？讨论与闲谈之间有何区别？文中提到"一看他们俩就对领导者和协调者两个角色垂涎已久了"。你认为在讨论环节，参与者的角色意识有何实际意义？在讨论过程中，如何处理好参与者之间的竞争关系与合作关系？文中谈到某一参与者"照搬"其他广告创意，你认为这种做法是否妥当，会对讨论本身造成何种影响？

---

[1] 广告雨人的非机稿：《实战"无领导小组讨论面试法"》，新浪博客，blog.sina.com.cn/s/blog_4b196e6e0100b3f4.html，2014-12-15，笔者略有删改。

第三节　活动中的群言

一、群言及其价值

1. 活动中的群言

活动中的群言（以下简称群言）指多人参与，以游戏形态，通过表演与会话的方式建立现场的交际关系并实现信息传播的过程。群言在电视游戏娱乐类节目中较为多见。群言具有以下特点：

（1）行为为主，言语为辅，具有表演性。群言交流多发生在行动的过程中，伴随有言语。在电视传播中，群言多见于综艺娱乐游戏类节目中主持人与嘉宾在游戏环节中的交流。

（2）人际性。群言贴近日常多对多的人际互动，具有网状多点相错的形式特点。

图片说明：图片中是湖南卫视主持人在节目中与嘉宾互动、游戏的场景。在互动过程中，主持人不但要"说"，还要一起"动"。
（图片来源于百度图片，作者拼接了图片）

相较于生活中的多对多交际,在电视综艺游戏类节目中,群言的规则较为明确,主题较为集中。

(3)游戏性。群言带有明显的游戏特征。以电视综艺娱乐类节目为例,所设置的游戏"关卡"意在消遣娱乐,既展现竞技之乐,又折射参与者的人性之魅,在轻松的氛围中引导受众暂时忘记社会生活的压力和身份面具的压抑。

2. 群言的传播价值

在日常生活中,人际交往的随意性大,相互交谈往往伴随着生产生活的具体活动进行。除了一对一的人际交谈之外,多是群言交杂的谈话。可以说,在人们的生产劳动或生活娱乐中,群言是基本的交流形态之一。

在电视传播中,随着真人秀节目遍地开花、深入发展,群言已经成为节目中交流的常见形态。对照日常生活交际,可以说,群言是电视真人秀节目对生活世界的一种再现。对于此类节目的主持人来讲,认识、融入、驾驭这种形态的交流是必备的职业能力。

3. 群言的表达特点

主持人的即兴口语表达能力不仅体现在独立成篇或者话轮转换等较为规则的对话之中,也体现在群言交流的参与和驾驭当中。考察群言形态中的言语表达,我们可看到,互动的过程、格局和形式是言语表达的基本依托和动力来源。在群言交流的过程中,人们行动的变化多而细微,也带引言语表达发生相应变化。主持人在群言交流中的言语表达策略须服从于整场互动的活动规则。

具体而言,群言交流中言语表达存在以下特点:

(1)主持人(说话者)与话语之间的关系:既是自觉的,也是自发的。一方面,主持人在场上的表述受传播目的制约,通常不能也不会完全失去作为"场上主人"的内在自觉。其言语过程总归要起到提供信息、交流意见、阐释逻辑、驾驭进程、配合互动、融洽气氛的功用。因此,我们说主持人在群言交流中的言语行为是自觉的,是有意为之。另一方面,相较于演讲、报道、评论、访谈等言语方式而言,群言交流中,主持人处于行动过程当中,并在游戏的互动中受到激发而发话。很多时候,相互间的言语对话完全是应机而为,是自发性的行为。主持人也许会着力于有意的"表演"与"修饰",但游戏情境的"忘我"与多人互动的"热闹"情境极易使主持人放松心理。我们从这样的话语中甚至可以看到主持人的本我特点。话语与说话者之间的主体一致性更高。因此,我们说主持人在群言交流中的言语行为也是自发的,存在下意识地流露。如此看来,互动类节目主持人的即兴口语表达更非一时之功,需要长期的养成。

(2)话语与行动之间的关系:伴随。群言交际通常不以说话为主,而以行动构成情节为主。群言交际中,行动具有主导性,行动的目的构成了言语的目的,行动关系是交流中的主要关系。话语融于行动之中,与行动共同构成情节。尽管在交流中,言语也影响行动,但总体上是从属于行动的。言语是对行动的补充,伴随行动而起止。比如在真人秀节目或娱乐游戏类节目中,主持人参与行动并在此过程中得体而有效地说话。

(3)主持人与嘉宾之间的关系:交互。群言常常是在噪音环境中完成交际的,随时可能发生话题的转移和话柄的交替,被打断或插话。主持人与嘉宾的话语关系受限于行动关系,不似一对一的交谈关系那么确定和简单,呈现网状结构,具有明显的交互特征。

二、群言传播的基本诉求

1. 场域

群言传播的诉求之一是构建交流场。这一场域包括两个层面:行动场、话语场。行动场除了包括交流的物理场域外,更指心理层面的行动边界。它界定了群言的参与者做什么是可以的、做什么是不可以的、做什么是有趣有益的、做什么是无趣无益的等内容。话语场即交流的话语空间。它界定了参与者谈论的边界、交际的规则、是否可以幽默、采用怎样的幽默策略等内容。群言交流中,参与者当然希望建构融洽的场域。

2. 行动

群言传播的诉求之二是展开行动。群言交流中,参与者首先要按预案去实践行动的图式,其次要实现有规则地去行动。行动图式是行动的整体局面,行动规则是行动规定性的抽象表达。比如在一些竞技类游戏中,过程如下:

选手一:通过关卡——获得结果 ⎫
选手二:通过关卡——获得结果 ⎬ 比较
选手三:通过关卡——获得结果 ⎭

我们可以说,上面的简图是一种行动的图式,但在这一图式中,每个选手通过关卡都有具体的行动规则,对行动的评价也有具体的标准。

整个群言交流的过程,参与者势必期待所有的环节和行为都能顺利铺开,并使整个活动的过程具有吸引力。

3. 关系

群言传播的诉求之三是建构有传播价值的交际关系。现场关系是互动形成的表现,也是互动深入的基础。不同的情境下,关系的内容有所不同。比如在电视综艺节目中,主持人、明星嘉宾、粉丝的现场游戏多是展现明星的性格、趣事或是相关演艺活动的主题宣传。此类情境下的互动关系带有"披露"的特点。而在电视竞技类节目中,参与者主要通过相互竞技获得趣味。此类情境下的互动关系带有"挑战"的特点。在互动中,主持人应着眼于铺陈、维护、深化现场关系,建立符合场域特点的高质量关系。

4. 气氛(心理共振)

在群言交流中,现场独特的游戏规则、游戏的内容、环节的难易程度、游戏中出乎意料的细节、感动人心的场面等等都可能触动人心,带给参与者和旁观者以深度的心理体验。具体而言,有以下几点:

(1)构建信念感。群言互动的游戏情境需要参与者有一定的信念感。这和表演中的信念感相似,参与者要相信自己在互动当中的角色和处境,并投入其中的目标,从而获得行动的动力。有的电视竞技游戏类节目竞技门槛不高,参与者需要一定的信念感,才能真诚投入,创造热烈的气氛,传递"乐趣"。

(2)获得超越感,体现人文品质。参与者需和生活情景、社会角色拉开一定距离,尽力融入现场,享受游戏当中的"伙伴""对手"等互动角色,去建立游戏中的审美目标——在竞争中表现生命力量、人生情怀。参与者在忘我的游戏中所创造的超越感可以增加整个互动的人文品质和感染力。

三、群言传播的基本原则

1. 目的优先

主持人节目中的群言互动不同于社会生活中的群言互动,它有明确的传播目的。节目传播目的决定了主持人行动和言语的基本逻辑和旨归。主持人应该是群言互动的参与者、整个互动局面的驾驭者,承担实现传播目的的任务。

目的清晰是行动和言语合理化的前提。目的不清,便难以评价行动和言语是否合理。以湖南卫视《快乐大本营》为例,节目通常是通过多位主持人与多位嘉宾在演播室游戏中完成群言互动。在这种情况下,传播目的是主持人驾驭过程、约束行动边界和规范言语的起点。除主持人之外,必要情况下,场上的嘉宾也应事先了解传播目的,这样才可能更好地建立互动关系并且从容应对场上的突发情况。

2. 行动主导

群言交流区别于一对一的访谈、多人参与的讨论。访谈和讨论通常以言语为主导,而我们这里所说的群言互动主要由行动主导。在行动过程中,参与者因为交际的需要,出现了伴随的言语。从行动的角度看,群言互动的过程是一个有目的、有情节的连续的行动过程。行动构建了情节和整个游戏过程,对整个交际场的规定和影响是直接而明显的。对于电视娱乐游戏类节目主持人的启发是,群言互动情境中,主持人需具有行动上的引导,用行动激发行动,用行动制约行动,也用行动激发言语交际。主持人在互动场上可以借助戏剧表演的技巧和智慧,实现控场的功能。

3. 话柄流转

群言互动中,谈话关系呈现网状结构,话题一般不具有严格的闭合性,参与者会随机获取话柄。某两个人之间的对话随机建立,延续较短,随机结束。话柄频繁地流转在不同参与者之间。这种情况下,参与者难免出现"抢话"情形。尽管适度的"争抢"有利于烘托现场气氛,不过,一般而言,出现多人抢话的情况下,需要通过相互让渡来取得平衡。只有参与者融入谈话的网络,必要时让渡话柄,才可能顺利实现群言互动。对于主持人而言,参与群言互动时,获取话柄、分配话柄是一种技巧。主持人应注意职责的分工,分清谁是主导,谁是配合,注意插话和打断的技巧,不做消极的等待者和旁观者。话柄的流转是群言交流的魅力所在,它往往能激发出参与者的交流活力。

4. 多位一体

多位一体包括了行动与言语一体、行动与目的一体、规则与传播交际场域一体、参与者与整个活动一体。

(1)行动与言语一体:行动的基本逻辑和结构与言语交际的基本逻辑和结构一致,构成交叠的关系。

(2)行动与目的一体:目的制约行动的规则、逻辑、方式、格调等。反过来,行动本身也在丰富、具象、调整目的的具体落点。

(3)规则与互动场域一体:规则在具体的互动场域中才有实践的意义。而互动场域是被行动和规则界定的空间,也因行动及行动规则而变得具体、生动。

(4)参与者与整个活动一体:在群言互动中,参与者获得了交流身份、行动价值和交流的可能。参与者创造了整个互动过程,本身也是其中的一分子。

总之,多位一体强调在群言互动中,无论行动还是言语,无论规则还是场域,都相互建构,融为一体。互动的难点在于此,而特点和魅力也正在于此。

专题分析:细说控场中的互动[①]

吴郁　中国传媒大学教授

互动是社会生活中最基本、最普通的一种沟通方式,指社会上个人与个人之间,群体与群体之间,通过语言或其他手段传播信息而发生的相互依赖性行为的过程。

---

① 此文由中国传媒大学吴郁教授本人提供。此文系2012年秋冬吴郁教授应邀为江苏广电集团及广东电视台做专业培训的讲稿的部分内容,收入本书时又增补了一些新的个案与分析。

第八章 会话式即兴口语表达：访谈、讨论与群言

互动是主持人节目的传播特色之一。主持人节目，无论何种节目类型，如新闻、综艺娱乐、服务、社教；也无论丰富多变的节目形态，如各类选秀、各类谈话等，只要是开放性的、有嘉宾或受众参与的、直播的以及以直播形态录制的节目，互动的现场带入感、现场灵动性，都成为驾驭掌控现场的重要的推动力和提升力。

互动方式主要有：言语性互动、非言语性互动（眼神、表情暗示或模仿，《天天向上》中汪涵、欧弟）；又有事先设计（互动环节）、临场触发；场内互动、场外互动、多媒体手段，如接入现场的热线电话、短信平台、网友互动；不接入现场，如传统信件、电子邮件、电话、微博（如通过官方微博征集想在"两会"提出的问题）。

文中所谈的"互动"，特指在节目当中，主持人与参与节目的嘉宾及受众之间的互相影响、互相作用的话语交流。

互动是现场驾驭掌控的重要的、灵动的推动力和提升力。开放性的、互动性的节目发展到今天，优秀主持人有许多富于创新意义的表现，的确值得我们关注、研究和借鉴。下面从四个方面谈谈主持人的互动：互动态度、互动功能、互动能力的层次、相关要素。

一、互动态度

要点：心态——认清关系、目标一致；语态——得体的方式方法。

例：《我是歌手》中的海泉，作为主持人，平等、亲和，把歌手、观众、乐手、专家、工作人员都当作爱歌的朋友；表达简洁、真诚、风趣、不经意中有韵味，掏心窝子地聊歌曲、感受、往事，不长篇大论，不越评价边界，分寸尺度拿捏恰当，搔到"痒处"，很好地引发了受众共鸣。如下例：

小哥啊，他的歌在我们心里有多少？你心里最爱的是哪首？

我17岁那年，高中二年级的一个下午，在不超过5个人的教室里第一次唱起这首歌《狂流》，有请羽凡。

下面一位歌手，在一些方面跟小哥的反差很大，小哥的嗓音高亢清亮，他呢，是粗犷有力；小哥长发飘飘，他多年来……

七首歌唱完了，大家过瘾吗？（不过瘾！）好，那我们再加唱一首，是制造（翘舌了，全场友善欢乐地笑）他是今天晚上所有歌的制造者，两个字——齐秦！

二、互动功能

1. 程序、环节的有机推进

在既定的推进环节程序之串词的基础上，以多种方式巧妙地衔接转换，其中既有预先设计的，也有临场即兴的，总之，有备而来与现场发挥，浑然天成，融为一体，使环节的推进不直白、不生硬，使程序的实现，有序而巧妙。

陶子是台湾资深的综艺节目主持人，她独特的轻松聊天式主持，无"煽情"之嫌，

更与"哗众取宠"绝缘。像大家的老朋友、老熟人一样，陶子让所有在场的人心情放松，热情投入，共同享受节目过程的美妙和快乐。陶子的控场不强势，没有优越感，真诚地、愉快地调动现场的人们，这颗亲切智慧的"开心果"让现场的人：参赛的自信而深情地展现；评议的给予真诚、平等、专业的指导；来听歌的收获喜悦、心得和享受；而收看节目的观众，无论在电视机前还是在网络上，也被迅速带入，乐在其中。陶子常在流程的发布中信手拈来地渗入亲切的调侃，自然而巧妙，绝不喧宾夺主，整场晚会的秀在陶子的主持魔棒下美不胜收，让人陶醉。下面我们来看台湾《超级星光大道》"星光传奇赛"2010年7月30日播出的节目，以开场白为例：

陶子：全球的观众朋友晚安，欢迎您再次准时收看我们的《超级星光大道之星光传奇赛》，在这个比赛当中，当然我们看到了人的斗志和毅力，以及卷土重来之后他到底准备得多完整，当然最主要的，还是要非常感谢一直支持我们，不离不弃的广大的歌迷朋友，也先欢迎你们。

今天我们即将要决定星光传奇赛的第九名，也就是今天的分数呢，低于其他八位的，就是第九名了。讲话很有艺术有没有发现？我们不要讲人家今天的分数最低是第九名，这样不好听，很伤心，就是他的分数低于其他八位一点点，就是第九名，第九名已经很了不起了，因为可以说，这些都是各方各界的好手，同时也跟大家预告一下，在9月11号，星光传奇即将在南港国际展览中心办星光传奇的演唱会，请大家可以记一下这个售票地点。（助手晃动清晰的光电字板）

陶子的开场白开宗明义，言简意赅，一"听"了然，可圈可点，尤其是"我们看到了人的斗志和毅力，以及卷土重来之后他到底准备得多完整"一句，承上启下地串联起比赛的过往与今次，意味深厚，真诚而鼓劲，简洁而有分量，十分"给力"。接着陶子交代这场比赛的任务，她调皮地自我欣赏般夸自己会讲话的"小聪明"，引得现场一片会心的笑声，就这样，陶子似乎很轻易地就完成了开场和热场的任务。

被誉为中国首档青年电视公开课的《开讲啦》在2012年8月底的开学季在央视综合频道播出。这是一档充满正能量而又温暖轻松的节目，选择的演讲嘉宾是大家熟悉并欣赏的青年榜样，况且他们不是来炫耀的，而是来交心的，谈他们曾有的迷茫、挫折，谈他们深刻丰富的人生感悟，难得的平等、真诚、接青年人的"地气"，因针对性强而更显亲和实在。节目有10位学生代表的发问，使过往的电视演讲的"一言堂"有了对话、沟通、交流的现代民主气息，一方面使话题更深入、更敏锐，另一方面也展现了年轻人的勇气和自信。加之由富于观众缘的、颇有文化积淀和生活积累、机智幽默的撒贝宁来主持，可以说是一台满堂生辉、好听、好看、回味无穷、有积极影响力的好节目。

撒贝宁亦庄亦谐又极具温度的控场互动，无疑为节目增添色彩，加分良多。撒贝宁在现场用心地聆听嘉宾的演讲,仔细地感受学生的心思,演讲及互动的既定进程乃至时间都装在他的心里,与此同时,他敏锐地根据现场的倾听与观察,随机应变,通过互动来调整节奏,从而有机、有效地推进环节。如著名学者、复旦大学图书馆馆长葛剑雄做演讲嘉宾的那期《读书,永无毕业》,在学生代表与葛剑雄互动的环节,3个学生的发言都似乎表示"现在不可能静下心来读书",此时,撒贝宁立即抓住3位提问者的共性,巧妙风趣地来了个穿针引线的环节转换,推进了话题的层次:

好像他们都是不太爱读书的同学,第一个站起来说,我因为工作忙,跟人打交道多,所以不怎么读书。第二位同学说,我要走万里路,走了30多个城市,没时间读书。第三个同学直接站起来说,您的意见有所偏颇。我告诉你,你考葛老师的研究生,可能性不太大了。(全场笑,接着话头一转)有没有爱读书的?来,×××(点了一位举手的学生)。

2. 现场氛围的巧妙营造

现场氛围是所有节目现场参与者共同营造的,不过由于种种原因,也许是紧张,也许是疲惫,有可能不在状态,涣散沉闷,此时主持人的作用格外重要,他是营造气氛、锦上添花,乃至起死回生、峰回路转的关键。

陈坤是《开讲啦》第一期的嘉宾,演讲题目是《人生路,莫慌张》。撒贝宁不时与陈坤有所互动,同时又悉心观察并捕捉观众的反应,适时放大加温,再次凝聚注意力,使全场掀起热情洋溢的青春气息。比如陈坤边示范行走,边回答学生代表提出的"正能量"问题,走到台口时,撒贝宁接过话头对陈坤,也对全场观众说:

其实你刚才用你的行动回答得特别好。对,你就往前走那五步的时候,我听见那个女生的心都快蹦出来了,那就是正,对她来讲是绝对的正能量,而且是爆棚的能量!你就走那五步,那个女生坐那儿(模拟吸气),哎呀……(全场大笑)。我再补充陈坤的告诉你,我认识的一个人,行走的力量给他的正能量。他的名字叫崔永元,很多年了他睡不着觉,在前几年,他在电视上做了一个叫《我的长征》。你也知道,就带着许多人把长征路重走了一遍,走下来之后他睡得比谁都香!这就是正能量,能感受得到吧?(全场鼓掌)

撒贝宁在现场全神贯注,耳听八方,眼观六路,大脑飞速旋转,现场的、日常储备的,瞬间对接、触发,绘声绘色地传递出来,点燃全场。其实,他点燃的不仅仅是谈话现场的氛围,更是丰富和加深了大家对话题的思考与认同。

3. 议论发挥、补白思辨

主持人与现场嘉宾及观众的互动,早已超越原始意义上的"报幕""司仪"作用,主持人完全可以对节目内容的核心、重点做出深入浅出的诠释,对某些观点有所补充或思辨,帮助嘉宾(无论专家或普通人)与观众达成对大家共同关心的问题的认识,有平等参与和多元思考的热情、乐趣及良好的习惯,做到这一点,功莫大焉。

陈坤在《开讲啦》的现场,开诚布公、掏心掏肺地向观众讲了他从坎坷、迷茫走向理性、坚定的心路历程,尤其一个演员面对外界纷纷扰扰的繁杂信息,他强调内心的安静,对外界的议论"不予理会"。对此,撒贝宁一方面深深理解陈坤基于自身的这一见解,另一方面,他又能从普遍意义的角度给予更完整、更全面、更客观的观照。于是,他温和而沉静地以商榷的口吻说出自己的看法,从而配合着陈坤的现身说法,升华了关于"对待外界意见"的思考:

内心的力量强大起来以后,外界的很多东西就无所谓了,但永远不会说,我们不在乎外界的东西,因为人是一个社会性的动物,我们永远不可能把自己关在家门里,去自己做人,我们永远要和社会接触,所以外界的反馈永远是重要的,但是关键,它能给你什么样的力量,是正面的还是负面的,这个要看你内心!

2012年年末的《直通春晚》也是十分凝聚眼球的节目,董卿在主持中的互动也有许多可圈可点之处。12月23日播出的第八场,是八进五的关键场次,选手各有实力和特色,但总有人会离开这个舞台。那天,董卿对于被淘汰的选手给予了格外真诚的关怀,不是廉价的场面话,而是满含赞扬、鼓励及人生感悟的惜别。比如她在公布常石磊败于金池之后与常石磊的一番对话:

董卿:来之前有没有预想到这样的结果?

常石磊:我跟所有的参赛者一起走过这样一个国家殿堂的舞台,真的是说明我们是挚爱音乐。我是以音乐为生的人,金池,我们所有的人,我们都热爱音乐,我在这个舞台上学到了太多太多,如果没有来到这个舞台根本学不到东西。做一个音乐人,做一个歌手,做一个人,这个舞台给我太多太多太多的太多,我没有办法现在就说得清楚。我现在可以说是觉得,怎么那么好,可以让我会站在这里跟所有人一起去感受这个时刻,所以非常非常的开心能在这儿见到大家,跟大家分享音乐,谢谢!

董卿:如果你把这个过程,这个时刻的感受,将来也写进你歌里,那又是另外一种收获了。

常石磊:会的。

董卿:其实我是蛮佩服常石磊的这份勇气的,因为我们都知道他不仅是位歌手,他更是一位很优秀的音乐人,他之前在北京奥运会的时候,为我们奥运会开幕式的《我和你》编曲并且是首唱,而且后来也担任过像林忆莲一些很著名的歌手的音乐的制作。包括在2012年我们迎接伦敦奥运会的时候,他又写了一首《北京祝福你》,有一百多位明星演唱这首歌曲。就是带着这样的一份成绩,(观众欢呼)他敢于站在这个舞台上!其实人生,有时候我觉得最大的失败不是失败本身,而是你害怕去失败,所以我真的很佩服你的勇气!我觉得这样的歌手不仅使得我们喜爱,更值得我们尊敬！掌声送给常石磊！

董卿的提问触发了常石磊坦诚、质朴而又感人的真情告白,董卿趁势追加了对常石磊音乐成就的介绍,引发全场观众以欢呼表达的共鸣。待欢呼声渐落,董卿又安静地说出了她的人生思考,表达了别有意味的敬意。

4.提炼概括,解读阐释

在有专家学者或职能部门官员参与的谈话节目中,谈论的是大家共同关心的问题,但是不可避免地存在百姓的盲区:专业术语、政策法规、事件背景可借鉴的国外信息,等等。另外嘉宾表达习惯不同,有的深入浅出,有的满口新名词、新理念,有的信息密集,语速极快……这就需要主持人从方便受众理解的角度,及时为受众梳理思路、概括要点,化解陌生、简化繁琐,举重若轻地把深奥化为通俗易懂。主持人需要透彻的理解力,熟悉社情民情,做好受众与嘉宾之间的中介作用,四两拨千斤。

5.及时小结,升华主旨

在以谈话为主要形态的节目里,虽有一些音视频手段的介入,但是谈话内容毕竟是节目的主旨,理性的思维活动往往需要主持人助以形象的阐释、精当的提炼,从而激活深度思考,加深印象,通向心灵。

由于对现场提问或回答常常能归纳得一针见血,撒贝宁更是被观众在微博上封为"总结帝"。请看小撒协同陈坤在回答"行走的公益在哪里?"这个问题时的互动对话:

陈坤:因为现在就是一个所有节奏快快快,我们每个人快快快,我们能不能做一点,没那么马上有意义的事情,slow down。

撒贝宁:陈坤刚才说了一点,我跟你(指陈坤),我跟你有一样的一种感受,就是公益其实分很多种,我们现在可能社会上更多地把目光放在那种物质公益。实际上捐助物质上的公益,那是一种方式,但是中国自古以来,有一种说法,叫"授人以鱼,不如授人以渔",你给他一条鱼,不如告诉他怎么去打鱼。

陈坤:你怎么又总结得这么好。

撒贝宁:所以陈坤他这种行走的力量,其实表面上看,他没给我们带来什么物质上的东西,但是如果有人能够从这个力量中感受到,噢,原来我们还可以这样,用这样的方式去回望一下自己的人生,寻找一下内心的正面的这种能量,那么也许当他领悟到这个了,用这种正面的能量为自己未来的道路打开更广阔的境界的时候,功德无量啊!

陈坤:总结得太好了,谢谢!

三、互动能力的层次

以上谈到互动功能的几个主要方面:有机推进程序、环节;巧妙营造现场氛围;

议论发挥,补白思辨;及时小结,升华主旨。它们同样重要,而且互相穿插,使得开放性、互动性节目在行进中熠熠生辉。不过,毋庸讳言,现实的节目里,主持人互动的水平不一,层次有高下之分,大约有四类情况:

1. 简单机械地完成台本写定的程序环节串联语,无趣无味、无创造性发挥。比如,拉开架势找范儿的"司仪、报幕"式,囿于台本,不求甚解,满足于走过场。

2. 插科打诨、耍嘴皮子、抖机灵,热闹倒是热闹,但缺内涵,无意味,哈哈一笑,过耳即忘;有的态度轻率,盲目自信。

3. 机智"现挂",幕后故事与台前表现巧妙结合,活跃了现场,丰富了背景,引发感情共鸣。

"现挂"原是相声里即兴发挥的术语,一般用在说"垫话"和场上发生意外事故之时。具体指台本中没有,却利用现场元素——人物表情动作、语言,景物、声音、事物(动态)——的机智语言反应。"现挂"对于吸引观众注意力,调解观众情绪,甚至扭转突发的干扰,都有很大的作用。把"现挂"借用到节目主持中来,是指在没有预先准备或征兆的突发情况下,根据现场和眼前事物进行的即兴发挥。

2012年9月第九届中国金鹰电视艺术节主持人盛典在长沙举行。白岩松、朱军、撒贝宁、孟非、胡瓜、黄子佼、欧弟等国内50多位最顶尖的主持人齐聚一堂,他们不为人知的才艺和极具幽默、智慧的临场反应令整台晚会看点不断。在一个观众互动环节,一位女观众向当晚主持人开玩笑的焦点人物撒贝宁发问:

女观众:你最喜欢的女主持人是谁?

撒贝宁:(长长地舒了一口气)你真是吓死我了!(然后颇为得意地)我喜欢的女主持,没有特别的个人。我觉得她应该有朱军一样的声音,白岩松的睿智思维,崔永元一样的智慧幽默,但不要有孟非的发型和毕福剑的长相!

撒贝宁机敏幽默,"现挂"到场的优秀主持人,这个意料之外的应对,引起一片哄笑,掀起又一个全场共鸣的小高潮。令大家没有想到的是,笑声刚落,撒贝宁又接上"最喜欢的女主持人"这个话头,郑重地、意味深长地大声宣布:

撒贝宁:其实,我真正喜欢的女主持人就在现场!就在嘉宾席里,她就是沈力老师!请主持人们起立为沈力老师鼓掌,表达我们的敬意!

撒贝宁在意外的难题面前先谐后庄,先是"现挂"几位男主持人,有的赞扬,有的敬佩,有的搞笑调侃,以此放松大家,也给自己一个缓冲。旋即,他又郑重其事地说出了自己的答案。这个答案发自内心深处、经得起推敲因而引发众人热情的回应!他从机智趣说、戏说,到真情实说,升华了主持人盛典的主题,并两度掀起现场的共鸣和高潮,这样的"现挂"和即兴发挥堪称典范。

而台前幕后的巧妙结合,下面就是一个很好的例证:《直通春晚》第八场,木江子

第八章
会话式即兴口语表达：访谈、讨论与群言

组合 PK 刘威煌,来自香港的刘威煌被淘汰,他哽咽地表达了对妈妈、工作人员、香港朋友及公司的感谢。董卿十分体贴地把她了解的幕后故事讲给观众:

我跟刘威煌深谈过两次,他跟我讲当他还没有来到我们舞台的时候,他还在香港,当时公司告诉他,我们让你去参加央视《直通春晚》的节目,当时他在家里就哭了。我说为什么,我说你那么容易动感情吗？他跟我讲了他非常非常真实的想法。他说,我今年三十三岁,这个年龄是一个极具危机感的年龄,如果你还没有达到一个明星大腕的一个高度的话,那你很快会被接下来的更年轻更具潜力的人给替代掉。所以他非常非常珍惜这次来到我们现场的一个机会,不仅他,他在香港的爸爸妈妈、弟弟姐姐都守在电脑前,通过网络通过视频在看我们的直播。所以当他晋级的时候,他在现场哭,他的妈妈是守在电脑前在哭。所以他刚才唱 beyond 的那首歌时,我内心真是有一个感触,但是你知道吗？所有八场的比赛当中,我最爱的是你唱 beyond 的《海阔天空》,真的(掌声响起)。

我觉得那里边的歌词送给你是再贴切不过了:多少次,迎着冷眼和嘲笑,我仍然不放弃我的理想,依然自由自我,高唱我歌,走遍千里。威煌,加油,一觉醒来,依然"海阔天空"！掌声祝福！

董卿在台下与选手有过深入交谈,专注投入地倾听选手的故事。而更为可贵的是她能对此有所思考,并以选手的歌词给予热情鼓励,令选手和现场观众,包括电视机前的观众情感得到升华,一起感动,一起加油。

4.感悟升华,情与理相互融合映衬,节目主旨与生活感悟相映生辉。愉悦情感,直通心灵,耐人寻味,余味无穷。

陈坤做演讲嘉宾那期,一位女学生自曝生于单亲家庭,跟奶奶长大,奶奶百般关心体贴同时要求严格,自己感到压力很大,陈坤和撒贝宁真诚面对,通力合作,两个人十分默契,从不同角度——一个将心比心,一个换位思考——一环搭一环,似严丝合缝的大小齿轮,推动话题的深入进展,观众平心静气地聆听,从屏幕上可以清楚地看到提问的女孩及全场观众都听进去了:

陈坤:是的,我要送你三个词,也是送给我自己的,这三个词对我是非常重要,一个是"发现",第二个词是"接受",第三个词是"转变"。什么叫"发现"呢,就发现你自己弱,你发现你自己会因为别人的鼓励和批评而难过,你要问你自己,你要发现你内心力量弱。完了之后开始接受,也许他说的是对的,因为我们经常花很多时间,别人说陈坤你是个二,大部分时间说,我不是,你把同样说不是这一秒钟变成"我是",顺了,而已。我能够给您的建议是这个,因为我也是小地方出来的,朋友,但是在我的脑子里面我不认为我是小地方的,因为地球,我们都是地球上的人,你们大城市有什么了不起吗？我们小城市有什么不好吗？我们不都是人吗?!

当环境不能为你改变的时候,用你改变你自己去适应环境,这也是一个很简单的道理。因为你以前一直是认为他们给的是压力,所以你还要转换一个思维是说,很感谢他们的推动,你才能到今天,就是你要知道吗,人的真正成长和成熟来自于感恩。感恩的不仅仅是给你机会的人,你还要学会——我知道很难,我也学会很难——你要感谢那些给你压力,包括你觉得是负面的人,你必须要学会感谢他们。

撒贝宁:年轻人有的时候做一些事情会因为冲动,会因为自己一时的情绪,而忘记了周围人尤其是你最亲密,甚至最爱你的人。也许他爱你的方式你接受不了,但是那一瞬间他对你的爱,会因为你的任性甚至有的时候带一点点自私的做法而受到伤害。所以在我们去发泄自己的情绪,去寻找自己内心的时候,一定让周围爱你的人不要担心,这是年轻人首要的责任!尤其是奶奶,祝奶奶身体健康!

四、相关要素

互动的语料来自何处?如何才能有现场的灵光闪现?有以下四个方面供大家参考。

1. 节目要素

例如节目的定位、主旨、程序、结构;嘉宾、现场观众、目标观众;环节设计、辅助手段……在大型或较大型、以互动为特色的娱乐、游戏、益智、选秀、综艺、谈话等节目里,选手(演员)、评委(嘉宾)、观众等都是构成节目的重要元素,主持人必须善于调度这些活的节目元素,不冷落任何一方,并从不同方向把大家拧成一股绳,共同发力做好节目。

仍延续前文提到的陶子主持的那场《超级星光大道》,开场白后进入比赛环节,陶子不是像一般司仪那样按部就班地报报节目流程,她触景生情,以自然而然的聊天方式,就把节目里相关元素的介绍带进来,营造了很融洽愉快的气氛,而不是比赛的紧张,紧接着又顺势介绍第一位选手,衔接得天衣无缝:

陶子:刚刚其实我们在化妆间化妆的时候,很多乐团都在练习嘛,整个一直听到很多国乐,搞得我很想弄一壶茶跟一盘瓜子,(笑声)所以现在气氛是非常的这种艺文的感觉。

黄韵玲(一位女评委,不由地插话):对,而且我还看到我的同学。

陶子:真的啊?

黄韵玲:对,因为你知道我们班上就是有铜管乐,然后有键盘组,然后弦乐组,我看到是我同班同学,应该是吧,对。

陶子:他是操什么乐器呢?

黄韵玲:Tuba 低音号。

陶子:那一定是个中翘楚啰。

第八章
会话式即兴口语表达：访谈、讨论与群言

黄韵玲：对，因为他们现在也都算是教授级的老师了。

陶子：哇，今天我们请到的是教授级的乐团，所以请九位选手好好唱！首先第一位登场的是林道远。

林道远：老师好。

陶子：林道远，资料上说你为了拍戏，跟我们这个比赛两头烧，所以瘦了几公斤。

林道远：15（公斤）。

陶子：（做看不出状）在哪里？

林道远：我之前更胖，我之前超胖的。

陶子：那你要瘦到30（公斤）可能大家才比较看得出来。

林道远：没有，肚子……肚子小蛮多的。

陶子：哦，肚子小蛮多的？

林道远：对啊。

陶子：那麻烦以后把小胖老师带到山上去，好不好？盖布袋，不要让他再回来了。好，那现在已经是这样。呵呵！好，那林道远，今天要跟你合作的乐团是……

林道远：木笛四重奏。

陶子：陈孟亨老师，木笛四重奏，所以今天要唱的是……

林道远：这次我选的……

陶子：《夕阳伴我归》，还是……

林道远：这次选的曲风比较不一样，是比较民歌的感觉。

陶子：所以你选的歌是……

林道远：《梦田》跟《木棉道》。

陶子：哇，你要好好唱耶，这几位老师都是那个年代的，是不是，萧老师？你小时候都听什么歌？

萧煌奇（评委）：《梦田》《木棉道》。

陶子：哈哈哈哈（全场笑，掌声），所以要好好唱，好不好？

林道远：好！

陶子：我们在这里也欢迎我们陈孟亨老师木笛四重奏，欢迎他们。

进入比赛环节前，陶子做了些有意味的铺垫。从化妆室的所见所感谈起，活灵活现，又不乏风趣："听到很多国乐，搞得我很想弄一壶茶跟一盘瓜子"，引得众人开心，同时一位评委不期然地插话，这恰恰又成了陶子介绍伴奏乐队的话头，并故作惊喜地予以放大："哇，今天我们请到的是教授级的乐团"；紧接着这个小插曲，聪明的陶子立刻娴熟地"把舵"进入"主航道"："所以请九位选手好好唱。首先第一位登场的是……"。接下来与选手的聊天，抓住该选手的"胖"小小调侃一番，让选手感到亲

切和温暖,又从选手准备的曲目似不经意地点到另一位评委,并再次激励选手……短短的瞬间,陶子与选手、评委、乐队都有互动,气氛活跃,流程中的元素也都兼顾到了,她的快乐幽默、智慧友善如春风拂面,让人舒服惬意。陶子的串联互动,真可谓"无缝连接,游刃有余",达到相当自如圆熟的境界。

主持人对环节设计及节目主旨的心领神会,是临场发挥中互动的重要话头。例如陶子主持的另一档节目《大学生了没》,这是专为台湾大学生量身定做的谈话节目,话题密切结合大学生的实际,也常有一些较为敏感的话题。比如有一期话题是"男大学生受不了啦 我的女友太爱露",节目请来了两个男大学生作为嘉宾,他们在节目现场"控诉",抱怨自己的女朋友太性感,自己很尴尬。在请上那两位女孩前,由主持人和"大学生代表团"一起讨论对女孩走性感路线这一状况的看法。请上两位女孩后,由她们自己讲对自身着装的看法,对性感的认识。接着,大家共同决定希望能看到两个女孩稍微保守、清纯一些的打扮,两个女孩下台换了一身简单、休闲的衣服,大家的眼前都为之一亮,而她们自己也发现和以前大不一样,觉得很舒服。这时主持人陶子走上前来,亲切地询问:

以后是不是也可以尝试这种路线,你们这样也可以很可爱呀!

接着,陶子又转向现场观众有如讲"体己话"一般,贴心又关切地说:

女孩子要懂得保护自己,要敏感地察觉自己可能遇到的危险。你很珍贵,女孩。

陶子简单的一句话,盛满关爱和深意,可谓"点睛"的议论,四两拨千斤,很巧妙地浓缩了该期节目的主旨,让原本可能流于庸俗或莫衷一是的话题一下子有了不一样的现实意义。

2. 功夫在诗外

"问渠那得清如许,为有源头活水来"。主持人即兴的"偶发灵感",来自长期的生活积累和大量的主持实践。主持人平时的积累与储备,尤其在以往工作及现实生活里的见闻、感悟,均十分重要,它使临场发挥的互动,既有感性又具理性,生动有趣,意味深长。

董卿主持节目能够自觉做功课,一直得到节目创作相关人员——导演、制片、演员、选手等的交口称赞。她不单纯依赖撰稿人提供的台本,一方面,查资料、增改内容,一次主持公安部的新年晚会,其中有6位英模代表全国公安干警给大家拜年的环节,她上网搜索这6位英模的资料,感动不期而至。她向导演提议,允许她用一句话向观众介绍每一位英模,得到应允,她连夜推敲,将数万字的事迹,浓缩成每人两行字,现场效果非常好;另一方面,她在台下跟每一位选手聊天,如青歌赛选手众多,常常一聊就是几个小时,聊得口干舌燥,脑袋发木,自己虽然辛苦,但"刨出"青歌赛选手身上的亮点、火花,在增进感情和信任的同时,掌握了庞大的信息,因此成为她在现场快速取舍、精彩发挥的重要源头。

主持人应是生活中的有心人,要善于学习,敏于感受,积极思考,勤于积累。基于不断的学习和生活的滋养,主持人将感知感悟的正能量,在节目适当的契合点与观众分享,会大大增强说服力和感染力。如《开讲啦》葛剑雄做演讲嘉宾,主题"读书,永无毕业"那一场结尾,撒贝宁显然有预先的设计:

来分享我的一个小故事,一次去采访偏僻山区小学,我们带了礼物,有糖果、饼干等食物,有书籍、文具、动漫、CD。孩子们先围上糖果等零食,过一会儿,一回头的功夫,零食旁一个人也没有了,全扎在书旁边了。那一刻我非常开心,孩子们真正喜欢的东西是让我们宽慰的!

(稍一停顿,提高声音)书,一直都在,书,回来了!

撒贝宁以"白描"的方式,再现了他下基层的切身感受,质朴、平易,富于画面感、动感和带入感,全场观众的感情被点燃,最后他充满激情的两个短句,简洁、动情,言简意赅,颇富感召力!

3. 心理素质

专注、清醒、冷静,善于调动并控制感情;还有一个层面必须强调,即正确把握主持人的位置和作用。董卿曾说,站在这里,尤其是站在央视这样的平台上,我不是来沽名钓誉的。主持人如果有正确的职业认知,就能够得体地控制自己在节目中的话量,绝不喧宾夺主;能够懂得话语的质量,绝不口无遮拦。《开讲啦》的主创人员、唯众传媒总裁杨晖评价撒贝宁:"他尊重每一位演讲者,总是能在该隐藏自己的时候隐藏自己,嘉宾需要他的时候,他适时帮着穿针引线;节目需要画龙点睛的时候,他又能游刃有余地表达最核心最关键的信息。他的主持风格亦庄亦谐,睿智亲切,对节目的掌控游刃有余。"

4. 思维品质、语言功力

这是主持人所有内心感受、观点理念的着力点和出口,既有共性的固有规律、基本要求,更体现主持人的特点及个性风格。

董卿,细腻、温情、善解人意,同时不失灵动和文采,她的思维速度、深度附丽于颇具哲理的话语,耐人寻味。还是《直通春晚》八晋五那一场,许艺娜PK张赫宣,观众呼喊张赫宣的声浪始终很高,但结果却是张赫宣出局,董卿深谙观众与选手的心情,清醒地把握大局,一番话温暖机智又富于诗意和哲理:

董卿:向所有在呼喊你名字的人,向电视机前所有在为你鼓掌的人告别。

张赫宣:好,首先要谢谢所有的工作人员,因为他们真的很辛苦,然后还有导演,还有评审,还有主持人,还有乐队老师和和音老师,所有的灯光、舞美,有了他们才有了这个很好看的舞台。谢谢所有支持我的朋友,谢谢你们。然后呢……嗯……(观众高呼张赫宣的名字)我这个人不太会说什么,就唱几句《你把我灌醉》好不好?(观众齐声:好!)(张清唱后)谢谢各位,拜拜!(观众再次高呼张的名字)

董卿:(饱含深情与真诚)谢谢赫宣,谢谢你把这么好的声音留在了我们的舞台上。其实我一直一直有一种我的观点,就是当你要告别的时候,如果所有的人都觉得不舍,如果所有的人都觉得遗憾,那么你,就没有什么好遗憾的了。因为你转身离开,你的声音依然在我们身边;因为你转身离开,我们的支持依然在你身边!掌声送给,张赫宣。谢谢你,谢谢!

不言而喻,语言功力除了思想内容、遣词造句,不可忽略的是转化为有声语言的表达水准。诸如感情分寸的把握、声音高低强弱的准确运用、语气节奏的变化,等等,择其要点,一是情感真挚、态度诚恳、状态自然;二是懂得区别"语态景别"。后者如是热场造势,还是安静交流、形象渲染,还是平静叙事、近距离"面对面",还是顾及不同位置(前后左右高低)的全场……如此不同于日常交流、复杂多变且又不停交叉转换的互动交流对象,出于电视节目现场及屏幕效果的特殊需求,所有这些都需要主持人做学习型、创新型的实践者。

本章小结

关于主持人即兴口语表达的对话形态,我们选取了访谈、讨论和活动中的群言等三种分三节阐述。访谈多是一对一或者一对多的采访和谈话形态。主持人这个"一"是谈话关系的重要支点。关于访谈,我们主要提了三个方面,即提问、架构访谈和访谈中的不对称关系,试图从手段、结构和关系入手,更好地说明访谈的特点和完成访谈的方法。讨论是较为典型的多对多的言语形态,无论是在主持人节目外的创作过程中还是在节目表现形态中都存在讨论。我们对于讨论的阐述涉及讨论者介入讨论场的方式、讨论中常见的问题以及如何驾驭讨论的过程。活动中的群言不同于前两者的关键在于"活动中"。我们试图用"活动中的群言"这一词组去指称电视真人秀节目或娱乐游戏类节目中,诸多参与者在互动游戏环节的对话。这种群言形态的表达往往是行动主导,与访谈、讨论还是有很大的不同的。对于活动中的群言,我们分析了其传播的基本诉求和基本原则,以期对此类表达有一定的指导意义。

进一步阅读

吴郁:《当代广播电视播音主持(第二版)》第九章《新闻评论类节目主持艺术》、第十二章《谈话节目的主持艺术》,复旦大学出版社2008年版。

鲁健:《电视访谈节目主持艺术》,中国传媒大学出版社2014年版。

薛娅玲:《广播热线直播节目话语特点和会话策略分析》,《新闻传播》2012年第

2 期。

叶志展:《"形声"符号:新闻成功采访的"双刃剑"》,《今传媒》2012 年第 10 期。

思考题

1. 结合实例,比较人际传播、公共传播、广播电视传播中访谈的异同。
2. 结合实例,分析访谈的价值。
3. 请阐述主持人该如何准备访谈。
4. 自选一期电视主持人访谈节目,从引入、展开到收尾,对节目进行过程描写并评价主持人在架构访谈上的表现。
5. 请阐述访谈中常见的关系不对称情况,并阐述它们对主持人访谈的影响。
6. 结合案例,讨论主持人处理信息的基本原则。
7. 讨论有哪些类型,各有何特点?
8. 请列举讨论中常见的问题。对于这些问题,你有什么解决的对策吗?
9. 对于组织和完成一次讨论,你有何建议?
10. 群言互动中的言语表达有何特点?
11. 群言传播中的基本诉求有哪些?
12. 请阐述群言传播的基本原则。

附录 1
《主持人即兴口语表达》课程实践课程训练建议

即兴口语表达是播音与主持艺术专业一门重要的专业基础课。它为学生进行新闻、娱乐、社教等各类节目主持学习打下了基础。按照本书的理论结构,我们对实践课程的教学提供如下建议,仅供各位老师和同学参考。

训练主题		简要说明	形式
基础训练	信息能力训练	信息搜集、梳理、解读 教师提前布置书面作业《选题策划》(版式见附件2)给学生。学生在充分占有信息的基础上完成作业,并于课前递交,供教师批阅。课上,学生以占有的材料为基础,有主题地完成评述。	单人评述 同题争鸣 小组论辩
	思辨能力训练	思维方式训练 教师可利用连词成文、故事编讲、观点争鸣等形式训练学生的发散思维、集中思维、类比思维等,激发学生的想象力,提高学生批判性思考的能力。	
		应变能力训练 教师可设置不同的广播电视传播的突发情境,训练学生在各类突发情境下的心理控制能力、思维激发能力、言语组织与表达能力。	
	言语表达训练	叙述练习 教师可以设置故事编讲、新闻人物讲述、新闻故事讲述、景物介绍等训练任务,训练学生有主题、有结构地完成叙述。	
		议论练习 这部分的训练以当下的热点新闻为背景,让学生就选定的新闻内容进行评述;也可以让学生对某一观点或命题进行阐释和论述。另外,教师还可以根据学生的兴趣而设定内容,比如给定音乐素材请学生完成艺术阐释或音乐评论、娱乐人物点评、娱乐话题点评等,不一而足。	
		演讲练习 演讲主题可以由学生自选,也可以由教师设定。教师可以参考世界性的节日(如世界环境日、世界无烟日、世界地球日等)来设定演讲主题。	

续表

训练主题		简要说明	形式
		论辩练习 　　教师设定辩论主题,学生可以根据常见的辩论规则展开练习。训练过程中,教师也可以对辩论的程序进行简化,先请参与小组论辩的同学各自阐释观点,其后展开自由论辩,最后各自总结陈词。论辩一般设定正反方。为了保持观点的多样性,也可以不设定正反方。	
应用训练	不同主题的社会问题评述综合训练	不同主题的社会问题评述综合训练是为了提高学生的广播电视即兴口语表达的实际应用能力。对社会问题的概括,可以参考专门研究社会问题的社会学书籍。 　　比如由华夏出版社出版、美国学者文森特·帕里罗等所著的《当代社会问题》(第4版),着重研究了下列社会问题: 　　现代社会中的个人:其中涉及青少年的自杀问题。 　　对个人安康的挑战:其中涉及酗酒和吸毒等问题。 　　性行为:其中涉及婚前性行为、婚外性行为、安全性行为、性少数、色情、卖淫、猥亵儿童等问题。 　　犯罪和暴力:其中涉及暴力犯罪、青少年犯罪、白领犯罪、恐怖主义等问题。 　　对社会平等的挑战:其中涉及种族和种族关系的问题。 　　贫困:其中涉及绝对贫困、相对贫困、贫困的影响、工作和福利、消除贫困等问题。 　　性别的不平等。 　　对社会机制的挑战:其中涉及家庭(其中又包含离婚、家庭结构、暴力与虐待、家庭中的性暴力和迫害、社会干预等话题)、教育、工作(其中又包含跨国公司、失业、职业满足感、职业健康等话题)、医疗保健(其中又包含生命伦理、堕胎、安乐死、艾滋病、精神健康等话题)等方面的问题。 　　对生活质量的挑战:其中涉及住房、人口密度、城市与乡村的发展等问题。 　　人口与生态。 　　另外,由武汉大学出版社出版、尚重生所著的《当代中国社会问题透视》(第2版)中所研究的社会问题可能更贴合我国的国情,如:腐败问题、三农问题、下岗失业问题、贫富差距问题、犯罪猖獗问题、人口生态问题、教育危机问题、道德失范问题、婚姻家庭问题,供大家在教学中参考、选用。 　　教师可以要求学生以小组工作的形式,搜集并阅读相关主题的理论论述和新闻报道,在充分占有信息的基础上完成演讲、评述或讨论。	

续表

训练主题	简要说明	形式
节目化的综合训练	广播电视报道训练 　　教师可以让学生根据兴趣而选做新闻报道、旅游报道、生活服务类的出境报道等。如果当时在所在城市正好有较大的赛事、民间活动或突发事件,教师也可以视实际情况组织学生完成相关题材的出镜现场报道。	单人主持 或 多人主持
	广播电视评论训练 　　学生可以自选选题,以新近发生的时事新闻或社会新闻为背景,独立或以小组的形式完成评论节目的策划、撰稿和主持;形式既可以是读报形式的多条消息有播有评,也可以是就某一新闻由头而展开的3—5分钟不等的独立成篇的主持人评论。	
	广播电视访谈训练 　　学生自选题材,以团队合作的形式,完成人物专访、意见专访、调查性访问或者演播室多人对话式主持,时长在10分钟左右。	

备注:在理论讲授过程中,教师可以根据实际需要给学生布置相应的书面作业,除了选题策划之外,可以要求学生观看指定的与即兴口语表达相关的主持人节目、演讲视频等,并要求学生以书面写作的形式完成评析。理论讲授的部分结束后,也可以要求学生提交主持人即兴口语表达方面的课程论文。

附录 2
新闻访谈选题策划训练

选题	
嘉宾简介	
新闻背景	
核心论题	
采访提纲	
教师评阅	

附录 3
新闻访谈选题策划 学生作业示例

选题	"出国考察门"再反思
嘉宾简介	
新闻背景	**新闻由头一：** 2008年12月21日中国新闻网转载杭州网—《都市快报》消息《温州将严管干部因公出国出境　天数日程均有规定》： 　　温州市纪委已针对干部出国(境)工作,拟订了一系列强化管理的细则。在中央相关规定的原则基础上,从审批、监督、责任追究等方面,进行流程化、全方位的管理。 　　这份政策性文件——《关于进一步加强党政干部因公出国(境)管理工作的通知》在经过相关部门讨论通过后,将由温州市委办、市府办联合出台。前天,温州市纪委公开通报了有关内容。 　　**公务活动时间要占三分之二以上** 　　在申请、审批环节,年度干部因公出国(境)计划总量将得到限制,实施量化管理。年度计划实行联审制度,分管领导牵头召开联审会议。联审单位由外事、财政、审计、人事、组织、纪检监察等部门组成。 　　内容上,要严禁批准无实质内容的一般性考察和营利性跨地区跨部门团组,坚决杜绝以培训为名的公款出国(境)旅游行为。 　　对于具体任务的申请和监督,要细化到详细的日程安排上。比如,公务活动应占在外日程的三分二以上;出访一国不超过6天,出访两国不超过10天,出访三国以上不超过12天。出国(境)培训团组人数控制在25人以内。 　　**因公出国(境)情况纳入考核** 　　对于违反相关规定的责任人,将有一系列的处罚措施: 　　一旦出现违反规定的情况,首先要追究团组负责人、团组单位负责人、审批部门和签批人、为公费团组或个人办理因私出国(境)手续人员以及核销违规费用人员的责任,对涉嫌犯罪的,要移送司法机关依法追究刑事责任。 　　因公出国(境)的党政干部如果未经有关部门批准绕道旅行、增访与任务无关国家(地区)或城市,所需的费用一律自付,并追究有关当事人的责任;如果滞留不归,则要按照党政纪律条规严肃处理。 　　因公出国(境)人员回国后,应在7天内将因公护照上交所在单位保管或注销,个人不得自存因公护照。 　　另外,党政干部遵守和执行因公出国(境)有关规定情况将纳入干部考核内容。

续表

	新闻由头二 《国际先驱导报》的报道:11月21日晚上9点,上海网友"魑魅魍魉2009"在地铁站等车时,发现临近的座位上有一个粉红色的环保购物袋,上面还有蝴蝶结。打开一看,里边是浙江温州、江西新余官员,以及江苏张家港官太太赴北美考察团的详细清单。"第一感觉就是很愤怒,太赤裸裸了,说是出国考察,却连一点公务安排都没有。"在网上"魑魅魍魉2009"公布的清单中,今年4月,11名官员组成的新余市人力资源考察团的出访目的原本为:"考察借鉴政府在扶持人才技能培训和新型产业优秀人才培养选拔方面的经验。"可在行程中,丝毫看不到任何考察项目,而是14天辗转北美10余名城的全程旅游安排:参观美国白宫,看美国自由女神像,走好莱坞明星大道……12月1日,中国国家外国专家局出国培训管理司通报了在其职权范围内对温州赴美培训团的调查结果,声称调查发现美国西北理工大学向国内审批审核机关提供了虚假培训日程——西北理工大学为该团组签发的邀请函及日程安排都符合国家规定的培训安排,但实际上将培训课程缩减至3天,行程由3个城市增加至8个。 **链接** • 2008年11月,温州23人赴美考察团"" • http://www.sina.com.cn 2008年10月20日 16:10 新华社—《瞭望东方周刊》,鹿城区委书记杨湘洪赴法考察滞留不归 • 2008年11月,江西新余赴美考察团 • 2007年,安徽省人民检察院副检察长徐文艾因伪造出国邀请函,被中纪委撤职。 • 2006年01月20日,华商网—《华商报》,陕西靖边县领导借红色旅游挥霍公款281万,考察华东5市却直奔韩国。 • 2004年11月23日,温州市两办下发《关于进一步规范党政机关外出学习考察活动的通知》。 • 1993年10月2日,中共中央办公厅、国务院办公厅就曾发出《关于严禁用公费变相出国(境)旅游的通知》,可至今,仍不时有公费出国旅游腐败案例曝光。 ……
核心论题	1.《通知》等系列规章制度出台的动机值得质疑,其中缺少对这一现象的反省和有力的制约措施。 2. 一些官员对"公费出游"缺乏反思意识,把常然当作当然,是对廉政的麻木。 3. 政府官员的责任和福利之间的界限和关系在这里被混淆和扭曲。制度细则对官员趁职务便利谋取私利的行为又打又护,是福利官僚化的表现。 4. 官员"变考察为旅游的行为"带来诸多利益纠葛,一是民税变成了巨额旅费;二是官员出游带来的旅游业暴利,并且给官员从其他渠道变相贪污留了"赢利小道"。

续表

采访提纲	1. 为什么这么多法规的出台、这么多年舆论的呼吁和监督都无法警醒相关群体？《通知》当中的一些细则是否会给继续腐败提供寻租空间？ 2. 公务考察的确难以避免，同样面临问题的还有公款吃喝、公车消费，财政支出中的"三公"如何监督？有没有可能实现财务公开等第三方监督形式？和国外如芬兰和俄罗斯等国的同类情况和政策相比，为什么会有明显的国别差异？他国经验对我们有什么样的吏治启示？ 3. 有人将温州和江西新余的这些被查处的官员称为"倒霉蛋"，认为"这完全是个意外"、"旅游中介不太专业"。持有这种判断夹杂着怎么样的一种心态？ 4. 温州和江西新余考察团是被一个普通网民所曝光的。他觉得"不能让一辈子交的个税被考察团糟蹋了"。怎么看待这种民众反腐、互联网反腐？ 5. 应该向公众公开官员福利情况吗？材料中有人提了福利官僚化这个说法，意思是说有无必要都安排、有无功德都奖励，您对这个怎么看？您觉得"实实在在的政绩是福利的前提"这在实际生活中成为考量标准有多大的可能性？ 6. 官员公费出国已经带来巨大的财政浪费，都以千亿计算。民税变成了旅费，怎么挽回损失？当前的处罚措施的软肋在哪儿？对于由公费出游所产生的衍生腐败，如旅游业暴力、官员出游工商买单等，您怎么看？
教师评阅	

本书相关课件资源可从中国传媒大学出版社网站下载

网址：http://www.cucp.com.cn

主要参考文献

著作类（按作者姓氏首字母排序）

1. 〔法〕阿莱克斯·穆奇艾利. 传通影响力——操控、说服机制研究. 北京:中国传媒大学出版社,2009.
2. 鲍勃·富兰克林 等. 新闻学关键概念. 北京:北京大学出版社,2008.
3. 曹林. 时评写作十讲. 上海:复旦大学出版社,2011.
4. 蔡帼芬、张开、刘笑盈. 媒体素养. 北京:中国传媒大学出版社,2005.
5. 崔永元. 精彩实话——实话实说话题精选. 北京:中国摄影出版社,2003.
6. 〔美〕查尔斯·J. 斯图尔特、〔美〕威廉·B. 凯什、〔中〕龙耘. 访谈的艺术. 上海:复旦大学出版社,2007.
7. 冯友兰. 中国哲学简史. 天津:天津社会科学出版社,2005.
8. 龚群. 社会伦理十讲. 北京:中国人民大学出版社,2008.
9. 胡智锋. 电视的观念——胡智锋自选集. 北京:北京广播学院出版社,2004.
10. 胡正荣. 传播学总论. 北京:中国传媒大学出版社,1997.
11. 胡正荣、段鹏、张磊. 传播学总论(第二版). 北京:清华大学出版社,2008.
12. 孔子. 论语·卫灵公第十五. 北京:中华书局,2006.
13. 梁晓涛. 震撼－电视档案. 北京:中国民主法制出版社,2008.
14. 吕行. 言语沟通学概论. 北京:清华大学出版社,2009.
15. 鲁曙明. 沟通交际学. 北京:中国人民大学出版社,2008.
16. 鲁景超. 广播电视即兴口语表达. 北京:中国传媒大学出版社,2000.
17. 〔美〕理查德·保罗、琳达·埃尔德. 批判性思维. 乔苒,徐笑春,译. 北京:新星出版社,2006.
18. 莫提默·J. 艾德勒、查尔斯·范多伦. 如何阅读一本书. 北京:商务印书馆,2004.
19. 彭聃龄.《普通心理学》(第四版). 北京:北京师范大学出版社,2012.
20. 秦俐俐、李佩雯、蔡鸿滨. 口语传播. 上海:复旦大学出版社,2011.
21. 〔英〕帕特里克·贝尔特. 二十世纪的社会理论. 上海:上海译文出版社,2005.
22. 时蓉华. 社会心理学词典. 成都:四川人民出版社,1988.
23. 谭君强. 叙事学导论——从经典叙事学到后经典叙事学. 北京:高等教育出版社,2008.
24. 童云、周云. 文稿播读和新闻播音实务. 北京:中国广播电视出版社,2011.
25. 吴郁. 主持人的语言艺术. 北京:北京广播学院出版社,1999.

26. 吴郁.主持人思维与语言能力训练路径.北京:中国广播电视出版社,2005.
27. 吴郁.当代广播电视播音主持.上海:复旦大学出版社,2008.
28. 王佳一.畅通评议.北京:人民交通出版社,2008.
29. 〔美〕约翰·哈斯林(John Hasling).演讲力:从听众出发.北京:世界图书出版社,2010.
30. 叶朗.美学原理.北京:北京大学出版社,2009.
31. 袁世全、李修松、萧钧、祁述裕等.中国百科大辞典.北京:华夏出版社,1990.
32. 赵玉明、王福顺.广播电视辞典.北京:中国传媒大学出版社,1999.
33. 赵毅、钱为钢.言语交际学.上海:上海三联书店,2003.
34. 周云.即兴评述入门与提高.北京:中国传媒大学出版社,2011.
35. 中国社会科学院语言研究所词典编辑室.现代汉语词典.北京:商务印书馆,1998.

文章类(按作者姓氏首字母排序)

1. 方亮.论广播新闻节目主持人即兴评述.中国广播,2007(5):26—29.
2. 国家广播电视电影总局.中国广播电视主持人主持人职业道德准则.人民网,www.people.com.cn/GB/14677/40759/41275/3044000.html,2004-12-9.
3. 高贵武.新闻主播的"主"与"播".电视研究.2012(2):35—37.
4. 胡智锋、周建新.如何看待电视节目主持人的"跳槽".光明日报,2013-4-27:7.
5. 黄琮.节目主持"即兴表达"的基本原则.新闻传播,2013(2):224.
6. 黄锦章.制约言语交际的伦理因素.语文建设,1997(10):37—39.
7. 黄会林.迎接挑战 经营内涵.当代电视.2013(9):1.
8. 何晋文."中国之声"改版观察与思考.中华新闻报,2004-4-14.
9. 金重建.在不确定性中寻求确定性——浅探媒体即兴口语表达的能力培养.浙江师范大学学报(社会科学版),2009(2):81—84.
10. 陆景峰、李英元.广东电台:"珠江模式"20年跨越式发展.人民网,media.people.com.cn,2006-12-21.
11. 陆崇马.从主持人大赛看即兴口语表达的训练.视听界,2011(3):106—108.
12. 李艳菊.播音主持的即兴口语表达.新闻前哨,2010(9):77.
13. 刘德强.先秦演讲史探略.上海师范大学学报,1996(3):78—81.
14. 刘晓彤.即兴口语之我见——即兴口语在广播电视节目中的运用.大众文艺,2011(7):183—184.
15. 闵惠泉.历史上三次说话的冲动——基于口语、电话和数字网络的即时交流.现代传播,2012(1):102—106.
16. 倪琦珺.主持人如何提升即兴口语表达能力.太原城市职业技术学院学报,2009(6):122—123.
17. 潘昕.新闻节目收视率下降《深度的魅力》聚焦报道.搜狐娱乐.原载新闻午报.yule.sohu.com/20070614/n250570029.shtml,2007-6-14.
18. 陶志彭.美学者——人类需具备五种思维能力.新华网.news.xinhuanet.com/world/2009-05/04/content_11310415.htm,2009-5-4.
19. 徐树华.论口语研究的三种导向:交际、表达、传播.现代传播,2012(9):66—69.

20. 应天常. 论"废话"的语用功能. 现代传播,2002(4).
21. 尹冰竹. 即兴口语——主持人的必备能力. 声屏世界,2006(7):45.
22. 于舸、周云. 浅析广播谈话节目《新闻观潮》的主持人语言. 浙江传媒学院学报,2005(3):65—67.
23. 吴郁. 主持人即兴口语特点探讨. 语言文字应用,1995(2).
24. 王淳. 中西文化视域下的语言观及话语规范比较研究. 西南大学学报(社会科学版),2012(11):124—130.
25. 吴虹飞. 电视"老人"白岩松. 南方人物周刊. 2007,92(19). www.nanfangdaily.com.cn
26. 吴郁,马力. 平民化开放的谈话模式——《当代工人》栏目对电视谈话节目的启示. 电视研究,2003(7):19—21.
27. 王俊. 小议"即兴口语表达"课程教学法. 吉林广播电视大学学报,2011(5):51—52.
28. 张庆、贾爽. 新闻节目主持人评论语言传播特色探析. 新闻知识,2013(10):75—80.
29. 赵普、周云. 电视新闻节目主播评论的新态势——以中央电视台《晚间新闻》主播评论为例. 中国广播电视学刊,2014(6):59.
30. 周云. 浅谈如何有效提问. 社会科学论坛(学术研究卷).2007(10下):114—117.
31. 钟馨. 打造即兴口语类主持人. 新闻爱好者,2010(21):98—99.

案例类

本书所选案例的内容主要从新浪网、新华网、央视网、人民网、中新网、中国广播网、北方网、红帆网、爱奇艺等网站获得。另有部分案例的内容来源于访谈,已在文中标注,恕不一一列举。诸多词条的释义引自百度百科。

图中所用图片均来自于百度图片搜索,恕不能一一标注原出处,在此谨对图片原作者致以谢意!

后　记

　　2010年，我撞了"大运"，一下子编写了两本书《即兴评述入门与提高》《文稿播读与新闻播音实务》(我负责《新闻播音实务》)。因为从来没写过书，所以有股子不知天高地厚的兴奋劲儿。我印象中，大略从2010年的4月一直到2011年的3月，我每天都在找、看、想、写、改。生活已经完全交托给思考和写作，陷落在文字的沼泽里。相对于文章，无论是编还是著，书都是一个庞大的语言单位。这两本书，把我累得够呛。为了能够准时交稿，每天无论上哪儿，我心里都惦记着"书稿还没写完呢"。下班到家，就算"天塌下来"，我也得自觉地坐到电脑前敲字。这种"惴惴不安""束手就擒"的生活，让我一再在心里发誓"可不敢再碰写书的事儿了"。

　　2014年，我读博士的第二年，在写书的事儿上我又再次"沦陷"。同门卜晨光师兄牵线搭桥，让我写一本主持人即兴口语表达方面的书。我"好了伤疤忘了疼"，想想自己从教五年来，教了五年的即兴口语表达课，的确有些自己的想法，就大胆地应承下来。这一年，又是只问耕耘的一年。虽然辛苦不减2010年，但这回我倒是心平气和，没再对未来的学术写作发什么"毒誓"。

　　我是农家子弟，学了些锄头土块的道理。小时候，我不愿意去地里干活，嫌累嫌晒，我妈就说："不做，有的吃吗？"现在想想，可不就是？不好好种地，一家人的口粮都管不过来，可不就是没得吃嘛。这说的是"春华秋实"。我认这个理儿。小时候，就算农闲，我爷爷还每天吭哧吭哧地去地里找活儿干，松松土、拔拔草、堆堆肥、护护田埂，想着法儿地伺候土地，下雨天也没见闲着。我是个"懒汉"，不能理解。我爷爷就讲"咱们是农民，农民不就得种地干活儿嘛"。现在想想，老人家话里说的是"本分"。我也认这个理儿。

　　我现在做了教书匠，裤脚上不沾泥了。但地可以不种，"教学、科研、社会服务"不能不做，因为这是我作为高校教师新的"本分"。再说，要是不勤快点儿，指不定什么时候也会被"拍在沙滩"上，落个"没得吃"的境地。因此，我得乐得干活，重拾幼时所立的"爱劳动"品质，做"勤劳勇敢"的中国人，心甘情愿地在自己的学术领域"松松土、拔拔草、堆堆肥、护护田埂,想着法儿地伺候土地",就算是"下雨天"也不能总闲着。好好地完成学术写作,当然算"科研",势必也能有益于"教学",一旦出版,有人买了读了,受了一星半点儿的启发,也算为"社会"略尽绵力。这本书的写作内容姑且不论,单从写作心态上来讲,是有些这样的心气儿在里头的。

在写作的过程中,我得到了来自师友、亲朋的帮助和勉励,也在此一一致谢。感谢我所遇到的学术写作机缘,尤其感念这一次的"牵手"。感谢恩师吴郁教授审阅了本书,在调整书稿结构、确定专业名词、案例分析等各个方面提出了中肯和宝贵的建议并且无私地提供了《细说控场中的互动》一文,增加了本书在专业内容方面的分量;感谢恩师胡智锋教授给我的教诲和指引;感谢卜晨光师兄的提携;感谢挚友国家广电总局邓林的相助;感谢同窗好友吴倩博士给我的启发;感谢中央电视台赵普老师、北京新闻广播方达、张红兵、昌锋老师在我论文调研过程中的鼎力支持;感谢我的同事张洁、霍煨白、覃晓玲诸位老师在我阅读和写作期间减轻我的工作量,予我以便利和关怀;感谢中华女子学院2013级播本班徐军豪、王伊一、马茗、侯炳昊、白宇平等同学帮助整理资料;感谢中华女子学院2013级播音班钟智瑶同学为我校对书稿;感谢近在京城远在浙江的亲朋给我的鼓励;感谢中国传媒大学出版社编辑黄松毅女士的支持和为本书的编审所付出的辛劳。正因为有这么多人的帮助,我才得以完成本书的写作。

需特别说明的是,为了激发读者更好地展开思考,书中的"阅读与讨论"摘录了与主持人即兴口语表达有关的文章若干篇。虽然这些引用已在文中脚注中注明了出处,并于显著位置标明了原文作者,但在此,笔者还要对文章作者池莉、毕淑敏、刘德强、陶志彭、周德民、曹林、广告雨人的非机稿(网名)以及"语言癌"一文的编辑致以诚挚的敬意和谢意。

现在,书写完了。要让我妈知道了,她准得问:"写得好吗?"是啊,写得好吗?我自己也在心里存此一问呢。

身在庐山往往不知其真面目,还是留于读者朋友在阅读后评议吧。

周云

2015年2月12日写于北京光熙门

图书在版编目(CIP)数据

主持人即兴口语表达/周云著. --北京:中国传媒大学出版社,2016.1(2022.10重印)
ISBN 978-7-5657-1543-3

Ⅰ.①主… Ⅱ.①周… Ⅲ.①主持人—语言艺术 Ⅳ.①G222.2

中国版本图书馆 CIP 数据核字（2015）第 285818 号

主持人即兴口语表达
ZHUCHIREN JIXING KOUYU BIAODA

著　　者	周　云
责任编辑	黄松毅
责任印制	阳金洲
封面设计	拓美设计
出版发行	中国传媒大学出版社
社　　址	北京市朝阳区定福庄东街1号　　邮　编　100024
电　　话	86-10-65450528　65450532　　传　真　65779405
网　　址	http://cucp.cuc.edu.cn
经　　销	全国新华书店
印　　刷	艺堂印刷(天津)有限公司
开　　本	787mm×1092mm　1/16
印　　张	17
字　　数	332千字
版　　次	2016年1月第1版
印　　次	2022年10月第5次印刷
书　　号	ISBN 978-7-5657-1543-3/G·1543　　定　价　49.00元

版权所有　　翻印必究　　印装错误　　负责调换